Säkularität und Autorität der Schrift

Veröffentlichungen der
Wissenschaftlichen Gesellschaft für Theologie
(VWGTh)

Band 45

Säkularität und Autorität der Schrift

Herausgegeben von Michael Meyer-Blanck

EVANGELISCHE VERLAGSANSTALT
Leipzig

Bibliographische Information der Deutschen Nationalbibliothek
Die Deutsche Nationalbibliothek verzeichnet diese Publikation in der Deutschen Nationalbibliographie; detaillierte bibliographische Daten sind im Internet über http://dnb.dnb.de abrufbar.

Printed in Germany · H 7910

Das Buch wurde auf alterungsbeständigem Papier gedruckt.

Cover: Kai-Michael Gustmann, Leipzig
Satz: Steffi Glauche, Leipzig
Druck und Binden: Hubert & Co., Göttingen

ISBN 978-3-374-04172-5
www.eva-leipzig.de

Inhalt

Vorwort

Michael Meyer-Blanck

Im Mittelpunkt dieses Bandes steht die Bibel als zentraler Bezugspunkt aller Fächer der evangelischen Theologie. Auf dem Hintergrund der Situation in Ost- und Westeuropa nach dem Ende der »großen Erzählungen« wird die Beschäftigung mit der Bibel in das Spannungsfeld von »Säkularität und Autorität« eingezeichnet.

Würde man von der Bibel absehen und einen nicht theologischen, sondern rein kulturwissenschaftlichen Zugang konzipieren, dann könnte man mit den beiden Kategorien ebenfalls ein spannungsvolles Programm entwickeln – etwa aus Sicht der Philosophie, Soziologie, Literaturwissenschaft oder der allgemeinen Wissenschaftstheorie. Das Kennzeichen der Säkularität, die Ablösung von der kirchlichen bzw. religiösen Weltsicht und von einer abendländischen Zentralperspektive ist mit dem Verfall herkömmlicher Autorität gegeben. Säkularität bedeutet die Ablösung traditional vermittelter Autorität durch jeweils aktuelle, kulturell vermittelte Evidenzen. An die Stelle geltender Autoritäten tritt der freie Markt von Geltungsansprüchen. Szientismus, Konstruktivismus oder Existenzialismus sind gleichermaßen mögliche Orientierungen. Auch die Beschäftigung mit der Weltliteratur kommt in der Gegenwart immer mehr ohne einen Kanon aus, ja, in der schulischen Bildung sogar ohne bestimmte Inhalte, zugunsten von situativ zu bestimmenden »Kompetenzen«; auch Soziologie und Psychologie sind immer differenzierter in der Deskription, scheuen aber die Präskription – wie der Experimentator den Methodenfehler.

Damit bedeutet die Säkularität das Schwinden klar erkennbarer Autorität zugunsten von impliziter Autorität. An die Stelle traditionaler Autorität tritt die untergründig wirksame, nicht immer bewusst werdende Autorität – etwa die Autorität des unbegrenzten Wachstums, des Ressourcenverbrauches und Kapitalflusses sowie der möglichst unbeschränkten medialen Vernetzung. Von alledem lebt die Wissenschaft – nicht zuletzt die Wissenschaft, die sich mit der Zukunft der Welternährung und des Überlebens der Menschheit beschäftigt. Säkularität führt wissenschaftlich auf jeden Fall zu einer verstärkten Unkenntlichkeit von Autorität und damit zur Notwendigkeit einer Thematisierung von

Autorität. Anderenfalls bliebe die Wissenschaft im Status des Unaufgeklärtseins über sich selbst. Wenn die Frage nach dem Ganzen des Daseins und der säkularen Gesellschaften als von vornherein beantwortet gilt, dann nimmt das Zusammenleben Schaden.

Die Theologie steht mit der Frage nach der entschwundenen Autorität nicht allein da. Sie beschäftigt sich mit einem Thema, das kulturell immer wichtiger wird. Dabei ist die Themenformulierung »Autorität der Schrift« erkennbar theologisch (spezifischer: protestantisch) und erkennbar dogmatisch. Von der »Schrift« im Singular spricht die Kulturwissenschaft allenfalls im Sinne der Schriftlichkeit, aber nicht im Sinne der erfahrungskonstitutiven Beschäftigung mit einem überlieferten Text.

Wie immer man dieses »Schrift«-Sein der Bibel auch begründen will, ob von der Überlieferung, vom Bekenntnis oder der religiösen Erfahrung her: Immer impliziert die Kategorie »Schrift« das konstitutive Moment überindividueller Glaubens- und Lebensgewissheit – also mindestens die in einer Gemeinschaft geltende Verpflichtung zur Auseinandersetzung mit dieser Überlieferung. Die Begriffsverbindung »Autorität der Schrift« könnte man streng genommen sogar als Pleonasmus kritisieren, denn es sind eben die Konnotationen des Verpflichtetseins, die schon in der Enzyklopädie des Singulars »Schrift« liegen. Die Bibel ist ein Buch wie jedes andere – die »Schrift« aber beansprucht einen von Autorität gekennzeichneten Gebrauchsmodus.

Um welche Autorität aber handelt es sich bei der »Schrift«, und wie ist diese im Kontext von Kirche und Kultur zu bestimmen? Die neuzeitliche Unterscheidung von Theologie und Religion seit dem 18. Jahrhundert hat ihre biblische Parallele in der Unterscheidung von Exegese und Schriftauslegung. Beides ist keinesfalls mehr identisch, beide Gebrauchsformen bleiben aber aufeinander angewiesen. Ohne Exegese kommt es zur frommen kirchlichen Milieuverengung, ohne Schriftauslegung kommt es zur historischen Selbstgenügsamkeit.

Die Frage nach der Bibel als »Schrift« in Wissenschaft, Kirche und Kultur ist ein umfassendes Thema, das im Alltag des theologischen Betriebes in der Regel nicht von den theologischen Disziplinen gemeinsam aufgeworfen wird. Gerade darin besteht das Weiterführende der hier dokumentierten Tagungsbeiträge. Die Frage nach der Schrift hält das Thema der theologischen Enzyklopädie wach. Man kann dabei selbstverständlich nicht ohne die exegetische und systematische Expertise auskommen; aber auch die Kirchengeschichte ist unerlässlich, um die Genese verpflichtender Erfahrung transparent zu machen; nur die Einsicht in die Formierung des modernen historischen Bewusstseins, auch abgesehen von der Bibel, öffnet den Horizont für das Verstehen des Bibelverstehens. Unverzichtbar ist die Praktische Theologie für die Wahrnehmung des aktuellen Bibelverstehens. Zunächst einmal ist die Autorität der Schrift eine ziemlich pragmatische Kategorie. Es geht darum, welche Texte überhaupt in der öffentlichen Thematisierung präsent sind. Es gibt einen heimlichen Kanon für biblische Texte im Unterricht und es gibt eine Ordnung von Lese- und Predigttexten, die in der Evangelischen Kirche in Deutschland momentan (bis zum Jahr 2017) revidiert wird; diese Revision läuft hinaus auf eine Verdoppelung des alttestamentlichen Textanteils zuungunsten von Dubletten bei den Evangelienperikopen und schwer verständlichen Epistelabschnitten, etwa im Hebräerbrief. Dabei aber stellt sich die Frage: Soll man überhaupt perikopieren, oder sollte man nicht besser aus biblischen Büchern fortlaufend lesen und predigen, wie das der reformierten Tradition entspricht? Man erkennt sofort, wie sehr der Umgang mit diesen Fragen abhängig ist von der Sicht alttestamentlicher und gesamtbiblischer Theologie bzw. Religionsgeschichte – wie sehr aber auch die biblische Hermeneutik nicht nur vom gedruckten, sondern vom real gelesenen Kanon ausgehen muss.

Damit sind enzyklopädische Probleme genannt, auf die der vorliegende Band zu sprechen kommt. Dabei geht es in immer wieder neuen Aspekten um die Frage der Autorität. Gibt es etwas – über die subjektive Evidenz hinaus – Verbindliches in der Bibel, so dass diese als »Schrift« erfahren werden und überindividuelle Bedeutung erlangen kann? Die Schärfe des Problems wird vielleicht durch einen Blick auf die katholische Kirche und Theologie etwas deutlicher. Joseph Ratzinger hat sich mehrfach explizit vom evangelischen Schriftprinzip abgesetzt und das kirchliche Lehramt als notwendige Autorität unterstrichen. In der evangelischen Kirche werde die Bibelauslegung entweder der Unübersichtlichkeit exegetischer Hypothesen oder dem Buchstabenglauben von Fundamentalisten ausgeliefert.

Der Lösung kann man nicht zustimmen und die Problembeschreibung könnte differenzierter sein, weil es ja in der evangelischen Kirche durchaus andere Weisen der Auslegung neben unverständlicher Expertokratie und unverständigem Buchstabenglauben gibt. Aber Ratzingers Votum unterstreicht noch einmal das ungleich größere Gewicht, welches das Problem im evangelischen Bereich hat. Das kirchliche Lehramt der katholischen Kirche hat sich in der Neuzeit zwar im Stil, aber nicht grundsätzlich geändert, während das historische Bewusstsein im Protestantismus allenfalls eine Form genetischer, fließender, jeweils neu begründungspflichtiger Schriftautorität übrig gelassen hat. Alle theologischen Disziplinen sind stark darin, diese Genese zu beschreiben und die Pluralität von Zeitumständen, Orientierungen, entscheidenden Personen und Milieus lebendig werden zu lassen. Schwierig wird es dagegen beim Übergang von der Deskriptivität zur Normativität. Was in der Vergangenheit galt und was zur Zeit in verschiedenen kirchlichen und gesellschaftlichen Milieus gilt, ist leicht zu beschreiben; schwer wird es dann, wenn eine Kriteriologie für das heute generell Geltende zu entwickeln ist. Die aktuelle Auseinandersetzung über die biblischen Begründungen in der Orientierungshilfe der EKD zur Familie von 2013 ist dafür ein treffendes Beispiel.

Dasselbe wie für die ethischen gilt für die dogmatischen Zusammenhänge.

In seinem lesenswerten Buch »Zwischen Entzauberung und Remythisierung« (2008) über das Verhältnis von Bibel und Dogma schreibt der Marburger Systematiker Jörg Lauster, die Bibel enthalte »nicht Offenbarung an sich, sondern Deutungen von Ereignissen als Offenbarung« (41). Damit ist die Veränderung durch das historische Bewusstsein treffend formuliert – und die Frage nach der Kriteriologie in aller Abgründigkeit unterstrichen. Wenn die Offenbarung zur Deutungskategorie wird, dann rückt die Frage nach den Normen von Deutungen zweifellos in den Mittelpunkt.

Damit steht aber die Theologie vor einer Aporie, die ich als eröffnenden Impuls etwas provokativ zuspitzen möchte. In Zeiten, da das in Geltung Stehende undeutlich und strittig geworden ist, müsste sich die Theologie eigentlich hauptsächlich mit dem Normativen befassen, also mit den Bedingungen und Inhalten dessen, was geglaubt werden kann und wie gehandelt werden kann; demgegenüber würde in Zeiten und Zusammenhängen autoritativer Geltung, also in der altprotestantischen Orthodoxie und der katholischen Kirche, die genaue Beschreibung genügen. Tatsächlich erscheint es aber oft umgekehrt: Dass die Deutungen entscheidend sind, ist allgemein anerkannt; doch weil die Deutungen plural sind, bleibt es bei der Pluralität, und der Streit um das material Geltende in Schrift, Dogma und Ethos wird kaum mehr geführt.

Insofern ist das Thema des vorliegenden Bandes nicht nur passend für die komplexe Situation der Theologie in den unterschiedlichen Kontexten West- und Osteuropas, sondern für die evangelische Theologie in der Säkularität überhaupt. Der Theologischen Fakultät der Comenius-Universität Bratislava danke ich nicht nur für die Anregung und Einladung zu der Tagung im September 2013, sondern auch für den Vorschlag des zentralen Themas evangelischer Theologie.

Ein ganz besonderer Dank gebührt meiner Bonner Mitarbeiterin Charlotte Loesch, die die Redaktions- und Korrekturarbeiten für diesen Band durchgeführt hat. Ohne ihr großes Engagement hätte dieses Buch nicht erscheinen können.

Polyphonie des Textes und Autorität der Schrift

Dávid Benka

Zur Einführung

Wie kann man die historische Vielfalt in der Schrift ernst nehmen und trotzdem von dem biblischen Text ausgehend die Schrift als Heilige Schrift in ihrer Ganzheit akzeptieren? Kann man die historisch verantwortbaren Kategorien finden, mit denen man die Einheit der Schrift denken kann? Meine Fragen wie auch meine Ausführungen in diesem Beitrag sind von den gesellschaftlichen Verhältnissen und von dem theologischen Kontext in der Slowakei, wo ich lebe, beeinflusst und bedingt. Ich spreche jetzt von der Situation in einem Land, das in den letzten 20 Jahren ziemlich viele Veränderungen durchgemacht hat und zu den sogenannten Transitionsländern gehört. Diese Transition führte von einem monolithischen und monologischen System zu einer pluralistischen, hoffentlich dialogischen Kultur. Mit der Monologie des vorherigen Regimes verbinden manche immer noch nostalgische Gefühle und idealisierte Erinnerungen an die scheinbaren Sicherheiten der scheinbar unveränderlichen Lebenswirklichkeit.

Die Monologie des Systems mit seiner Uniformität hat vieles aus der Öffentlichkeit verdrängt und isoliert, so dass sich ganze Teile der Gesellschaft nicht mehr frei entwickelten. Meiner Ansicht nach aber hat das Monologische die an den Rand gedrängten dialogischen Segmente der Gesellschaft nicht überwältigt, sondern ins Unzeitliche versetzt und im Endeffekt konserviert. Nach der Wende hat sich die Gesellschaft geöffnet, und so gibt es ein gleichzeitiges Nebeneinander von Elementen, die aus verschiedenen Zeiten zu stammen scheinen. Die Mehrheit der Gesellschaft hat sich der neuen Situation schon angepasst. In den Anfängen gab und gibt es solche, die die Undurchsichtigkeit der Verhältnisse für eigene Zwecke ausgenützt haben, und es gibt auch solche, die ihren Ort in der pluralistischen Gesellschaft noch suchen. Dazu kommt die wirtschaftliche Situation. Laut Eurostat war die Bratislava-Region im Jahr 2010 mit 176-prozentigem Anteil am Bruttonationaleinkommen im Vergleich zum EU-Durchschnitt fünftreichste Region des vereinigten Europas. In der Mehrzahl der übrigen Regionen der Slowakischen Republik bekommt man aber ein anderes Bild. Man nennt es »regionale Unterschiede«. Wenn man dazu noch die Situation einiger

Siedlungen der marginalisierten Gruppen betrachtet, unter denen sich zum Beispiel große Teile der Roma-Minderheit befinden,[1] bekommt man wieder ein wie aus verschiedensten Zeitperioden stammendes Nebeneinander.

Einerseits waren die Kirchen genauso wie die Gesellschaft von dieser Situation betroffen, andererseits müssen sie darauf reagieren. In der slowakischen evangelischen Kirche, die von ihrem lutherischen Erbe geprägt ist, ist die Glaubensüberzeugung tief verwurzelt, so dass es gerade die Heilige Schrift ist, die in den Zeiten des Nebeneinanders und manchmal auch Durcheinanders eine klare und eindeutige Stimme zur Orientierung und Lebensführung bieten soll. So formuliert es z. B. Ľubomìr Batka in seiner Studie zu den Zeichen der christlichen Kirche und ihrer Einheit in Anlehnung an Martin Luther mit der Betonung »des ausschließlichen Vertrauens in das Wort Gottes«.[2] Mit den Aufgaben der Kirche ist die Theologie eng verbunden, zumindest ist das die slowakische Situation, und man kann nicht die Akademie und die Kirche, die zwar nicht institutionell, aber personell und inhaltlich sehr nahe zueinander stehen, von dem praktischen Leben der Glaubensgemeinschaft trennen. Dazu kommt noch meine persönliche theologische Perspektive, die primär vom Alten Testament ausgeht und also wesentlich eine alttestamentliche ist.

Vielleicht wird nach diesen Worten das von mir vorausgesetzte enge Verhältnis zwischen Einheit und Autorität der Schrift ein bisschen klarer und verständlicher. Man könnte es vielleicht noch an dem großen Forschungsprojekt des Soziologischen Instituts der Slowakischen Akademie der Wissenschaften zu Fragen der Religion und der damit verbundenen Meinungsumfrage,[3] in der auch nach der Ansicht der Respondenten zur Bibel gefragt wurde, aufzeigen. Die relevanten Antworten waren: (1) Die Bibel ist das lebendige Wort Gottes, das buchstäblich zu verstehen ist. (2) Die Bibel ist ein Wort, das von Gott inspiriert und das nicht buchstäblich zu verstehen ist. (3) Die Bibel ist ein Buch der Geschichten und moralischen Belehrungen, und zwar von Menschen verfasst. (4) Es geht mich nichts an.

Ich will nicht die Ergebnisse analysieren, sondern nur auf die Tendenz in den Fragen aufmerksam machen, der ich sehr oft auch in den Gesprächen mit unseren Studenten begegne und die ich in unserem Kontext gewissermaßen für typisch halte. An den Antworten der Befragten kann man beobachten, dass sie

---

1 Milan Jurík, Poslanie cirkvi pri marginalizovaných skupinách obyvateľstva (Dissertation), Bratislava 2009, 68–75. Jurík beschreibt mehrfache Formen der Marginalisierung wie die wirtschaftliche, räumliche, kulturelle und symbolische Ausgrenzung und betont, dass die christlichen Kirchen die Aufgabe haben, den Raum für gemeinsame Kommunikation zu schaffen. A. a. O., 75.

2 Ľubomír Batka, Znaky kresťanskej cirkvi a jednota cirkvi, in: Ľubomír Batka/Jiří Just/Petr Hlaváček u. a. (Hrsg.), Lutheranus. Bd. 4, Praha 2013, 29.

3 Roman Džambazovič u. a., Náboženstvo, ISSP na Slovensku 2006–2008, Bratislava 2009, 129.

einerseits die Bibel als *das* Wort Gottes verstehen, gegenüber zu solchen, die in der Bibel *ein* Wort Gottes sehen, bis zu denen, die die Heilige Schrift als ein profanes *Wort der Geschichten und Belehrungen* ansehen oder an der Bibel gar nicht interessiert sind. Diese Tendenz geht aus von dem Wort, über ein Wort, bis hin zum Buch der Geschichten und Belehrungen und folglich zur Interesselosigkeit im Bezug zur Bibel. Die Fragestellung der Umfrage finde ich als solche problematisch. Sowohl in Bezug auf die angebliche Verbindung zwischen Lebendigkeit des Wortes und seiner Buchstäblichkeit als auch im Hinblick darauf, dass die Fragen darauf abzielen, wie die Menschen die Bibel verstehen, was aber nichts darüber sagt, ob ihr Verständnis irgendeine Konsequenz hat. Die beschriebene allgemeine Tendenz von buchstäblicher Einheit der Schrift zur profanen Sammlung alter Geschichten und letztlich Apathie finde ich jedoch zutreffend. Man könnte diskutieren, wo die Linie zwischen Respondentengruppen mit Bezug auf die Autorität der Bibel als Heilige Schrift am besten zu ziehen ist. Man spürt aber, dass mit dem Zerfall in Geschichten und Belehrungen etwas Wichtiges verloren gegangen ist. In meinem Beitrag will ich versuchen, wie man doch die Vielfalt des Textes der Heiligen Schrift, wenn man sie als Vielstimmigkeit versteht, würdigen und zugleich die Einheit und mit ihr die verbundene Autorität für die Kirche in der heutigen Gesellschaft vertreten könnte.

Einheit der Vielheit und historische Kritik

Die Verbindung von Vielstimmigkeit, Einheit und göttlicher Autorität kann man schon in einem Zitat von Augustin beobachten: »Meminit Charitas vestra, cum sit unus sermo Dei in Scripturis omnibus dilatatus, et per multa ora sanctorum unum Verbum sonet, quod cum sit in principio Deus apud Deum, ibi non habet syllabas, quia non habet tempora [...].«[4] In der Zeit der Patristik und auch im Mittelalter war die Einheit der Heiligen Schrift eine Selbstverständlichkeit, die auch die Vielzahl der heiligen Schriftsteller nicht gefährden konnte, weil Gott der einzige Urheber und letztendlich der eigentliche Autor war. Damit war die Göttlichkeit der Heiligen Schrift gegeben und infolgedessen war auch ihre Autorität nicht in Frage gestellt. Auch Luthers Ablehnung, seine Schriften im Reichstag zu Worms zu widerrufen, wenn er nicht durch Schriftzeugnisse oder einen klaren Grund überwunden werde, steht in der augustinischen Tradition von der Irrtumslosigkeit der kanonischen Bücher, die seit 1508 auch Teil der Satzung der Wittenberger Theologischen Fakultät ist. Wie Ulrich Luz am Anfang seiner Überlegungen zur Aufgabe der Exegese in einer religiös-pluralistischen Gesellschaft

---

4 S. Aurelius Augustinus, Enarrationes in Psalmos CIII, IV, 1, in: Jacques-Paul Migne, Patrologiae cursus completes Bd. 37, Paris 1865, 1378.

schreibt, retrospektiv zur Zeit der Reformation »[i]n allen Entscheidungen soll die Schrift den ersten Platz haben, ›ut sit ipsa per sese certissima, facillima, apertissima, sui ipsius interpres, omnium omnia probans, iudicans et illuminans.‹ Auf diesem Schriftverständnis gründete die reformatorische und nachreformatorische Grundthese: Die Schrift ist in sich klar, zugänglich, eindeutig und vollständig, und als solche der alleinige Grund, auf dem die Kirche zu bauen ist.«[5] Nach Ulrich Luz, in Berufung auf Ernst Käsemann[6], habe sich aber das augustinisch-reformatorische sola scriptura in der neuzeitlichen Geschichte des Protestantismus nicht als Grundlage der Kirche, sondern eher als ein Leitmotiv ihrer Spaltung erwiesen. Die moderne Exegese zog aus, um einen stabilen und konstatierbaren Sinn ihrer Texte zu erheben, stellte aber zugleich Grundmomente zu ihrer Destabilisierung und Veränderung bereit.[7] Eine der Thesen von Ulrich Luz in seinem Aufsatz lautet: »die historische Kritik ist insofern eine Wegbereiterin des modernen religiösen Pluralismus, als alle ihre Hypothesen auf den Anspruch, existentiell verpflichtende Wahrheit für die Gegenwart zu sein, verzichten. An einem wesentlichen Punkt hat also moderne historische Kritik dem Pluralismus gerade dadurch in die Hände gearbeitet, dass sie selbst gegenüber der Wahrheitsfrage abgedankt hat.«[8] Als Teil-Illustration zu dieser These will ich das Zitat von Hugo Gressmann anführen, das für unsere Frage zur Polyphonie und Autorität der Schrift auch von vielfacher Bedeutung sein kann. Gressmann schreibt:

> »Bisweilen wird freilich gefordert, man dürfe die Schichten nicht nur abtragen, sondern man müsse sie auch wieder an ihren Ort zurückbringen, oder ohne Bild gesprochen, man solle die Quellenschriften nicht nur in der Vereinzelung betrachten, sondern auch den jetzigen Zusammenhang würdigen, in dem sie uns überliefert sind. Wer einen Trümmerhaufen ausgräbt, tut es, um die Trümmer zum Reden zu bringen und ihre Geschichte festzustellen. Zu diesem Zweck trägt er Schicht um Schicht ab; denn nur die genaue Kenntnis der einzelnen Schichten und ihrer chronologischen Aufeinanderfolge hat wissenschaftliche Bedeutung. Wenn er diese Aufgabe geleistet hat, die Ergebnisse daraus gezogen und alle Einzelfunde sorgfältig eingeordnet hat, dann ist sein Werk schlechterdings vollendet. Jene Forderung aber besagt, dass er seine Ausgrabungen wieder zuschüttet, ja sogar, dass er den wiederhergestellten Trümmerhaufen würdigen und den Wirrwarr sinnvoll erklären solle! Die Wissenschaft hat mit einer solchen Aufgabe nichts zu tun.«[9]

---

5 Ulrich Luz, Kann die Bibel heute noch Grundlage für die Kirche sein?, in: NTS 44 (1998) 3, 320f.

6 Ernst Käsemann, Begründet der neutestamentliche Kanon die Einheit der Kirche?, in: Ders., Exegetische Versuche und Besinnungen. Bd. 1, Göttingen 1960, 221.

7 Luz, Grundlage (s. Anm. 5), 321.

8 A. a. O., 323f.

9 Konrad Schmid, Schriftgelehrte Traditionsliteratur, Tübingen 2011, 8f. Urspr. Hugo Gressmann, Mose und seine Zeit, Göttingen 1913, 22f. Das Zitat wird von Konrad Schmid

Das zugespitzte Zitat klingt in diesem Zusammenhang vielleicht unangenehm, wenn man sich die Schrift in ihrer jetzigen Gestalt als einen Trümmerhaufen vorstellt. Wie steht es dann mit der Autorität dieses Trümmerhaufens? Im Gegensatz dazu aber wollen wir einige Aspekte aus diesem Zitat würdigen. Es ist besonders die Beschreibung der Arbeit eines Exegeten, dessen Ziel es ist, »die Trümmer zum Reden zu bringen«. Diese Aufgabe ist also, trotz der antiquarischen Konnotation, sehr auf die Kommunikation mit den Texten fokussiert. Zwar wird in dem Zitat von Würdigung explizit nur in Bezug auf den jetzigen Zusammenhang, und zwar eher ablehnend und distanziert, gesprochen, implizit muss es aber heißen, dass den ältesten oder ursprünglichen Schichten gerade und doch gewisse Würde – könnten wir vielleicht Autorität sagen – eigen ist.

VON DER AUTOREN- ZUR TRADITIONSLITERATUR

Die moderne auf intentio auctoris orientierte Bibelwissenschaft hat aber seit Hugo Gressmann gelernt, auch die späteren Schichten zu schätzen, und die scharfe Dichotomie »Klassiker«/»Epigon« hat sich mit der Zeit entschärft. Konrad Schmid spricht von einer Entwicklung, in der die innerbiblische Auslegung in der Schrift immer stärker wahrgenommen wurde.[10] In der ersten Hälfte des 20. Jahrhunderts waren es nicht nur die vielen kritisch erkannten »Ergänzungen«, sondern vor allem auch die Arbeiten von mehreren Autoren, die Phänomene als innerbiblische »Exegese«, »Midrasch« oder »Nachgeschichte innerhalb des Alten Testaments« begrifflich fixierten und die ihre Entdeckungen vor allem im Bereich der Propheten machten. Wie aber Schmid fortsetzt, blieb die Redaktortätigkeit theoretisch wenig reflektiert, so dass Hertzberg noch 1952 zur Pentateuchforschung bemerken konnte, dass das Buch über den Gesamtverfasser, den Endredaktor, immer noch fehle.[11] Inzwischen hat sich die Diskussion zur Redaktortätigkeit in der Schrift breit entfaltet.

Das Alte Testament ist in der letzten Zeit weniger Autoren- als Traditionsliteratur[12] oder auch »schriftgelehrte Traditionsliteratur« geworden.[13] Viele Veröffentlichungen haben auf die Rolle der Schriftgelehrten und die Schriftge-

---

im Kontext der Überlegungen zur innerbiblischen Auslegung angeführt. Zu diesen Aspekten der innerbiblischen Auslegung durch die Perspektive von Polyphonie kommen wir später.

[10] A. a. O., 5–34, bes. 9 f.

[11] A. a. O., 10. Urspr. Zitat H.-W. HERTZBERG, Ist Exegese theologisch möglich?, in: DERS., Beiträge zur Traditionsgeschichte und Theologie des Alten Testaments, Göttingen 1962, 111.

[12] CHRISTOPH DOHMEN, Die Bibel und ihre Auslegung, München 1998, 12.

[13] SCHMID, Schriftgelehrte Traditionsliteratur (s. Anm. 9).

lehrtenkultur, in der auch das Alte Testament entstanden ist, aufmerksam gemacht,[14] und mit Worten Arie van der Kooijs: »one cannot look at the authoritativeness of Scriptures without paying attention to the role of the scribes – that is to say, to the experts who were responsible for the interpretation of ancient texts«.[15]

Mit den Schriftgelehrten ist auch eine neue Auffassung der Autorschaft verbunden. Einerseits zeigt dieser neue Einblick in die Schriftgelehrtenkultur, wie romantisch und zeitbedingt die Vorstellungen von Originalität und Genie der Erstverfasser der alttestamentlichen Schriften in großen Teilen der historisch-kritischen Forschung des 19. und vielleicht auch 20. Jahrhunderts war. Andererseits werden wir aber auch darauf aufmerksam gemacht, in welch vielfältiger und vielschichtiger Weise die Autorschaft mit der Autorität verbunden werden kann.

Ich halte es in gewisser Weise für ein geschichtliches Paradox, wenn man sich an das Zitat von Hugo Gressmann wieder erinnert, in dem exemplarisch zu sehen ist, wie der Historiker begeistert nach der ursprünglichen Schicht, nach der ipsissima vox sucht, der er große Würdigkeit, ja Autorität zuschreibt, und die ihm dann erlaubt, aus diesem Piedestal der Ursprünglichkeit die jüngeren Schichten, Autoren und Redaktoren zu kritisieren. In großen Teilen der Schrift war es gerade die Arbeit der Redaktoren durch Überschriften wie David-Psalmen oder Solomo-Weisheit, die durch Autorschaftzuschreibung den Schriften auch Autorität verschaffen wollte. Die Autorschaft in der Antike war größtenteils anonym. Karel van der Toorn schreibt, dass die Unterscheidung zwischen schöpferischem Autor und handwerklichem Redaktor für die Leute der Antike weniger wichtig gewesen sei als für uns. »They did not place the same value on originality. To them, an author does not invent his text but merely arranges it; the content of a text exists first, before being laid down in writing.«[16] Für den antiken Menschen war also auch der Autor jemand, der die Texte eher zusammenstellte als schöpferisch verfasste. Es war auch nicht unethisch, ein Werk unter anderem Namen herauszugeben. Eine Schrift könnte auf Antrag für einen Patron mit seiner Ehrenautorschaft entstehen oder könnte auch pseudonym geschehen, wenn ein Autor sich für einen anderen ausgibt, um Autorität für seine Schrift zu si-

---

14 Karel van der Toorn, Scribal Culture and the Making of the Hebrew Bible, Cambridge, Massachusetts/London, England 2007; Philip R. Davies, Scribes and Schools. The Canonization of the Hebrew Scriptures, Louisville 1998; William M. Schniedewind, How Bible became a Book. The Textualization of Ancient Israel, New York u. a. 2004; Christopher A. Rollston, Writing and Literacy in the World of Ancient Israel. Epigraphic Evidence from the Iron Age, Atlanta, GA 2010.

15 Arie van der Kooij, Authoritative Scriptures and Scribal Culture, in: Mladen Popovič (Hrsg.), Authoritative Scriptures in ancient Judaism, Leiden 2010, 61.

16 Van der Toorn, Scribal Culture (s. Anm. 14), 48.

chern. Van der Toorn erwähnt dann noch die »attributed authorship«, die man mit dem Davidischen Psalter oder der Salomonischen Weisheit in Verbindung bringen kann. Dazu muss man noch ergänzen, dass in der Antike die menschliche Person eher als eine Rolle (character, personnage) als als eine Persönlichkeit verstanden wurde. »The individual is indistinguishable from his or her social role and social status. That is why the distinction between the individual and the community he or she belongs to is not as rigid as it seems to be in our modern world.«[17]

Was aber an diesen Aktivitäten der Schreiber und Kommunität und Kultur faszinierend ist, ist die Tatsache, dass trotz der Anonymität, trotz der Auffassung des Schreibers zuerst als soziale Rolle und erst dann als Individuum, trotz der problematischen Autorschaftsvorstellung, die Schriftgelehrten in ihrer Tätigkeit die verschiedenen ihnen zugänglichen Traditionen nicht völlig unifizierten, sondern sie haben sie erkennbar gelassen, was nicht nur, aber besonders die historisch-kritische Forschung zeigt. Man kann mit historischer Kritik immer noch selbstständige Stimmen in der Schrift entdecken und sie zum Reden bringen.

Auf der Suche nach den richtigen Kategorien

Man muss ehrlich zugeben, dass das Bewusstsein der Vielstimmigkeit der Bibel da immer mehr oder weniger anwesend war, wie es auch das Augustin-Zitat zeigt. Sie ist nur mit der historischen Kritik mit neuer Dringlichkeit in den Vordergrund getreten. Die Fragen der historischen Kritik konzentrierten sich jedoch auf die Dissonanz in der Schrift. Ludger Schwienhorst-Schönberger schrieb zur Frage nach dem Verlust der Einheit: »Es war nicht, wie häufig angenommen wird, die Erkenntnis der historischen Vielfalt und Vielstimmigkeit der Schrift, sondern eine Veränderung im Gottesbild und eine damit einhergehende Kritik des Offenbarungsverständnisses.«[18] Er entwickelt den Gedanken weiter: »Die Vielstimmigkeit der Bibel wurde also nicht erst von der historisch-kritischen Exegese wahrgenommen. Sie wurde aber von dieser in schmerzhafter Weise als Problem empfunden, nachdem sie das Bewusstsein von der Einheit der Schrift verloren hatte, genauer gesagt: nachdem sie mit den von ihr anerkannten Kategorien die Einheit der Schrift nicht mehr denken konnte.«[19]

---

[17] A. a. O., 46.

[18] Ludger Schwienhorst-Schönberger, Einheit und Vielheit. Gibt es eine sinnvolle Suche nach der Mitte des Alten Testaments?, in: Frank-Lothar Hossfeld (Hrsg.), Wieviel Systematik erlaubt die Schrift? Auf der Suche nach einer gesamtbiblischen Theologie, Freiburg im Breisgau 2001, 52.

[19] A. a. O., 53.

Dürfen wir also sagen, dass die Lösung unseres Problems in der Neuformulierung des Gottesbildes in der heutigen Theologie liegt? Es mag wirklich so sein, aber wenn es ein biblisch begründetes Gottesbild sein soll, wird man auf ähnliche Probleme stoßen wie früher. Mit Bezug auf die scribal culture wird man dann noch mit der Ansicht konfrontiert, dass auch die Offenbarung ein späteres Konstrukt der Schriftgelehrten sei.[20] Man kann vielleicht mit einer vielsagenden und humorvollen Geschichte, die Carol A. Newsom in ihrer Studie zu Bachtin, Bibel und Dialogizität anführt, antworten. In der Erzählung geht es um ein Job-Interview eines Alttestamentlers. Der bei dem Vorstellungsgespräch anwesende Systematiker fragt den Biblisten zuerst nach der theologischen Mitte des Alten Testaments. Der Alttestamentler äußert seinen Zweifel daran und stattdessen besteht er auf der Vielfalt in der Bibel. Auch die Fragen nach den Hauptthemen oder Leitmotiven im Alten Testament bringen die Diskussion nicht weiter, weil eine Begünstigung von einem oder zwei Themen ein Verrat der außergewöhnlichen Vielfältigkeit sei und es die historische Partikularität der alttestamentlichen Schriften verfälsche. Die letzte Hoffnung des Systematikers ist »a single referent« aller verschiedenartigen Darstellungen – Gott. Aber auch hier sei das moderne Gottesbild für den Alttestamentler problematisch wegen der mannigfaltigen lokalen Erscheinungsformen der Gottheit. Die Konversation endet mit der frustrierten Aussage des Systematikers: »I'm not trying to do violence to the historical particularity of the Bible or its cultural context. I'm just trying to find something that theology can work with.«[21]

Bachtin, Polyphonie und Dialogizität

Mit was für einer Schrift hat also die Theologie zu tun? Mit einer, die durch historische Vielfalt in einzelne Teile und Stücke zerfiel, weil die Schreiberkultur, in der sie entstanden ist, diese Vielfalt nicht völlig systematisieren und verdrängen konnte oder wollte? Gerade dieses Nichtverdrängenwollen der verschiedenartigen Traditionen, Texte, Teile und Fragmente wollen wir durch den Begriff Polyphonie schätzen lernen. Übrigens, diesen Horizont des Nichtverdrängens älterer Traditionen könnte man sicherlich auch um die Schriften des Neuen Testaments erweitern, sogar auch um die Entscheidung der frühen Kirche, sich vor dem Anspruch des monologischen Kanons Markions zu hüten und als Antwort den mehrstimmigen oder dialogischen christlichen Kanon beider Testamente zu stellen. Die Mehrstimmigkeit der Schrift werden wir jetzt im Sinne der poly-

---

20 Van der Toorn, Scribal Culture (s. Anm. 14), 205ff.

21 Carol A. Newsom, Bakhtin, the Bible, and Dialogic Truth, in: JR 76 (1996), 2, 290.

phonen Literatur Michail M. Bachtins versuchen, fruchtbar und nicht furchtbar für Theologie und Kirche zu verstehen.

Bachtinsche Konzeption von Literatur und Polyphonie kann meines Erachtens für unser Thema von großer Bedeutung sein. Ein wichtiger Ausgangspunkt ist, dass durch diese Konzeption die Vielfalt als Vielstimmigkeit verstanden wird. Bachtin hat seine Vorstellung von Polyphonie besonders am Beispiel des Werkes Fjodor Dostojewskijs klar gemacht. In seinem Buch *Probleme der Poetik Dostojewskijs* schreibt er, dass dieser ein »völlig neues künstlerisches Weltmodell«[22] hervorgebracht habe. Es geht ihm um »die Vielfalt selbständiger und unvermischter Stimmen und Bewusstseine, die echte Polyphonie vollwertiger Stimmen«.[23] Mit dem Begriff Polyphonie wird in Bachtins Sicht der Terminus Dialogizität eng verbunden und, wie Sylvia Sasse sagt, »beinahe synonym verwendet«[24]. »Die Begriffe ›polyphon‹ und ›dialogisch‹ akzentuieren jedoch unterschiedliche Aspekte innerhalb der Poetik Dostojewskijs. Während das Polyphone vor allem den ›Pluralismus‹ (PPD, 33) und die ›Koexistenz‹ (sosuščestvovanie) (PPD, 34) bezeichnet, sind mit dem Dialogischen eher die Beziehungen der koexistierenden Kräfte zueinander ›in einem einzigen Augenblick‹ (PPD, 35), also ihre ›Wechselwirkungen‹ (vzaimodejstvie) (PPD, 34) angesprochen«.[25]

Bachtin unterscheidet grundsätzlich monologische und dialogische Literatur, wobei für die zweite der polyphonische Roman Dostojewskijs ein hervorragendes Beispiel sein kann. Die mit der Polyphonie eng verwandte oder als Funktion der Polyphonie verstandene Dialogizität ist für Bachtin das konstitutive Element der Sprache. »Das Wort ist kein Ding, sondern das ewig bewegte, sich ewig verändernde Medium des dialogischen Umgangs. Ein einzelnes Bewusstsein, eine einzelne Stimme ist ihm niemals genug. Das Leben des Wortes besteht im Übergang von Mund zu Mund, von Kontext zu Kontext, von Kollektiv zu Kollektiv, von Generation zu Generation. Dabei bleibt das Wort seines Weges eingedenk. Es vermag sich nicht restlos aus der Gewalt jener Kontexte zu lösen, in die es

---

22 Michail M. Bachtin, Probleme der Poetik Dostoevskijs, Frankfurt am Main/Wien u. a. 1985, 9.

23 A. a. O., 10. Orig. »Множественность самостоятельных и неслиянных голосов и сознании, подлинная полифония полноценных, голосов«.

24 Sylvia Sasse, Michail Bachtin zur Einführung, Hamburg 2010, 84. Cf. Lucia Salvato, Polyphones Erzählen. Zum Phänomen der Erlebten Rede in deutschen Romanen der Jahrhundertwende, Bern/Wien u. a. 2005, 136–152, bes. 150; Tanja Dembski, Paradigmen der Romantheorie zu Beginn des 20. Jahrhunderts. Lukács, Bachtin und Rilke, Würzburg 2000, 108–137.

25 Sasse, Bachtin, 84 (s. Anm. 24). Anders Dembski, Paradigmen (s. Anm. 24), 108–137, bes. 110, Anm. 164.

einst einging.«[26] »Der dialogische Umgang ist die eigentliche Lebenssphäre der Sprache.«[27] Die von Bachtin beschriebene Vielstimmigkeit kann man nicht auf die Vielfalt der Sprachstile, territorialen und sozialen Dialekte, berufssprachlichen Wendungen oder Formen reduzieren. Die monologische Literatur kann in dieser Sicht sogar noch reicher sein.[28] Das Dialogische und die Polyphonie sind eher eine Einstellung, die die komplizierte Wirklichkeit des Lebens authentischer zum Ausdruck bringen können. Eine selbstständige Stimme muss aber durch lange Traktate oder ausgebaute Ansprachen zur Rede kommen. Die dialogischen Beziehungen sind bei Bachtin nicht nur an ganze Äußerungen gebunden, sondern man kann sich auf jede Bedeutungsgröße innerhalb einer Äußerung dialogisch einstellen, »sogar auf das einzelne Wort, sofern es nicht als unpersönliches Wort der Sprache, sondern als Zeichen einer fremden Bedeutungsposition, als Repräsentant einer fremden Äußerung aufgenommen wird, das heißt: unter der Voraussetzung, dass wir die fremde Stimme darin hören.«[29]

Carol Newsom beschreibt in Anlehnung an die bachtinsche Unterscheidung zwischen dialogischer und monologischer Literatur auch zwei Auffassungen von Wahrheit,[30] wir könnten vielleicht auch Wirklichkeit sagen. Die monologische Auffassung von Wahrheit ist abstrakt, das heißt, sie kann von den anderen reduplizierbar, wiederholbar werden. Sie ist unabhängig von dem Sprechenden, und im Endeffekt ist sie »eine Idee, die niemandem gehört«, oder mit den Worten Bachtins: »sie ist nur in seinen Mund gelegt, aber genauso konnte sie in den Mund irgendeines anderen Helden gelegt werden [...] Solche Idee an sich gehört niemandem.«[31] Deshalb ist diese Idee systematisierbar und kann zur charakteristischen Einheit gelangen. Das System kann zwar ein Produkt mehrerer Autoren sein, aber es ist so aufgebaut, dass singuläres Bewusstsein es verstehen, nachvollziehen kann und es mit einer Stimme zum Ausdruck gebracht werden kann. Polyphonie, Mehrstimmigkeit wehrt sich solcher Einheit. Dialogische Wahrheit/Wirklichkeit existiert im Kreuzungspunkt mehrerer unvermischter Stimmen und sie verlangt Pluralität von Bewusstsein. Sie sucht nicht die Einheit des Systems, sondern die Einheit des Ereignisses. Monologische Wahrheit hat einen abstrakten und die dialogische Wahrheit einen personalen Charakter.

Im personalen Charakter der Überlegungen Bachtins über die Texte sehe ich eine große Möglichkeit für das Verständnis historischer Vielfalt der Heiligen

---

26 Michail Bachtin, Literatur und Karneval. Zur Romantheorie und Lachkultur, München 1969, 129f.

27 A.a.O., 103.

28 Cf. A.a.O., 101.

29 A.a.O., 105.

30 Newsom, Bakhtin (s. Anm. 21), 90–93.

31 Eigene Übersetzung aus dem Russischen, Dávid Benka, Intertextualita a výklad Biblie (Dissertation), Bratislava 2007, 28.

Schrift. Seine Vorstellung erlaubt uns nicht nur die ipsissima voces zu schätzen, sondern auch die anderen Stimmen, die sich in der chronologischen Abfolge ihnen anschließen und Mehrstimmigkeit erzeugen. Bachtinsche Sicht ermöglicht, auch kleinste Fragmente als Stimmen zu hören. Wichtig ist, dass die Texte nicht als Gegenstände verstanden werden, sondern dass sie als Stimmen gehört sein wollen. Die bachtinsche Konzeption von Literatur öffnet die kommunikative, dialogische Funktion der Schrift. Ľ. Batka schreibt, dass man die Gemeinschaft zwischen Gott und Mensch nicht anders verstehen kann als in Form des Wortes durch den Glauben ergriffenes Wort der artikulierten Antwort.[32] Aufgabe der Exegese ist es, die Texte zum Reden zu bringen. Zugleich sind die Stimmen historisch beschreibbar, sie sind selbstständig und man kann sie in ihrer Authentizität wahrnehmen und würdigen, die Gegenstimmen vielleicht auch kritisieren, ohne die polyphonische Einheit aus dem Blick zu verlieren, und im Kontrapunkt zu ihnen die Hauptstimmen lauter erklingen lassen.

Wir könnten es vielleicht an dem Beispiel näher bringen, das Carol Newsom in ihrer Arbeit zum Hiobbuch erwähnt.[33] Im polyphonischen Werk sind letztendlich alle Stimmen hörbar und sie fließen nicht hinein ins Monologische. Die einzige Möglichkeit, wie man auf einen solchen dialogischen Text reagieren kann, ist die Stellungnahme eines engagierten Lesers, der ins Gespräch mit diesen Stimmen eintritt. Das ist gerade der Fall Elihus. Historisch-kritisch kann man in Elihus' Rede einen späteren Einschub sehen, und auch Newsom versteht ihn als solchen. Der Autor dieser Rede hat aber nach Newsom intuitiv begriffen, dass die Wirklichkeit der Gottesfürchtigkeit nur an dem Kreuzungspunkt der unvermischten Stimmen ergriffen werden kann, und er hat sich selbst in die Konversation »eingestochen« (inject).[34]

Rezeption Bachtins: Dialogizität der Stimmen oder Dialogizität der Texte

Die Anziehungskraft der polyphonischen Literatur für den Leser, die zur Teilnahme an der Dialogizität motiviert, ist eine schöne Überbrückung zur Autorität der Schrift. Zuerst muss aber noch etwas zur späteren Rezeption von bachtinschen Ideen gesagt werden.[35] Diese Nachgeschichte zeigt nämlich, wie man die Stimme der Texte wegen preisgeben kann.

---

32 Ľubomír Batka, Božie slovo ako vzor a zdroj ľudského života s Bohom, in: Teologická reflexe 13 (2007), 1, 44.

33 Carol A. Newsom, The Book of Job as Polyphonic Text, in: JSOT 97 (2002), 87–108.

34 A. a. O., 108.

35 Zur Rezeption Bachtins in den Bibelwissenschaften siehe: Barbara Green, Mikhail Bahktin and Biblical Scholarship, Atlanta, GA 2000; Walter R. Reed, Dialogues of the Word.

Bachtinsche Gedanken haben eine breite und verschiedenartige Resonanz bei vielen Wissenschaftlern gefunden. Die bekannteste ist vielleicht Julia Kristeva, die den Intertextualitätsbegriff »mit explizitem Rückgriff [...] auf Michail Bachtins Begriff der ›Dialogizität‹«[36] in die Diskussion eingeführt hat. Intertextualität ist inzwischen ein Bestandteil von vielen exegetischen Arbeiten geworden. Der Begriff wird aber zur Beschreibung verschiedener Phänomene eingesetzt, manchmal nur als Bezeichnung für altbekannte literarische Quellenkritik und Quellenforschung benutzt.[37] Kristeva selber hat den Terminus Intertextualität wenige Jahre nach der Einführung wegen seines inflationären und unspezifischen Gebrauchs aufgegeben und durch den Ausdruck Transposition ersetzt.[38] Nach Georg Steins: »Die grundlegende Differenz zwischen Kristeva und Bachtin besteht darin, dass sie den bachtinschen Personalismus als der Basis des Dialogismus nicht rezipiert.«[39] Manfred Pfister ergänzt dazu noch: »Während Bachtin sehr wohl zwischen der Wirklichkeit von Geschichte und Gesellschaft einerseits und den Wörtern, der Rede und der Sprache andererseits unterschied, wird hier [bei Kristeva, D. B.] der Textbegriff im Sinn einer allgemeinen Kultursemiotik so radikal generalisiert, dass letztendlich alles, oder doch zumindest jedes kulturelle System und jede kulturelle Struktur, Text sein soll.«[40]

Dieser Sprung von Dialogizität der Stimmen des polyphonen Textes zur Intertextualität der Texte ist meiner Meinung nach ein großer Perspektivenwechsel, der eine andere (vielleicht komplementäre) Annäherung zur Schrift und zum Kanonverständnis mit sich bringt, wenn man die Intertextualität nicht als Quellenforschung und Quellenkritik verstehen will. Interaktion oder Dialogizität der Texte ist etwas anderes als Dialogizität der Stimmen in den Texten.

The Bible As Literature according to Bakhtin, New York 1993; CAROL A. NEWSOM, Bakhtin, the Bible, and Dialogic Truth, in: JR 76 (1996), 2, 290–306; CAROL A. NEWSOM, The Book of Job as Polyphonic Text, in: JSOT 97 (2002), 87–108. ALICE W. HUNT, Bringing Dialogue from Cacophony. Can Bakhtin Speak to Biblical Historiography?, in: PRSt 32 (2005), 3, 325–337; BETTINA FISCHER, Bakhtin's Carnival and the Gospel of Luke, in: Neotest. 40 (2006), 1, 35–60; DENNIS T. OLSON, Biblical Theology as Provisional Monologization, in: Biblical Interpretation 6 (1998), 2, 162–180; L. JULIANA M. CLAASSENS, Biblical Theology as Dialogue, in: JBL 122 (2003), 1, 127–144; PATRICIA K. TULL, Bakhtin's Confessional self-Accounting and Psalms of Lament, in: Biblical Interpretation 13 (2005), 1, 41–55. KEITH BODNER u. a., Bakhtin in recent biblical studies. Book reviews, in: PRSt 32 (2005), 3, 347–353.

36 MANFRED PFISTER, Konzepte der Intertextualität, in: ULRICH BROICH/MANFRED PFISTER (Hrsg.), Intertextualität. Formen, Funktionen, anglistische Fallstudien, Tübingen 1985, 1.

37 A. a. O., 10.

38 GEORG STEINS, Die »Bindung Isaaks« im Kanon, Freiburg im Breisgau u. a. 1999, 56.

39 A. a. O., 55.

40 PFISTER, Konzepte (s. Anm. 36), 7.

Bachtins Konzeption ist von der Literaturwissenschaft und Romanforschung übernommen, und als solche arbeitet sie schon mit äußerlich abgeschlossenen Werken, vor allem nämlich Dostojewskijs Romanen. In diesem Sinne ist es ganz legitim, auch die Dialogizität synchron und den Dialog der Stimmen als gegenseitig zu verstehen. Darum geht es eigentlich bei Dostojewskij. Einige Autoren befürworten deshalb diese Reziprozität des Dialogs.[41] Mit Rücksicht aufs bachtinsche Verständnis des Wortes in seiner Konkretheit und nicht Abstraktheit würde ich jedoch Walter Reed zustimmen, dass die diachronische Auffassung »encourages the perception of more than one kind of formal ordering and more than one level of significant shaping in the canonical text.«[42] Die Intertextualität auf der anderen Seite kann die zeitlich verschiedenen Texte ins Gespräch bringen, wo auch die älteren Texte in den gleichzeitigen Dialog mit den jüngeren Texten eintreten dürfen und nicht nur in neuem Licht erscheinen, sondern auch neue Bedeutungen annehmen können. Wie das Projekt der kanonisch-intertextuellen Lektüre von Georg Steins zeigt, ist Intertextualität aus guten Gründen mit Ansätzen vereinbar, die auf die »final form« der Schrift Wert legen und die Endgestalt des Textes als Ausgangspunkt der Schriftauslegung verstehen, wie canonical approach Brevard S. Childs'. Intertextualität oder die kanonisch-intertextuelle Lektüre ist dann eine Antwort auf die Herausforderungen der Gegenwart, wie die Krise des Rationalismus in der Postmoderne, die legitime Vielfalt der Auslegungsansätze, die stärkere Gewichtung der Synchronie und die Entdeckung der »(sinn-)schöpferischen« Rolle der Lesenden.[43] Auf der anderen Seite ist bachtinsche Vielstimmigkeit und Dialogizität mit ihrer Offenheit für das Historische eher in der Nähe von canonical criticism J. A. Sanders' zu sehen, in dem »canonical function takes precedence over canonical form«,[44] oder noch besser im Prozess der innerbiblischen Auslegung.

INTERTEXTUALITÄT DES KANONS UND DIALOGIZITÄT DER KANONWERDUNG

In der Dialogizität als Intertextualität und Dialogizität als Polyphonie haben wir zwei distinkte Annäherungsmöglichkeiten zur Schrift, zum Kanon und letztendlich zur Autorität. Damit wollen wir nicht sagen, dass die beiden nicht komplementär verstanden werden können. Auch in diesem Bereich zeigt sich näm-

---

[41] CLAASSENS, Biblical Theology (s. Anm. 35), 135ff.

[42] REED, Dialogues of the Word (s. Anm. 35), 15.

[43] STEINS, Bindung Isaaks (s. Anm. 38), 3f.

[44] JOHANNES NISSEN, Scripture and Community in Dialogue, in: JEAN-MARIE AUWERS (Hrsg.), The biblical canons, Leuven 2003, 652.

lich die bachtinsche Unterscheidung zwischen Monologismus und Dialogismus als besonders hilfreich. Die mehr oder weniger synchron und am Leser orientierte Intertextualität macht entweder alles in postmodernem Sinne zum Text und dann wird die Konzeption eines Kanons überholt, oder es wird schon ein abgeschlossener Kanon vorausgesetzt und braucht eine »final form«. Dieser Kanon muss schon von außen abgegrenzt und autorisiert sein. Hier kommt das Monologische des Kanons zum Ausdruck, wo seine Funktion in der Abgrenzung und sein Ziel in Fixierung, Systematisierung und Vereinheitlichung seiner Botschaft liegt. Vielsagend in diesem Zusammenhang ist die Bemerkung Thomas Södings, dass die biblischen Bücherlisten erst im 4. Jahrhundert Kanon genannt werden, was »die historische Entwicklung widerspiegelt und die Heilige Schrift im Römischen Reich nach der konstantinischen Wende als Grundgesetz des sich entwickelnden Staatskirchentums angesehen wird.«[45] Mit dem abgeschlossenen monologisierenden Kanon und seiner Autorität kommt immer ein Gedanke der politischen Macht einer äußeren Instanz in den Vordergrund. Man muss sich aber des revolutionären Erbes der Intertextualität, das Julia Kristeva in den sechziger und siebziger Jahren so schätzte,[46] bewusst sein, wenn ständige Interaktion der Texte immer neue Bedeutungen generiert und damit den monologischen Anspruch des monologisierenden Kanons untergräbt. Die postmodernen Ansätze haben das schon vielmals thematisiert. In diesem Sinne war es sicherlich kein Zufall, dass Michail M. Bachtin mit seinen Ideen der Polyphonie und Dialogizität mehrere Jahre der stalinistischen Ära in Kasachstan verbringen musste.

Mit der Dialogizität als Polyphonie, wie wir sie oben vorgestellt haben, verbindet sich aber unserer Meinung nach ein anderer Aspekt des Kanons und der mit ihm verbundenen Autorität. Christoph Dohmen formuliert es in seiner Antwort an James A. Sanders sehr präzis: »Es geht beim Kanon folglich zuerst nicht um die Gestalt einer Schriftensammlung, sondern um die Funktion der Schriftensammlung für die Glaubensgemeinschaft. In dem Maße, wie erkannt wurde, dass der biblische Kanon nicht durch Ausgrenzung oder Zusammenstellung vorliegender bzw. verfügbarer Schriften entstanden ist, sondern als Glaubenszeugnis einer Gemeinschaft gewachsen ist, wurde deutlich, dass es sich beim Kanon um ein Phänomen handelt, das nur prozessual zu erfassen ist, und zwar in den beiden Aspekten von Konstituierung und Abschließung. Von hierher wird deutlich, dass Auslegung nicht nachträglich zur Heiligen Schrift hinzutritt, sondern konstitutives Element ihrer Entstehung ist, denn wenn jüngere Schriften der Bi-

---

45 Thomas Söding, Der Kanon des Alten und Neuen Testaments; Jean-Marie Auwers (Hrsg.), The biblical canons, Leuven 2003, LII.

46 Julia Kristeva, Bakhtin, le mot, le dialogue et le roman, in: Critique XXIII (1967), 438–465. Julia Kristeva, La Révolution Du Langage Poétique. L'avant-Garde À La Fin Du XIXe Siècle. Lautréamont Et Mallarmé, Paris 1974.

bel sich auf ältere beziehen und sie deutend auf neue Situationen oder Fragestellungen anwenden, dann setzt dies schon einen gewissen Verbindlichkeitscharakter jener Schriften voraus.«[47]

Potestas oder auctoritas?

Kann man schon in dem »gewissen Verbindlichkeitscharakter« Autorität erblicken? Dietrich Ritschl schreibt in seinem Aufsatz zur Autorität und Loyalität, dass an der historischen sowie der philosophischen Analyse der Bedeutungsgeschichte von Autorität zweierlei auffällt: zum einen, dass schon früh Kategorisierungen von Autoritätstypen (personale, institutionelle, primäre, formale, legale, charismatische usw.) eingeführt worden sind, zum anderen, dass sich sowohl die historische Forschung in der Politik- und Rechtswissenschaft als auch die theologischen Bemühungen auf die Träger von Autorität und nur selten auf die durch Autorität Betroffenen bzw. ihre Untergeordneten konzentrierten. Ritschl stellt weiter fest: »Zwar wird gelegentlich eingeräumt, es handle sich bei Autorität um einen ›Beziehungsbegriff‹, aber nur selten werden Korrelate wie ›Vertrauen‹, ›Überprüfung‹, ›kritischer Respekt‹ oder dergl. eingebracht oder anstelle des platten, heute kaum mehr verteidigten Wortes ›Gehorsam‹ diskutiert.«[48] Dietrich Ritschl berichtet unter anderem auch von der römischen Unterscheidung zwischen potestas (des Magistratus) und auctoritas (des Senats, auch einer Einzelpersönlichkeit). »Während ›Macht‹ auf Durchsetzung aus sei (im Rechtsstaat durch verfassungsmäßige Amts- und Zwangsgewalt), könne auctoritas nur bei Anerkennung und Vertrauensvorschuss der ›Subjekte‹ gegenüber dem Autoritätsträger bestehen, sei es mit rationaler, sei es mit glaubensmäßiger Begründung.«[49]

Dieses alte Konzept von auctoritas, das die Autorität auch als einen Relationsbegriff erscheinen lässt, finden wir auch für die Polyphonie der Schrift als sehr hilfreich. Mit der Autorität der Schrift meinen wir, dass die Heilige Schrift uns doch etwas zu sagen hat. Autorität ist nicht ein Attribut der Sache, eine Eigenschaft des Textes oder ein isoliertes Phänomen, sondern eine Kommunikation. Deshalb wollen wir durch Bachtin die Stimmen in den Texten aufbewahren. Wie die Debatte um den biblischen Kanon gezeigt hat, besteht ein wesentlicher Teil der kommunikativ verstandenen Autorität der Schriften in ihrer Verbindung

---

47 Christoph Dohmen, Reaktion zum Beitrag von James A. Sanders »Scripture as Canon in the Church«, in: L'interpretazione della Bibbia nella Chiesa, Città del Vaticano 2001, 146.

48 Dietrich Ritschl, Autorität und Loyalität. Über angemessene Haltungen gegenüber Autoritäten, in: ThZ 64 (2008), 2, 100.

49 A. a. O., 104 f.

mit der Glaubensgemeinschaft.[50] Dieser nach außen hin orientierte Aspekt der Autoritätsvorstellung ist aber jetzt nicht der primäre Gegenstand unserer Überlegungen, sondern wir wollen uns mehr auf den polyphonen Text begrenzen. Aber auch hier, wo unser Ausgangspunkt die Mehrstimmigkeit des Textes ist, ist das zur Kommunikation offene Verständnis der Autorität von Bedeutung.

Autorität in der Schriftwerdung und die Kanonbildung oder Polyphonie im Einklang

In der alttestamentlichen Wissenschaft wird die Unterscheidung zwischen Konzepten »Schrift« und »Kanon« diskutiert.[51] Der »Kanon«-Begriff ist als Bezeichnung von Heiligen Schriften der Kirche und auch der Synagoge historisch gesehen ein Anachronismus. Und auch sachlich in Hinsicht auf den ersten Teil der christlichen Bibel ist eine abgeschlossene Liste Heiliger Schriften, die in ihrem Textbestand gesichert sind, ein nachalttestamentliches Phänomen.[52] Die Prozesse der Schriftwerdung und Kanonbildung sind zwar nicht identisch, aber sie überlappen sich teilweise. Mit Schrift ist nach Konrad Schmid »ein offeneres Konzept eines autoritativen Texts [gemeint], der aber weder als inspiriert noch als unveränderlich gelten muss«,[53] und die alttestamentlichen Schriften sind nicht zu einem bestimmten Zeitpunkt per Dekret in einen kanonischen Status erhoben worden, sondern »das Resultat der Kanonizität des Alten Testaments auf einen langen Prozess [...], der sich weitestgehend ohne institutionell abgestützte Entscheidungen abgespielt hat.«[54] Magne Saebø kommt in seinem Aufsatz zum Kanon zu dem Schluss, dass die Verbindung der Autorität mit Kanon sachgemäß sei, »denn der Kanon meint Autorität«, Autorität brauche aber umgekehrt nicht Kanon zu bedeuten.[55] Deshalb bringt er zur Untersuchung der Nahtstellen zwischen Schriftwerdung und Kanonwerdung das diachronisch verstandene Phänomen des Zusammen-Denkens ein. Nach ihm »lässt sich die Letztgestalt der biblischen Schriften nicht als etwas schon im voraus Gegebenes, sondern allgemein als etwas historisch und

---

50 Cf. Nissen, Scripture and Community (s. Anm. 44).

51 Siehe Konrad Schmid, Schriftwerdung und Kanonbildung, in: Ders., Schriftgelehrte Traditionsliteratur, 61 ff.; Magne Saebø, Vom »Zusammendenken« zum Kanon: Aspekte der traditionsgeschichtlichen Endstadien des Alten Testaments, in: JBTh 3 (1988), 115–134; John Barton, Oracles of God, London 1986.

52 Schmid, Schriftgelehrte Traditionsliteratur (s. Anm. 9), 62.

53 A. a. O., 62.

54 A. a. O., 61.

55 Saebø, Vom »Zusammen-Denken« zum Kanon (s. Anm. 51), 129 f.

theologisch Gewordenes verstehen« und »Einheit in der Vielfalt der Überlieferungen ist durch ein vom JHWH-Glauben getragenes und in verschiedenen Kreisen Israels sich auswirkendes theologisches Zusammen-Denken gewonnen worden.«[56]

Wir dürfen es an einem der Beispiele, die Saebø anführt,[57] illustrieren. Es ist die ungewöhnlich breite und doppelte Überschrift des Jeremiabuches, die zuerst von den »Worten Jeremias« spricht, und erst danach ist vom »Wort JHWHs« die Rede. Auf der anderen Seite beginnt die Septuaginta mit dem Satz: »Das Wort Gottes, das an Jeremia erging«. Saebø macht dazu drei kurze Bemerkungen. Erstens macht er im Zusammenhang mit der besonderen »Worttheologie« des Jeremiabuches darauf aufmerksam, dass mit der ersten Angabe »Worte Jeremias« nicht nur die vielfältige Verkündigung und die Klagen Jeremias, sondern auch seine Symbolhandlungen und Taten sowie verschiedene Berichte über ihn zusammengefasst werden. Diese erste Zusammenfassung wird dann aber noch dadurch zugespitzt, dass in dem den nächsten Vers einleitenden Relativsatz vom »Wort JHWHs« in Singularform gesprochen wird. Damit ist das Interesse von der Person des Propheten auf Gott und sein wirkungsmächtiges Wort verlegt. Im dritten Schritt dann legt die Septuaginta den Schwerpunkt noch stärker auf die Funktion des »Wortes Gottes«. Die einzelnen Worte und Stimmen sind immer noch zu hören, aber es wird versucht, diesen Plural zum Zusammenklang in einem Gotteswort zu bringen. Hier überlappen sich Schriftwerdung und Kanonbildung.

Auch im Bereich der Rechtsüberlieferungen kann man mit ähnlichen Phänomenen rechnen, wenn man sie mit dem Prozess der innerbiblischen Auslegung beschreibt. Nach Konrad Schmid: Wenn bereits das älteste Rechtscorpus des Alten Testaments, das ›Bundesbuch‹ als Gottesrede verfasst worden ist, konnte insofern »alle nachfolgende Rechtsüberlieferung nur noch als Auslegung zu diesem mit göttlicher Autorität ausgestatteten Erstentwurf hinzutreten.«[58] Man hatte oder musste die ältere Stimme wegen ihrer Autorität als eigene selbstständige Stimme akzeptieren und man hatte eine Unifizierung nicht gewagt. Man hörte mehr oder weniger den verschiedenen Stimmen in der Überlieferung zu und wollte und konnte sie nicht ganz verdrängen, und zwar wegen der schon im Prozess der Schriftwerdung anwesenden Autorität. Wenn sich der Prozess der Kanonwerdung oder Kanonbildung damit verband, konnte man nicht die wahrnehmbar selbstständigen Stimmen mit ihrem Anteil an Autorität und Vielheit zugunsten der Einheit aufgeben, sondern nur die Einheit durch Einklang der Polyphonie erzielen.

---

56 A. a. O., 129.

57 A. a. O., 122.

58 Schmid, Schriftgelehrte Traditionsliteratur (s. Anm. 9), 11.

Dadurch ist die Bibel als polyphonische Literatur entstanden. Das Alte Testament steht in einem Zusammenklang mit dem Neuen Testament als eine christliche Bibel. Auf der anderen Seite sind dieselben Schriften die Heilige Schrift des Judentums, wo sie ihre Fortführung in der Mischna finden, die in ihrer Form noch radikaler dialogisch ist oder wie sie Moshe Halbertals beschreibt: Die Mischna ist ein »canon that transmits the tradition in the form of controversy«.[59] Polyphonische Literatur hat ihre große Anziehungskraft dadurch, dass sie den Leser motiviert, an dem Gespräch teilzunehmen. Es sind nämlich nicht Texte, sondern Stimmen, die ein Mensch hören kann und auf die er oder sie antworten kann. Damit werden sie nicht mehr nur implizite, ideale oder nicht ideale Leser, sondern auch sprechende Subjekte, selbstständige Stimmen. Ich glaube, das ist eine der Auswirkungen der Heiligen Schrift.

Endbemerkung: Die höchste Stimme

Am Ende meiner Ausführungen will ich noch eine kleine, aber doch wichtige Gegenstimme erklingen lassen, die die dialogische Polyphonie doch ein bisschen hierarchisiert. Wir haben das bachtinsche Konzept der Autorschaft in der polyphonen Literatur beiseite gelassen. In der monologischen Literatur ist der Autor des Werkes omnipräsent. Wie ist es aber in der polyphonen und dialogischen? Sylvia Sasse schreibt, dass der Schritt von Bachtins Konzept der Autorschaft zu Roland Barthes' berühmt gewordenem Artikel »Der Tod des Autors« nicht weit sei.[60] Ruth Coates in ihrem Buch zu christlichen Aspekten in Bachtins Werk spricht mit theologischen Implikationen von einem Autor im Exil.[61] In der dialogischen Literatur begibt sich der Autor auf die Ebene der Helden bzw. der Figuren und spricht nicht mehr über den Helden, sondern mit ihm.[62] Mit den Worten Ruth Coates werden in den Werken Dostojewskijs in der Sicht Bachtins die Ideen immer durch Menschenfiguren verkörpert und sie werden durch ihre ständige Interaktion geboren und am Leben gehalten. Die letzte Wahrheit (ultimative truth) kann deshalb nur im Kontakt mit einer besonders autoritativen Stimme entstehen. Dostojewskij ist nach Bachtin auf der Suche nach der höchsten und der autoritativsten Wegweisung und er versteht sie nicht als seine eigene Idee, sondern als ein anderes menschliches Wesen und seinen Diskurs. Diese

---

59 Moshe Halbertal, People of the Book. Canon Meaning and Authority, Cambridge, Masachusetts/London, England 1997, 45.

60 Sasse, Bachtin (s. Anm. 24), 59.

61 Ruth Coates, Christianity in Bakhtin. God and the Exiled Author, Cambridge 2005.

62 Bachtin, Probleme der Poetik Dostojewskijs (s. Anm. 22), 72. Sasse, Bachtin (s. Anm. 24), 58.

höchste Stimme muss die Krone der Stimmen sein, sie muss sie organisieren und unterwerfen und letztlich alle Fragen auflösen. Für Dostojewskij ist diese höchste Stimme das Bild eines idealen menschlichen Wesens, es ist das Bild Christi.[63] [64]

---

63 COATES, Christianity in Bakhtin (s. Anm. 61), 95.

64 Ich würde gerne Frau Silke Batka meinen herzlichen Dank für ihre Hilfe und sprachlichen Korrekturen dieses Aufsatzes aussprechen.

Polyphonie des Textes und Autorität der Schrift

Respons zu dem Beitrag von Dávid Benka

Johannes Klein

1 Polyphonie und Autorität

Anknüpfen an meinen Vorredner möchte ich bei der Unterscheidung von Macht und Autorität. In Berufung auf Dietrich Ritschl definiert Dávid Benka Macht als Instanz, die auf Durchsetzung aus ist, und auctoritas als Instanz, die nur bei Anerkennung und Vertrauensvorschuss gegenüber dem Autoritätsträger bestehen kann. Treffend formuliert Dávid Benka dann:

> »Mit der Autorität der Schrift meinen wir, dass die Heilige Schrift uns doch etwas zu sagen hat. Autorität ist nicht ein Attribut der Sache, eine Eigenschaft des Textes oder ein isoliertes Phänomen, sondern eine Kommunikation. Deshalb wollen wir durch Bachtin die Stimmen in den Texten aufbewahren. Wie die Debatte um den biblischen Kanon gezeigt hat, besteht ein wesentlicher Teil der kommunikativ verstandenen Autorität der Schriften in ihrer Verbindung mit der Glaubensgemeinschaft.«

Betrachtet man die Autorität von diesem Blickpunkt aus, dann verhält sich die Schrift eher wie eine vorlebende Autorität, weniger wie eine diktierende, sondern wie eine, die verschiedene Möglichkeiten im Dialog darlegt und weniger durch Monolog festlegt. Diesen Gedanken möchte ich aufgrund meiner Perspektive näher ausführen, die sich methodisch vor allem auf literaturwissenschaftliche Erzähltextmodelle gründet, aber überlieferungsgeschichtliche und literaturhistorische Fragen mitbedenkt, und ihre Erkenntnisse vor allem durch die synchrone und diachrone Analyse der Saul-David-Erzählungen in den Samuelbüchern gewonnen hat, auch wenn ich mich nicht darauf beschränken werde.

In der Bibel findet sich ein Mehrfaches:

1.1 Monologische Literatur – kein Dialog

Die Bibelleserin und der Bibelleser stoßen immer wieder auf Texte, bei denen die Aussage gewissermaßen eins zu eins im Text steht. Man könnte auch sagen, dass der Narrator keine vom Autor im Text unterscheidbare Instanz ist, keine Figurenwelt vermittelt, sondern der einzige Sprecher ist.[1] Im Wesentlichen handelt es sich dabei um Realaussagen, die sich von Fiktionalaussagen[2] dadurch unterscheiden, dass sie keine eigene Welt kreieren, in die der Leser eintaucht, sondern in die Welt hineinsprechen, in der sich der Leser befindet. Dies können Informationen sein, die einfach übermittelt, oder Anweisungen, die befolgt werden sollen. Es kann sich dabei um geschichtliche Darstellungen, Genealogien, Listen, aber auch Gebote, Gesetze, Ratschläge, Gebete oder Prophetien handeln. Diese Texte können sowohl in erster (beispielsweise Ps 23 oder Jes 6) als auch in zweiter (die Zehn Gebote nach Ex 20 und Dtn 5) oder dritter Person (die Genealogie in Gen 5 oder die Zusammenfassung des Königtums Sauls 1Sam 14,47–51) formuliert werden.

Was diesen Texten gemeinsam ist, ist ihr autoritativer Charakter. Es gibt keinerlei textinterne Kriterien, den Sinn- oder Wahrheitsgehalt anzuzweifeln. Was die Glaubhaftigkeit dieser Texte und damit auch die Autorität ausmacht, hängt lediglich von der Enzyklopädie ab, die die Lesenden mitbringen. Der Wahrheitsgehalt der Genealogie in Gen 5 kann durch historische Überlegungen überprüft werden, der Sinn der Zehn Gebote durch ethisch-moralische Maßstäbe und die Gefühle des Beters von Ps 23 können von den Lesenden mehr oder weniger nachempfunden werden. Wer sich von solchen Texten unmittelbar ansprechen lässt, für den sind sie glaubwürdig und autoritativ.

Im Umfeld, als Ergänzung oder Exemplifizierung solcher monologischer Literatur, trifft man des Öfteren die nächste Kategorie an.

1.2 Dialogische Literatur – Dialog der Figurenstimmen

Damit meine ich Erzählungen und Sagen, in denen mehrere Figuren zur Sprache kommen. Die Figur des Erzählers spielt dabei eine herausragende Rolle, da dieser als derjenige, der die Erzählwelt vermittelt, in der biblischen Literatur der Vertreter des Monologischen ist.[3] Wie bei der monologischen Literatur kann

---

1 Hier berufe ich mich auf Klaus Weimar, Enzyklopädie der Literaturwissenschaft, ²1993, §168, der Literatur daran erkennt, dass der Autor als er selbst und als ein anderer geschrieben habe. Indem der Autor einen von sich unterscheidbaren Narrator kreiert, vollzieht er diese Spaltung. Mit dem Autor im Text ist nicht der reale Autor gemeint, sondern das Bild, das sich der Leser vom Autor macht bzw. das Bild vom Autor, das aus dem Text herauszulesen ist.

2 Zur Unterscheidung von Realaussagen und Fiktionalaussagen vgl. Jürgen Petersen, Fiktionalität und Ästhetik. Eine Philosophie der Dichtung, Berlin 1996, 15–49.

3 Darin liegt der Grund, weshalb unter den Bibelforschern der Erzähler nicht immer als

das, was er sagt, nur textextern angezweifelt werden, textintern definiert er die Ereignisse, so dass diese auf der Ebene des Textes als wahr empfunden werden. Weitere einzelne monologische Ansprüche können durch die anderen Figuren in all ihren Facetten dargestellt und exemplifiziert werden. Das Resultat ist jedoch aufs Ganze betrachtet Ambivalenz oder sogar Polyvalenz, weil die Figuren verschiedene Positionen einnehmen und sich häufig widersprechen bzw. die Ereignisse von verschiedenen Standpunkten her betrachten.

Als Beispiel kann hier die Frage analysiert werden, wie die Implikation Davids in den Morden an Eschbaal, Abner und Amasa, die sich zur Zeit seiner Herrschaft ergeben haben, aussieht. Die Figur des Schimi klagt David als widerspenstigen Blutmenschen an, bewirft ihn mit Steinen und verflucht ihn (2Sam 16,7–13). Später bittet Schimi David um Vergebung (19,19 f.). Dadurch entsteht bereits durch die eine Figur Schimi Ambivalenz. Die Lesenden können sich zwischen Anklage und Bitte um Vergebung positionieren und haben dabei eine große Breite möglicher Position zwischen diesen Eckpunkten, indem sie beispielsweise meinen, dass Schimi viel zu schonend mit David umgegangen sei und dann leider gezwungenermaßen klein beigegeben habe, oder indem sie denken, dass man so dem König nicht begegnen dürfe und Schimi durch seine Bitte um Vergebung nur das Mindeste getan habe. Die Gesamterzählung bietet weitere Koordinaten, die mögliche Positionierungen räumlich in erheblicher Weise erweitern. In 2Sam 1 überbringt ein Amalekiter David die Krone Sauls in der Überzeugung, die Gunst Davids zu erzielen, weil David am Tod seines Vorgängers Gefallen habe. Als Strafe und wohl auch in der Hoffnung, dass die anderen darin einen Beweis seiner Unschuld sehen, lässt David den Amalekiter hinrichten. In 2Sam 3,28 dementiert David eine eventuelle Mitschuld an Abners Tod, den Joab erzwungen hatte. In 4,8–12 gibt es wieder zwei Männer, Rechab und Baana, die meinen, persönliche Vorteile ergattern zu können, wenn sie den Schädel Eschbaals, des Sohns und Nachfolgers Sauls, David überbringen. Wiederum lässt David die Mörder hinrichten als Beweis dafür, dass ihm jeder Gedanke an einen Vorteil durch Mord fern lag. In 2Sam 19 richtet Joab Absalom hin, worauf David ihn als Heerführer ab- und Amasa an seine Stelle setzt. Joab hatte gemeint, durch die Hinrichtung Absaloms das Leben Davids gerettet zu haben. In 2Sam 20 ermordet Joab Amasa, der möglicherweise David in der Mis-

---

eigene Instanz angesehen, sondern vielfältig mit dem Autor identifiziert wird. Tatsächlich ist hier ein Unterschied zu modernen Werken zu vermerken, in denen »nie sicher sein kann, ob ein Autor eigene oder fremde oder gegenteilige Ansichten seinem jeweiligen Erzähler mitgibt« (JÜRGEN PETERSEN, Erzählsysteme. Eine Poetik epischer Texte, Stuttgart 1993, 19). In biblischen Erzählungen gibt es keine Hinweise, dass sich der Autor vom Erzähler abgrenzen könnte, auch wird man dies nicht annehmen, der Autor unterscheidet sich dennoch von dem Erzähler, nicht zuletzt deshalb, weil der Autor in der Vergangenheit gelebt hat, während der Erzähler vermittels des Textes immer neu zu den Adressaten spricht.

sion der Niederschlagung eines Aufstands untreu werden könnte, und übernimmt wieder die Heerführung. Als letztes Vermächtnis klärt David seinen Sohn und Nachfolger Salomo über die Bosheit Joabs auf (1Kön 2,5f.), und dieser fühlt sich durch diese Information berechtigt, Joab hinzurichten, vielleicht aber auch dadurch motiviert, dass Joab einen anderen Thronfolger (Adonija) bevorzugt hätte (2Kön 2,22–32). Über die Symphonie dieser Figurenmeinungen ist keine monologische Klarheit zu gewinnen. Es wird sich nicht erforschen lassen, wie viel David von diesen Grausamkeiten wusste, wie viel er geschehen ließ, wie viel er selbst dirigierte, wie sehr er sich wahrhaft davon distanzierte, ob seine kritischen Stimmen Joab und den Zerujasöhnen gegenüber vielleicht Verschleierungen seiner wahren Absichten sind und ob er nicht effektive Maßnahmen schon im Vorfeld gegen die Mörder hätte treffen können, um die Morde zu verhindern. Die Bücher von Steven L. McKenzie und Baruch Halpern[4] beweisen, dass anhand einer Hermeneutik des Verdachts die Entwicklung umfangreicher Theorien aus dem, was verschwiegen wird, möglich ist. Durch die zahlreichen Koordinaten, die durch die verschiedenen Figuren und Ereignisse geliefert werden, entsteht ein komplexes Bild, das weitgehend auch von den Lesenden entworfen wird. Auf diese Weise sind die Lesenden selbst Schöpfer von Polyphonie. Dass solche Polyphonie durch Unbestimmtheitsstellen das Nachdenken über das Thema und das Empfinden von Kunst steigert, ist in der Literaturwissenschaft schon lange kein Geheimnis mehr.[5] Gerade deshalb kann solche dialogische Wahrheit nicht zugunsten monologischer Klarheit aufgelöst werden. Vielmehr sollte das Bild Davids in all seinen Facetten gewürdigt werden.[6]

1.3 In den Dialog eingetretene Literatur – Dialog der Autorstimmen

Auch wenn um der Erhebung dialogischer Wahrheiten willen nicht vorschnell auf literarkritische Hypothesen zurückgegriffen werden soll,[7] gehört es doch zu den unumstößlichen wissenschaftlichen Erkenntnissen, dass es sich bei der bib-

---

[4] Steven L. McKenzie, König David. Eine Biographie, Berlin 2002; Baruch Halpern, David's Secret Demons. Messiah, Murderer, Traitor, King, Grand Rapids 2001.

[5] Zur Theorie der Unbestimmtheitsstellen vgl. grundlegend Roman Ingarden, Das literarische Kunstwerk, Tübingen ²1960.

[6] In diesem Sinne vgl. beispielhaft Walter Dietrich, David. Der Herrscher mit der Harfe (BG 14), 2006.

[7] Vgl. Jan Peter Fokkelman, Narrative Art and Poetics in the Books of Samuel. A Full Interpretation Based on Stylistic and Structuralistic Analyses, Vol. I: King David (II Sam. 9–20 and Kings 1.2) (SSN 20), 1981, 417ff., der sich dagegen wendet, irgendeine Stimme des Textes mit jener des Autors zu identifizieren, da aus solchem Verhalten vorschnelle literarkritische Operationen resultieren. Zu Recht geht es ihm um die Erkennung und Interpretation von Dialektik, die durch »narrative dialectics, alternation of foreground and

lischen Literatur um Traditionsliteratur handelt, die entlang der Geschichte Wachstums- und Veränderungsprozessen unterworfen war. Daraus ergibt sich die logische Schlussfolgerung, dass nicht nur die Zusammenschau verschiedener Figurenstimmen zu dialogischen Wahrheiten führt, sondern auch verschiedene Autorstimmen in den Dialog eingetreten sind. Die unterschiedlichen Autorstimmen stehen teilweise im Widerspruch zueinander und verhindern auf diese Weise eine monologische und begünstigen eine dialogische Wahrheit. Wenn man annehmen kann, dass bei den Saul-David-Erzählungen sowohl aus Nordreich- als auch Südreichtraditionen eine Großgeschichte geformt wurde,[8] dann werden einige Spannungen und Widersprüche in den Erzählungen erklärlich. In Anbetracht obiger Überlegungen steht es aber nicht an, die bemerkten Spannungen durch literarkritische Operationen zu eliminieren, sondern diese als Impuls aufzunehmen, in ihnen Stimmen zu erkennen, die gemeinsam dialogische Wahrheiten ausdrücken und dadurch ambivalente und polyvalente Bilder prägen. In der aus dem Norden stammenden Erzählung[9] 1Sam 11 beispielsweise ist Saul der Held, der die Leute aus Jabesch-Gilead von der ammonitischen Bedrohung befreit. Ein wohl aus dem Süden stammender Erzählkranz sieht in Saul einen kranken König, der mit aggressiven Mitteln und teilweise gegen sein Gewissen (1Sam 24,17–23; 26,21) David verfolgt.[10] David erscheint in der Aufstiegsgeschichte (1Sam 16–2Sam 5) als der unschuldig verfolgte und danach erfolgreiche König, in der sogenannten Thronfolgeerzählung als Ehebrecher (2Sam 11f.) und Vater einer Familie, in der Vergewaltigung und Mord stattfinden, ohne rechtlich geahndet zu werden (2Sam 13). Die unterschiedlichen Erzählungen stammen aus unterschiedlichen Traditionskreisen und malen ein polyvalentes Bild. Was Lesende daraus machen, steigert die Polyvalenz. Dieses Bild muss nicht zugunsten der Einheit aufgelöst werden, es lohnt sich die Besinnung darauf, dass die verschiedenen Facetten in der zuletzt überlieferten Form zu ein und derselben Großerzählung gehören. Die Zeit, in der man vorschnell Widersprüche und literarkritische Hypothesen zugunsten monologischer Einheit in Form von Grundschichten und Grundschriften, die die mutmaßlich ältesten und dadurch als echt ausgezeichneten Gedanken repräsentieren, auflöst, dürfte vorbei sein,[11] – wenngleich

---

background, paradoxes and oppositions, dynamics of literal to figurative, individual to universal« aufgebaut wird.

[8] Vgl. dazu WALTER DIETRICH, Die frühe Königszeit in Israel. 10. Jahrhundert v. Chr. (Biblische Enzyklopädie 3), Stuttgart 1997, 260.

[9] Vgl. a. a. O., 238.

[10] Vgl. a. a. O., 248–253; DERS., David, 2006, 46–48.

[11] Als aufschlussreiches Beispiel sei die Bonner Dissertation von HANS-ULRICH NÜBEL, Davids Aufstieg in der Frühe israelitischer Geschichtsschreibung, 1959, genannt. Die Arbeit fand seinerzeit durchaus Beachtung, ihre Ergebnisse haben sich auf lange Sicht so gut wie nicht durchgesetzt.

das literarische Wachstum nicht geleugnet werden soll – da sich die Erkenntnis durchgesetzt hat, dass die Kriterien »ursprünglich« oder »alt« keineswegs Qualitätskriterien sein können. Die Erkenntnis, die sich vor allem durch neuere und der Literarkritik alternative Forschungsmethoden allmählich durchsetzt, lautet, dass die durch Zusammenwachsen der Traditionsstücke entstandene Polyphonie die Ästhetik der Erzählungen steigert.

Ein literarisches oder historisches Bild von Saul und David wird sich nur im Dialog zwischen den verschiedenen Traditionen ergeben können und wird sehr individuell von der persönlichen Einschätzung des Exegeten abhängen, auch wenn dieses wiederum in Dialog mit anderen Forschern eintreten wird. So haben anscheinend schon die Sammler und Verfasser gedacht, sonst hätten sie die verschiedenen Erzählungen, die aus verschiedenen Traditionskreisen kommen, nicht zusammengetragen und zu einem Erzählganzen zusammengefügt. Sie gingen wahrscheinlich noch einen Schritt weiter, denn sie wollten nicht nur ein vielfältiges Bild vermitteln, sondern auch Glaubenswahrheiten und Wahrheiten, die bei der Bewältigung des Lebens helfen konnten. In solchen Wahrheiten steckt dann noch viel mehr Polyvalenz, sie sind noch ein gutes Maß vielfältiger und werden es umso mehr, je mehr sich die Lesenden voneinander unterscheiden, denn sie haben eine nicht zu unterschätzende Rolle in der Verwirklichung des Sinns der Texte.

1.4 Intertextualität – Dialog der Textstimmen

Eine weitere Dialogebene ist die Inbezugsetzung unterschiedlicher Texte. Dies geschieht hauptsächlich durch die Lesenden, obwohl man gelegentlich davon ausgehen kann, dass sie auch von den Autoren beabsichtigt ist.[12] So kann der Leser beispielsweise fragen, worin sich die Geschichten von Juda und Tamar (Gen 38) bzw. Amnon und Tamar (2Sam 13) unterscheiden und wo sie Gemeinsamkeiten aufweisen, und durch Gegenlesen der jeweils anderen gewisse Nuancen abgewinnen.[13] Lesende können Texte miteinander in Dialog bringen, auch wenn sie thematische Fragen haben. Zu einem Stichwort, einer Fragestellung oder einem Thema können beispielsweise mehrere Texte befragt oder miteinander in Beziehung gesetzt werden. Das kann zu erbaulichen Zwecken geschehen. Solches ist während der biblischen Auslegungsgeschichte sowohl im Christen- als auch im Judentum vielfach geschehen. Traditionelle Bibelauslegung kann so für die

---

[12] Zur Unterscheidung von autorintendierter und leserorientierter Intertextualität vgl. den Forschungsüberblick bei Stefan Seiler, Text-Beziehungen. Zur intertextuellen Interpretation alttestamentlicher Texte am Beispiel ausgewählter Psalmen (BWANT 202), 2013, 20–24.

[13] Als Modellleser kann diesbezüglich Yair Zakovitch, Through the Looking Glass. Reflection Stories in the Bible, Tel Aviv 1995, 81f., angeführt werden.

Interpretation eines Bibelverses grundsätzlich jeden anderen Bibelvers heranziehen. Weil solchen Verknüpfungen kaum Grenzen gesetzt sind, entsteht eine Auslegungsvielfalt, die unüberschaubar ist. Auch in der Wissenschaft werden intertextuelle Bezüge geschaffen, beispielsweise wenn zusammenfassende Werke wie eine Theologie des Alten Testaments[14] geschrieben werden. Da können Texte, die literarhistorisch nicht zusammengehören, aus rein thematischen Erwägungen heraus miteinander verglichen oder in Beziehung gesetzt werden. Freilich muss die intertextuelle Inbezugsetzung, wenn sie wissenschaftlich sein soll, bestimmten Regeln folgen. Deshalb werden gelegentlich Regeln aufgestellt, um der Beliebigkeit – der negativen Kehrseite der Polyphonie – entgegenzusteuern.[15]

2 Hierarchisierung der Stimmen

In dieser Vielstimmigkeit verlangt Dávid Benka nach einer Stimme, die die dialogische Polyphonie – und damit meint er wohl die Polyphonie, die sich sowohl aus dem Dialog der Figurenstimmen als auch aus dem Dialog der Autorstimmen als auch aus dem intertextuellen Dialog ergibt – hierarchisiert. Die letzte Wahrheit könne nur im Kontakt mit einer besonders autoritativen Stimme entstehen. Diese höchste Stimme müsse die Krone der Stimmen sein, sie organisieren und unterwerfen und letztlich alle Fragen auflösen. Dávid Benka sagt nicht explizit, von wo für ihn diese höchste Stimme ausgeht, spricht aber davon, dass für Dostojevskij diese höchste Stimme das Bild eines idealen menschlichen Wesens ist, das Bild von Christus.

An diesem Punkt möchte ich mit einigen Fragen ansetzen: Zunächst ist zu erwägen, ob mit dem Ziel, die Polyphonie zu hierarchisieren, nicht die Tendenz erfolgt, monologische Wahrheiten zu erzielen. Wenn das der Fall ist, entsteht das Problem, dass das als kaum möglich erscheint, denn jeder Bibelleser hat doch ein anderes Christusbild, was die Schlussfolgerung unausweichlich werden ließe, dass zuerst die verschiedenen Christusbilder in einen Dialog gebracht werden müssen, was vorerst zu nichts anderem führen würde als zu einer weiteren dialogischen Wahrheit. Oder kann man diese dialogische Wahrheit der Christusbilder hierarchisieren? Dieser Frage soll nun in zwei Schritten nachgegangen werden, in einem ersten, der sich damit beschäftigt, was ein Christusbild

---

[14] Vgl. dazu exemplarisch Walter Zimmerli, Grundriß der alttestamentlichen Theologie (Theologische Wissenschaft 3), ^{3}1978, der beispielsweise im Kapitel »Die Erwählung Israels«, 35–39, die Texte Dtn 32,8f.; Dtn 4,20; 2Sam 16,18; Am 3,2; Lev 20,24.26; Jes 41,9; Gen 13,11 und viele andere Texte nacheinander anführt und miteinander in Beziehung setzt.

[15] Seiler (s. Anm. 12), 46, definiert einige Kriterien als methodischen Hinweis auf intertextuelle Bezüge und führt an: Eigennamen (von Orten oder Personen), Leitworte, formelhafte Wendungen.

ist und sich einiger Resultate der Psychologie bedient, und einem zweiten, in dem nach der Notwendigkeit der Hierarchisierung gefragt wird.

2.1 Psychologische Überlegungen zum Bild von Christus

Auf der Suche nach innerseelischen Repräsentanzen des Christusbildes bin ich auf das sogenannte »Selbst«, das psychische Zentrum, gestoßen. Carl Gustav Jung schreibt:

> »Intellektuell ist das Selbst nichts als ein psychologischer Begriff, eine Konstruktion, welche eine uns unerkennbare Wesenheit ausdrücken soll, die wir als solche nicht erfassen können, denn sie übersteigt unser Fassungsvermögen, wie schon aus ihrer Definition hervorgeht. Sie könnte ebenso wohl als ›der Gott in uns‹ bezeichnet werden. Die Anfänge unseres ganzen seelischen Lebens scheinen unentwirrbar aus diesem Punkte zu entspringen, und alle höchsten und letzten Ziele scheinen auf ihn hinzulaufen. Dieses Paradoxon ist unausweichlich, wie immer, wenn wir etwas zu kennzeichnen versuchen, was jenseits des Vermögens unseres Verstandes liegt.«[16]

John A. Sanford schreibt:

> »[Unser psychisches Zentrum befähigt uns,] nach Ganzheit zu streben. Es kann als versöhnend und christusähnlich bezeichnet werden. Erfahrungen mit ihm gehören zu den höchsten im menschlichen Leben; die Menschheit hat sie Erfahrungen mit Gott genannt.«[17]

Nach Carl Gustav Jung und John A. Sanford spiegelt sich Gott bzw. Christus im individuellen Selbst. Nach Christoph Morgenthaler handelt es sich dabei um »das gestaltende, gestaltete, sinnsuchende und sinnbegabte psychische Zentrum eines Menschen im Schnittbereich von Kultur, Gruppe und Person.«[18] Ähnlich formuliert es auch Brigitte Dorst:

> »Das Selbst wird als eine dem Ich übergeordnete psychische Instanz verstanden, die das Ich mit einschließt, aber darüber hinaus transpersonale Aspekte umfasst. Es ist der Umfang und die Mitte der Psyche in ihrer Gesamtheit. Das Selbst ist eine innere Steuerungs- oder auch Führungsinstanz, die unter den Bedingungen der Umwelt des Menschen die Entwicklung der Psyche bestimmt.«[19]

---

[16] Carl Gustav Jung, Zwei Schriften über analytische Psychologie, in: Ders., Gesammelte Werke. Band VII, Olten ^{3}1981, §399.

[17] John A. Sanford, Gottes vergessene Sprache (Studien aus dem C. G. Jung-Institut Zürich XVIII), 1966, 162.

[18] Christoph Morgenthaler, Der religiöse Traum. Erfahrung und Deutung, Stuttgart/Berlin/Köln 1992, 97.

[19] Brigitte Dorst, Therapeutisches Arbeiten mit Symbolen. Wege in die innere Bilderwelt, Stuttgart 2007, 45.

Weiter erklärt Christoph Morgenthaler den Begriff des Selbst:

> »Dieses Selbst wird geprägt von der Kultur, in der es lebt, von den Gruppen und Institutionen, an denen es durch Rollen vermittelt Anteil nimmt, und von den Strukturen seiner Persönlichkeit, wie sie sich aufgrund innerer und äußerer Kräfte im Laufe des Lebens verfestigen. Dieses Selbst ist also tief verwurzelt in seiner geschichtlichen und biologischen Identität. Zugleich ist es aber nicht nur gestaltetes Selbst, es ist gestaltendes Selbst: Es eignet sich Tradition kritisch, produktiv und ironisch an; es überwindet die Grenzen seiner Prägungen poetisch; handelnd gestaltet es seine Lebenswelt. Dieses Selbst ›ist‹ nicht, nach unserem grundlegend dialektischen Verständnis seiner Struktur – es wird. Es wird als dialektisches Selbst in einem vielfältigen Prozess der hexalogischen Bedeutungsbildung. Es wird, verwurzelt in der irdischen Wirklichkeit, berufen zum Reich Gottes.«[20]

Wenn man John A. Sanford und Carl Gustav Jung zustimmt, dass das Gottesbild eine Spiegelung des Selbst ist, und die nähere Beschreibung des Selbst von Morgenthaler heranzieht, das zum Reich Gottes berufen ist, dann geht daraus hervor, wie individuell das Christusbild gefüllt wird und viel eher etwas über die Menschen aussagt, die es sich vorstellen als etwas Transzendentales. Gleichwohl geht hervor, dass das Christusbild als das psychische Zentrum für den Menschen, der es besitzt, autoritativ sein muss, nicht so allerdings für die anderen. Hinzu kommt, dass es in Bewegung ist. Es gestaltet nicht nur, sondern lässt sich auch gestalten. Sicherlich auch durch Dialog. Das zeigt einerseits, warum die Bibelauslegungen so unterschiedlich sind: weil sie eben auf die Autoritäten unterschiedlicher psychischer Zentren oder Christusbilder zurückzuführen sind, andererseits, dass die Wahrheit der Bibel – soll sie nicht von dem psychischen Zentrum eines Einzelnen abhängig sein – sich nicht anders als im Dialog zwischen den Christusbildern bzw. im Dialog zwischen den verschiedenen Individuen entwickeln kann. Alle Hierarchisierungsbestrebungen werden aus den dialogischen Wahrheiten keine monologischen entwickeln können, zumindest nicht solche, die allgemeine Gültigkeit haben können.

2.2 Überlegungen zur Notwendigkeit einer Hierarchisierung

Da das psychische Zentrum eines einzelnen Individuums zumindest unter bestimmten Umständen und für sich selbst eine Hierarchisierung verlangt, soll auch dem Beispiel einer Hierarchisierung nachgegangen werden.

Der Prophet Jeremia erhält in Jer 19,3–5 den Auftrag, den Königen von Juda und den Bürgern Jerusalems zu predigen:

---

[20] Morgenthaler (s. Anm. 18), 97.

»So spricht Jhwh Zebaot, der Gott Israels: Da bin ich, bringe Böses über diesen Ort, so dass jedem, der es hört, die Ohren klingeln werden. Weil sie mich verlassen, diesen Ort entfremdet und an ihm anderen Göttern geräuchert haben, welche sie nicht gekannt, und auch nicht ihre Väter und auch nicht die Könige Judas, und diesen Ort mit unschuldigem Blut gefüllt haben, sowie die Höhen für den Baal gebaut haben, um ihre Kinder mit Feuer zu verbrennen, Brandopfer für den Baal, was ich nicht befohlen und nicht geredet und was mir nicht in den Sinn gekommen ist.«

Hieraus kann vermutlich relativ schnell und in weitgehendem Konsens die monologische Wahrheit entnommen werden, dass Gott keine Kinderopfer fordert, ja dass er sie sogar verbietet. Allerdings steht diese monologische Wahrheit im Widerspruch mit der dialogischen, die uns in Genesis 22 begegnet, wo Abraham mit dem Befehl Gottes konfrontiert wird, seinen geliebten Sohn zu nehmen und als Brandopfer darbringen zu lassen. Jüdische Exegese hat es fertig gebracht, den Text von Gen 22 im Einklang mit Jer 19 zu lesen, und zwar in der Weise, dass sie die monologische Wahrheit von Jer 19 über die dialogische Zerrissenheit Abrahams in Gen 22 gestellt hat. Abraham habe sich den Opferbefehl nur eingebildet, ein solcher wäre Gott nie in den Sinn gekommen.[21] Befasst man sich eingehender mit dieser Auslegung, erscheint sie sehr tiefsinnig. Man sollte in ihr jedoch nicht die einzige Möglichkeit betrachten, Gen 22 zu verstehen. Tut man dies, liegt man möglicherweise dogmatisch auf korrekter Seite, bringt sich aber um die Ästhetik eines künstlerisch sehr wertvollen Textes. Deshalb möchte ich mich Jürgen Petersen nähern und die eingangs erwähnte Unterscheidung zwischen Realaussagen und Fiktionalaussagen wieder aufnehmen.[22] Monologische Wahrheiten, so wie sie Michail Michailowitsch Bachtin nennt, entsprechen dem von Jürgen Petersen genannten Realbewusstsein, es sind Wahrheiten, die das Urteil wahr oder falsch erfordern. Das Fiktionalbewusstsein hingegen entspricht eher den dialogischen Wahrheiten, es ist ein Bewusstsein, das den Leser in die biblischen Erzählungen eintauchen lässt, und es verhindert, nach wahr oder falsch zu fragen. Für das Fiktionalbewusstsein ist alles Definierte wahr und es fragt nur danach, ob es sich von dem Erzählten ansprechen lässt oder nicht. Durch das Fiktionalbewusstsein wird eine eigene Welt kreiert, die als schön und als wahr empfunden wird, auch wenn sich darin Utopien widerspiegeln. Das Realbewusstsein sollte diese Welt weder zensurieren noch zerstören. Das machen auch biblische Autoren nicht.

Die Theorie von Jürgen Petersen kann an der Kain-und-Abel-Geschichte in Gen 4 veranschaulicht werden. Das Fiktionalbewusstsein erkennt eine Ge-

---

[21] Midrasch Bereschit Rabba, Par LVI, Kap XXII, 12, dazu Johannes Klein, Gerechtigkeit als Furcht vor dem liebenden Gott. Polyvalenz in Gen 22 und ihre Deutung im Talmud und Midrasch: SaSc 11, 2013, 41–50.

[22] Zu den folgenden Ausführungen vgl. Petersen (s. Anm. 2).

schichte zwischen zwei Brüdern, in der es um Eifersucht, Konkurrenz, danach Mord, Strafe und Vergebung durch Gott geht, und findet sich in der Problematik und den menschlichen Konflikten wieder, identifiziert sich vielleicht sogar mit der einen oder andern Figur.[23] Das Realbewusstsein könnte feststellen, dass an der Erzählung etwas nicht stimmt, weil sich Kain fürchtet, von irgendjemandem, der ihn findet, ermordet zu werden (Gen 4,14). Von wem denn, könnte das Realbewusstsein fragen? Von dem Vater oder der Mutter? Andere Menschen gibt es nicht auf der Erde. Sicherlich ergibt sich diese Ungereimtheit aus diachronen Gründen, aber ich halte es für ausgeschlossen, dass sie von den Endredaktoren der Bibel nicht festgestellt worden ist. Eher ist anzunehmen, dass sie sie bewusst in Kauf genommen haben, vielleicht gerade um zu zeigen, dass es hier nicht um eine monologische Wahrheit, nicht um eine Wahrheit des Realbewusstseins, sondern um eine dialogische, eine poetische Wahrheit geht. Die Autoren der Bibel haben wohl gewusst und wollten das auch so verstanden wissen, dass sich der Brudermord nicht ein einziges Mal zugetragen hat, sondern dass das Verhalten der ersten beiden Brüder beispielhaft für das Verhalten von Brüdern schlechthin ist.

Um zu der Wahrheit dieser Auslegung zu gelangen, benötigt es m. E. keinerlei Hierarchie über die Polyphonie. Die Polyphonie sollte uneingeschränkt bestehen bleiben. Dadurch kann sie für das Fiktionalbewusstsein zur dialogischen Autorität werden, zur vorlebenden Autorität, die des Vertrauensvorschusses des Lesers bedarf. Das sollte auch das Realbewusstsein erkennen und darauf verzichten, monologische Wahrheiten durchzusetzen. Vielmehr ist es notwendig, monologische Wahrheiten als solche zu erkennen und neben den dialogischen Wahrheiten oder als Teil derselben stehen zu lassen. So wie der Mensch beide Bewusstseinsformen, sowohl das Realbewusstsein als auch das Fiktionalbewusstsein, kennt, die sich zu widersprechen scheinen, aber doch beide zum Menschsein gehören, so sollte es möglich sein, sowohl mit monologischen als auch mit dialogischen Wahrheiten zu leben.

In diesem Sinn kann man auch aus dem Hiobbuch lernen. Sehr anschaulich ist die Spannung, die sich aus den Dialogen Hiobs und seiner Freunde ergibt. Hinzu kommt die Stimme Gottes, die durchaus als Richtschnur oder als Instanz zur Hierarchisierung der Stimmen in Frage kommt. Allerdings beweist die umfangreiche Sekundärliteratur zum Hiobbuch, dass diesem Buch keine eindeutige monologische Wahrheit entnommen werden kann. Vielmehr lebt jede neue Auslegung davon, die verschiedenen Stimmen auf jeweils neue Art mit der hierar-

---

23 Traditionellerweise identifiziert man sich eher mit dem guten Opfer Abel. Vgl. Hermann Hesse, Demian. Die Geschichte einer Jugend (1919 unter dem Synonym Emil Sinclair veröffentlicht), 2011. Die Geschichte von Emil Sinclairs Jugend suggeriert die Möglichkeit und Sinnhaftigkeit einer Identifikation mit dem von Gott geschützten Täter Kain.

chisch höchsten Stimme in Bezug zu setzen, und so entstehen jedes Mal aufs Neue dialogische Wahrheiten, die mit den bereits bestehenden wiederum in Dialog treten.

3 Schlussfolgerung

In der Bibel finden wir Polyphonie auf mehreren Ebenen. Es handelt sich um verschiedene monologische Einzelbeiträge, die miteinander zur Polyphonie beitragen. Ebenso gibt es dialogische Beiträge, die zusammen größere polyphone Werke oder auch Gedanken ergeben. Durch Hierarchisierungen können polyphone Werke zu monologischen Thesen zusammengefasst werden. Da diese jedoch von dem Gottesbild bzw. dem psychischen Zentrum dessen abhängen, der die Thesen formuliert, müssen sie, wenn sie Wahrheitsanspruch haben sollen, erst recht in den Dialog mit monologischen oder dialogischen Thesen anderer eintreten. Auf diese Weise ist es kaum möglich, dass sich am Ende der Diskussion sozusagen als Quintessenz der Wahrheit, eine monologische These ergibt. Notwendig erscheint dies wenn dann auch nur dem Realbewusstsein, das zwar eine wichtige, aber nicht Absolutheit beanspruchde Bewusstseinsform des Menschen ist. Das Fiktionalbewusstsein, das den Menschen zum Erleben von Ästhetik befähigt, arrangiert sich besser mit dialogischer Polyphonie, ja lebt aus ihr.

Autorität der Religionsgeschichte – Polyphonie der Theologien?[1]

Friedhelm Hartenstein

Der folgende Beitrag widmet sich der Frage nach der Spannung zwischen der *Bibel als religionsgeschichtlicher Größe und als Glaubenszeugnis*, wie sie aus der neuzeitlichen Transformation des Schriftprinzips hervorgegangen ist. Die Veränderungen in der Wahrnehmung und im Umgang mit der christlichen Bibel im 18. und 19. Jahrhundert trugen wie jeder Verstehensumbruch zugleich Züge einer Krise wie einer Neuorientierung. Ins Wanken geriet mit der Aufklärung und der Entwicklung der historischen Bibelkritik die *Heilige Schrift* als unumstößliche Autorität und Letztbegründungsinstanz. Zu neuen Ufern einer selbstbestimmten und rational ausweisbaren Schriftinterpretation ist seitdem die *biblische Exegese* aufgebrochen – teils in schroffem Gegensatz zu kirchlicher Lehre und Verkündigung, überwiegend aber als ihr kritisches Gegenüber. Auf diese Weise wurde sie zu dem, was sie bis heute ist: eine *historische* und – wie gleich zu bedenken ist – auch *notwendig theologische* Wissenschaft mit ihren beiden Disziplinen des Alten und Neuen Testaments. Ihr Part im Konzert der Theologie im Ganzen ist heute allerdings klärungsbedürftiger, als es aufgrund der Struktur unserer Fakultäten den Anschein hat. In jedem Fall kann eine ihrer selbst unter den Bedingungen der Moderne bewusste Theologie nicht hinter die Einsichten in das *historische Gewordensein* der Literaturen des Alten und Neuen Testaments *und* ihrer Rezeption zurück – genauso wenig wie sie ihr Selbstverständnis anders als vor allem historisch verantworten kann.

Der mir vorgebenene Titel des Vortrags bringt Ausgangslage und Ergebnis dieser Transformation mit einer *Verschiebung des Autoritätsbegriffs* zum Ausdruck: An die Stelle der Schriftautorität ist die »Autorität der (Religions-)Geschichte« getreten. Ich möchte im Folgenden aus Sicht des Alttestamentlers stellvertretend für die biblische Exegese darlegen, weshalb das sowohl zutrifft als auch problematisch formuliert ist. Der zweite Teil des Vortragstitels scheint ja

---

[1] Der Text entspricht weitgehend dem Tagungsbeitrag vom 9. September 2013 (er wurde aber in den Abschnitten 2.a und 3.b aktualisiert und erweitert).

mit der »*Polyphonie* der Theologien« einen Gegensatz zum Singular *der* »Autorität der Religionsgeschichte« aufzumachen, so dass nicht nur Einheit und Vielheit von Geltungsinstanzen, sondern ebenso Geschichtswissenschaft und Theologie in unüberbrückbare Differenzen zu geraten drohen. Zu betonen ist aber das Fragezeichen am Ende des Titels. Es eröffnet die Diskussion: Welche theoretische und praktische Bedeutung hat der Rekurs auf die biblischen Schriften für Theologie und Kirche? Welche Verhältnisbestimmungen zwischen Exegese und systematischer Theologie werden hierzu diskutiert? Auf welche Basisannahmen greifen die Argumentationen ausdrücklich oder unausdrücklich zurück? Zur Beantwortung dieser Fragen möchte ich einen Beitrag leisten und tue das bewusst aus einer *hermeneutischen Perspektive*. Ich möchte dazu zunächst etwas ausführlicher die Grundfrage nach der Transformation des Schriftprinzips anhand der »Autorität der *Geschichte*« (nicht nur der Religionsgeschichte) genauer eingrenzen (1.). Das Problem kehrt in der alttestamentlichen Wissenschaft in der Debatte um das Verhältnis von Religionsgeschichte Israels und Theologie des Alten Testaments wieder, wie ich anschließend beleuchten werde (2.). Schließlich möchte ich die »Polyphonie der Theologien« zweifach bedenken: anhand der inneralttestamentlichen Vielstimmigkeit und anhand der unterschiedlichen Ansätze für die Struktur einer »Theologie des Alten Testaments« (3.). In einem kurzen Schlussabschnitt versuche ich unter dem Stichwort »Geglaubte Geschichte verstehen« ein hermeneutisches Resümee (4.).

1 Autorität der Geschichte: Zur Transformation des Schriftprinzips

Die *Reflexion auf das Verstehen*, die ihr grundlegendes Paradigma im *biblischen Text* hat, ist – trotz mancher anders gewendeter »Turns« in den Geisteswissenschaften – immer noch *ein einigendes Band* der theologischen Disziplinen. Die Theologie als positive Wissenschaft ist sich seit Schleiermacher bewusst, dass sie theoretisch wie praktisch auf den Handlungszusammenhang der Kirche bezogen bleibt. Mit diesem sind bestimmte Vorgegebenheiten verbunden, zu denen die *zweiteilige christliche Bibel* zentral hinzugehört. In welcher Hinsicht ist sie dann als *Vorgabe* und *Aufgabe* für das Verstehen zu bestimmen? Wie kann unter den gewandelten Bedingungen des neuzeitlichen historischen Bewusstseins von der Bibel als konstitutiv für wissenschaftliche Theologie und Kirche die Rede sein?

a) Die Kulturbedeutung der Bibel als historisches Faktum

Eine erste, konsequent historischem Denken naheliegende Antwort ist die *Anerkennung der Bedeutung der Bibel über die Ränder der christlichen Interpretationsgemeinschaften hinaus*: Die Bibel kommt dann vor allem als *kulturell* vorgegebene und wirksame Größe in den Blick. In diesem Sinn formulierte einst Hermann Gunkel, der Gründervater der »Religionsgeschichtlichen Schule«, seine abschließende Antwort auf die Frage »Was bleibt vom Alten Testament?«. Ich zitiere das Ende der gleichnamigen Schrift von 1916:

> »Zum Schluß sei eine Betrachtung ausgeführt, die im Vorhergehenden schon gestreift worden ist. Die Weltgeschichte hat das geistige Leben Israels zu einer der Grundlagen der Kultur der christlich-europäischen Völker gemacht. Unsere Kultur ruht auf zwei Säulen: der Bibel, d. i. dem Neuen und dem Alten Testament, und dem Hellenentum. Was wir sind, das sind wir geworden kraft der Verbindung dieser beiden Welten. Eine Umwälzung, deren Folgen kein Lebender ermessen kann, würde es sein, wenn einer dieser Grundsteine verrückt würde. Der historisch Gerichtete aber wird es für seine Aufgabe halten, die Vernunft, die sich in aller Geschichte offenbart und die diese beiden Felsblöcke zum Fundament gelegt hat, zu begreifen. Er wird der Überzeugung sein: das Gebäude wird weitergeführt, seine Grundsteine werden bleiben.«[2]

Gunkel stellt zu Recht heraus, dass es zur kritischen Zeitgenossenschaft gehört, die Gegenwartsbedeutung der Bibel als einer Säule der abendländischen Kultur zu akzeptieren. Es ist aufschlussreich, wie er zugleich die Unmöglichkeit beschwört, sich eine Marginalisierung der fundamentalen Kulturbedeutung der Bibel in seiner Generation vorzustellen. Die Geltung der Bibel ist aber nach Gunkel *nicht mehr in ihr selbst (als Wort Gottes) begründet, sondern sie liegt in ihrer Genese, hat religions- und literaturgeschichtliche Gründe*. Der »historisch Gerichtete« muss dafür der in der »Weltgeschichte« waltenden »Vernunft« nachsinnen. Die Spuren Gottes in der Geschichte oder die Aufdeckung eines Richtungssinns des historischen Prozesses prägte die Geschichtsphilosophien des 19. Jahrhunderts. Beides wurde etwa durch Johann Gustav Droysen und besonders pointiert durch Friedrich Nietzsche kritisch hinterfragt. Zum Zeitpunkt des Erscheinens von Gunkels Schrift hatte der Erste Weltkrieg bereits begonnen, aber noch waren die Folgen für ein anderes Geschichtsbewusstsein, das angesichts der Opfer Totalitätsansprüchen mit höchster Skepsis begegnete, nicht absehbar. Den Kulturoptimismus einer Vernunft in der Geschichte wird man seitdem nicht mehr teilen.

Die Herausstellung der Kulturbedeutung der Bibel bildet unbeschadet dessen eine gewichtige Variante gegenwärtiger theologischer »Schrift«-Theorie. Der

---

2 Hermann Gunkel, Was bleibt vom Alten Testament?, Göttingen 1916, 33f.

Marburger Systematiker Jörg Lauster sieht in der religionsgeschichtlichen Interpretation biblischer Texte den entscheidenden Beitrag der exegetischen Disziplinen zu einer kulturhermeneutisch offenen Theologie. Er beruft sich dafür – in der Marburger Tradition – auf Rudolf Ottos Theorie der religiösen Erfahrung ebenso wie auf Rudolf Bultmanns »Lebensverhältnis des Interpreten zu der Sache«[3], die sich mit der einstigen Forderung der religionsgeschichtlichen Schule nach einer methodisch kontrollierten Anempfindung für »den *religiösen* Gehalt«[4] der biblischen Bücher verbinden lassen:

> »Es geht vielmehr darum, das Deutungspotential der biblischen Texte aus ihrem Erfahrungszusammenhang plausibel zu machen. Die historische Rekonstruktion der Exegese betreibt in diesem Sinne eine Erfahrungserhellung. Indem sie etwa die Konstruktionsprozesse der biblischen Deutungen der Geschichte erhellt, indem sie also deutlich macht, wie die Texte geschichtliche Begebenheiten semiotisieren, vermag die Exegese grundsätzlich zu beschreiben, wie Religion Geschichte interpretiert und verarbeitet. Dabei kann sie die kulturelle Bedingtheit und produktive Abhängigkeit von vorgegebenen Deutungssystemen für die religiöse Erfahrung aufzeigen und die biblischen Lebensdeutungen durch die einzelnen Methodenschritte in einen Überlieferungszusammenhang einordnen. Das erlaubt es, zwischen historisch kontingenten Deutungsausdrücken und deren Erlebnisgrund zu unterscheiden.«[5]

Weniger auf die immer nur vermutungsweise erschließbaren *Erfahrungs*hintergründe »religiöser Lebensdeutung« als auf den *(rezeptions-)ästhetischen Gehalt* der Bibel zielt diejenige Variante einer kulturhermeneutischen Fassung des »Schriftprinzips«, die neben dem Paradigma der Geschichte vor allem dem des *Textes* gehorcht. Hier gelten überwiegend literaturwissenschaftliche Text- und Kommunikationstheorien sowie eine rezeptionsästhetische Hermeneutik, um die Bibel als *paradigmatischen Grundtext kultureller Aneignung* zu beschreiben. Der Philosoph Emil Angehrn gebraucht in dieser Hinsicht uneingeschränkt positiv den Begriff der »Autorität« der Schrift, um deutlich zu machen, dass der Bibel nach wie vor Geltung zukommt – jenseits und mitunter gegen die Theologie:

> »Die Bibel ist der hermeneutische Text par excellence. Sie ist es kraft der eminenten Autorität, des unvergleichlichen Reichtums und der für unseren Kulturkreis über-

---

3 Rudolf Bultmann, Das Problem der Hermeneutik (1952), in: H.-G. Gadamer/G. Boehm (Hrsg.), Seminar: Philosophische Hermeneutik, stw 144, Frankfurt a.M 1976, 239–264: 244.

4 Hermann Gunkel, Ziele und Methoden der Erklärung des Alten Testamentes, in: Ders., Reden und Aufsätze, Göttingen 1913, 11–29: 17 (Hervorhebung im Original).

5 Jörg Lauster, Zwischen Entzauberung und Remythisierung. Zum Verhältnis von Bibel und Dogma, ThLZ.F 21, Leipzig 2008, 105.

ragenden Prägungskraft. Kein anderes literarisches Dokument hat das abendländische Denken und die europäische Geschichte in gleicher Weise geprägt. Sie ist für die literarische, kulturelle und religiöse Tradition Europas der Text schlechthin, der nicht nur für die spekulative Erkenntnis und die moralische Orientierung, sondern auch die literarische Bezugnahme einen singulären Referenzpunkt darstellt.«[6]

Es ist bemerkenswert, dass sich zu solcher Emphase gegenwärtige theologische Stellungnahmen kaum mehr hinreißen lassen. Angehrns Superlative, für die sich jeweils gute Gründe anführen lassen, liegen durchaus in der Fluchtlinie der zitierten Aussagen Gunkels und machen deutlich, dass es außerhalb der Theologie in den Geistes- und Kulturwissenschaften ein großes Potential an Anerkennung und Verstehensbemühung gegenüber der Bibel als kulturellem Erbe gibt. Wie Angehrn weiter ausführt, stellt sich allerdings dann auch neu »die Frage nach dem Subjekt der Interpretation«:[7]

> »Was verändert sich, wenn die Interpretationsgemeinschaft, in welcher der Text seine historische Präsenz gewinnt, nicht mehr durch Theologen oder Angehörige einer religiösen Gemeinschaft gebildet wird, sondern die Bibel zum Gegenstand der Religionswissenschaften, der Literaturgeschichte, der Kulturanthropologie wird?«[8]

Aus theologischer Sicht muss hier – bei allen interdisziplinären und kulturellen Gesprächsmöglichkeiten – die Frage erlaubt sein, ob die *Ausweitung der Geltung auf die Kulturbedeutung der Bibel* bereits das Ganze der Transformation des Schriftprinzips sein kann oder ob die spezifische Aufgabe von dessen (Neu-)Bestimmung nicht noch anders anzugehen ist. Kurz gesagt: Geht es bei der neuzeitlichen Wahrnehmung der »Schrift« allein um deren Einbettung und eventuell auch um ihr Aufgehen in die größere »Autorität der Geschichte« oder sind hier nicht noch *spezifische hermeneutische Differenzerfahrungen* mitzubedenken, die vor allem *christliche Interpretationsgemeinschaften* betreffen?

b) Überlegungen zur Neuformulierung des Schriftprinzips für die evangelische Theologie

Damit komme ich zu Reflexionen auf die Bedeutung der »Schrift«, die vor allem nach deren *innerchristlicher bzw. innerprotestantischer Funktion* angesichts der »Krise des Schriftprinzips«[9] fragen. Stellvertretend dafür möchte ich aus jüngster

---

6 Emil Angehrn, Konstellationen und Grenzen des Textes aus philosophisch-hermeneutischer Perspektive, in: O. Wischmeyer/S. Scholz (Hrsg.), Die Bibel als Text. Beiträge zu einer textbezogenen Bibelhermeneutik, Neutestamentliche Entwürfe zur Theologie 14, Tübingen/Basel 2008, 249–260: 254.

7 A. a. O., 259.

8 Ebd.

Zeit Michael Moxter herausgreifen, weil er an der enzyklopädischen Frage ansetzt. Er verfolgt das Problem, inwieweit der *Zusammenhang der theologischen Disziplinen* bei gleichzeitiger Öffnung für Kulturhermeneutik und Religionsgeschichte durch den *spezifisch christlichen Schriftbezug* sowohl *ermöglicht* wie *eingehegt* wird. Als wichtige Analogie dient ihm dabei die in der Theologie weithin vergessene Rechtsphilosophie von Gustav Radbruch von 1914, in der dieser auf die Entsprechung zwischen der altprotestantischen Lehre von der Klarheit, Geschlossenheit und Widerspruchsfreiheit der Schrift und dem Verhältnis zwischen Gesetzestext und juristischer Interpretation hinwies. Im Akt konkreter Rechtsauslegung wird die historische Genese des Gesetzestextes zwar »gewusst«, für das Urteil selbst aber spielt sie zuletzt keine entscheidende Rolle, weil das Gesetz geltendes Recht ist. Moxter geht es dabei um den Hinweis, dass die konkrete juristische Auslegungspraxis eine spezifische Form von Hermeneutik anzeigt, die *systematischer Natur*, also auf eine *bestimmte* Explikationsaufgabe hin angelegt ist – ganz vergleichbar der Theologie als positiver Wissenschaft und ihrer *Aufgabe der (Selbst-)Explikation des Glaubens* für die Gegenwart:

> »Für die Bearbeitung dieser Aufgabe ist die genaue Feststellung, wie er (sc. der Glaube [FH]) historisch ›gemeint‹ war, welche ursprüngliche Gestalten, Lebensformen und welche Sozialstrukturen er vermittelte, eine notwendige, aber keine hinreichende Bedingung. Historische Einsichten in die Ursprünge der christlichen Religion, in die Genese ihrer Texte und deren Einbettung in die antike Religionsgeschichte werfen diese Frage immer wieder auf und vertiefen sie durch neue Funde, veränderte Methoden und Fragestellungen der Kulturwissenschaften. Sie stellt sich aber bereits mit den Texten selbst. Die Unhintergehbarkeit dieser Frage führt von der historischen Arbeit zur systematischen Hermeneutik (freilich auch oft genug zur historischen Fragestellung zurück). Wäre ihre Entstehung allerdings nicht selbst bereits eine sinnvolle Reaktion auf die biblischen Texte, so wäre nicht recht einzusehen, warum man sich neben der historisch-kritischen Exegese oder der religionsgeschichtlichen Forschung auch noch einer theologischen Auslegung widmen sollte. […] Der Übergang von historischen zu dogmatischen Methoden muss von der Sache her einleuchten, sonst löst sich in der ›Krise des Schriftprinzips‹ die Einheit der Theologie auf.«[10]

Die Sache der Theologie, auf die Moxters Überlegungen abzielen, ist dabei nicht – dies im Unterschied zur Analogie der Rechtsinterpretation – eine unhinterfragt

---

[9] Vgl. den klassischen gleichnamigen Aufsatz von Wolfhart Pannenberg (1962) in: Ders., Grundfragen systematischer Theologie. Gesammelte Aufsätze, Göttingen ^{3}1979, 11–21.

[10] Michael Moxter, Schrift als Grund und Grenze von Interpretation, ZThK 105, 2008, 146–169: 164.

in Geltung stehende »heilige Schrift«, sondern deren durch die historische Kritik freigelegte *eigensinnige und vielstimmige Gestalt als Ergebnis innerbiblischer Auslegungsvorgänge*. Moxter nimmt (mit Zitat von Reinhard G. Kratz: »Schriftwerdung und Schriftauslegung sind eins«[11]) gerade die ansonsten oft hermetisch wirkende neuere Literatur- und Redaktionsgeschichte des Alten Testaments positiv auf. Sie stellt die Entstehung der biblischen Schriften als fortlaufenden Prozess *produktiver Rezeption* dar:

> »Was wir mit der Terminologie einer älteren Wissenschaftstheorie ›das Schriftprinzip‹ nennen, lässt sich – so meine ich – in ein Schriftverständnis transformieren, das durch die doppelte Bestimmung Grund und Grenze geprägt ist. Das Wort ›Grund‹ verweist dabei auf den produktiven Charakter der biblischen Texte, während mit ›Grenze‹ deren Widerständigkeit gegenüber jeder Interpretation benannt wird.«[12]

Diese Definition erscheint mir einerseits sehr fruchtbar, weil sie der neuzeitlichen »Autorität der Geschichte« gerecht wird, indem sie *konsequent rezeptionsgeschichtlich* argumentiert und auf diese Weise die Schrift als unhintergehbaren Referenzpunkt und ständigen Antrieb zum Verstehen annimmt. Andererseits verwundert es, dass der zweite Gesichtspunkt in Moxters Versuch einer Neudefinition des »Schriftprinzips«, nämlich die Schrift als *»Grenze«* der Interpretation, ohne eine Auseinandersetzung mit dem Kanonbegriff auskommt. Für Moxter ist die Instanz des Verstehens die *subjektive Individualität* im Rahmen des »Gemeingeistes« (Schleiermacher)[13]. Ihr zeigt die »Schrift« durch ihre Eigensinnigkeit (die in historisch-kritischer und religionsgeschichtlicher Interpretation sichtbar gemacht wird) Grenzen auf. Diese wichtige Einhegung von Beliebigkeit bringt meines Erachtens durchaus eine normative Komponente in den Schriftgebrauch zurück. Nicht mehr als inspirierte Autorität, sondern als *de facto* – so und nicht anders – bestimmte Auslegungsaufgabe in einer christlichen Interpretationsgemeinschaft.

Das Konzept des *Kanons*, wie es in der neueren kanonhermeneutischen Debatte definiert wurde, erscheint mir hierzu als eine notwendige Ergänzung:[14] ebenfalls nicht mehr als göttlich initiierte Gestalt der »Schrift« verstanden, sondern als historisches Resultat der Anwendung theologischer Unterscheidungs-

---

[11] Moxter, a. a. O., 165 (mit Zitat von Reinhard G. Kratz, Art. Schrift, Heilige. I. Altes und Neues Testament, TRE 30, 402–407: 406).

[12] A. a. O., 164 f. (Hervorhebung im Original).

[13] A. a. O., 166.

[14] Siehe den Überblick von J. Barthel, Die kanonhermeneutische Debatte seit Gerhard von Rad, in: B. Janowski (Hrsg.), Kanonhermeneutik, Theologie interdisziplinär 1, Neukirchen-Vluyn 2007, 1–26.

kriterien in jüdischen und christlichen Rezeptionsgemeinschaften. Dabei sind *verschiedene Kanonformen* ausdrücklich eingeschlossen. Die je konkrete Interpretationsaufgabe stellt sich ja immer in einem *bestimmten* Kontext und keinem anderen. Ich werde auf die »Schrift« als »Grenze« der Interpretation auch in diesem Sinn zurückkommen (vgl. 3.–4.). Ein letzter Gesichtspunkt aus Moxters Überlegungen ist noch zu nennen: Der *formalen* Geschichtlichkeit der Schrift und ihrer Rezeption entsprechen *inhaltlich* (dies war oben im Zusammenhang mit Jörg Lauster bereits angeklungen) die biblischen Texte als Ausdruck der *Interpretation geschichtlicher Erfahrungen*, also die Frage nach Offenbarung und Geschichte bzw. nach »geglaubter Geschichte« (vgl. dazu genauer 4.). Ich zitiere nochmals Moxter:

> »Es scheint mir die Eigenart der theologischen Hermeneutik zu sein, dass sie die Paradigmen des historischen Verstehens, der juristischen Hermeneutik und der Rezeptionsästhetik verbindet, sie mithin nicht gegeneinander ausspielen kann. Schon aus Gründen der Christologie, die doketistisch wird, wenn die Theologie die historische Frage preisgibt, erst recht aus Gründen der Undurchführbarkeit eines solchen Unterfangens, kann sich die evangelische Theologie nicht von der Aufgabe dispensieren, den historischen Sinn der Texte zu rekonstruieren. Dies geschieht heute im Kontext der Religionsgeschichte Israels bzw. des Alten Orients.«[15]

Zu Recht weist Moxter dann darauf hin, dass es eine Errungenschaft der historischen Fragestellung ist, zwar nicht Eindeutigkeit in der Wahrheitsfrage herstellen zu können, wohl aber Kriterien an die Hand zu geben, mittels derer in der wissenschaftlichen Theologie eine »Falsifikationsmöglichkeit«[16] besteht: Es gibt keine zuletzt »richtige« Auslegung der Bibel, wohl aber eindeutig falsche. Hierfür bilden die Ergebnisse historisch-kritischer Erforschung ein wesentliches Gegengewicht zu unhistorischen Zugriffen auf die Texte, die deren Fremdheit und Eigensinn gar nicht wahrnehmen. Dass die Frage *»historischer Wahrheit«* (also auch auf diese Weise »Autorität der Geschichte«) angesichts der neueren Religionsgeschichte Israels in der alttestamentlichen Wissenschaft vehement wiederkehrt, möchte ich nun aufzeigen.

---

15 MOXTER, Schrift, 168.

16 Ebd.

2 Religionsgeschichte Israels und Theologie des Alten Testaments: Zu einem fruchtbaren Spannungsverhältnis

Die Eckdaten des Entstehungszusammenhangs für das immer noch gültige Bild der biblischen Literaturgeschichte seien zunächst nochmals ins Gedächtnis gerufen: Die klassische Sicht am Ende des 19. Jahrhunderts verbindet sich vor allem mit Julius Wellhausen, dessen große Stärke in seiner Fähigkeit zur Zusammenschau der Einzelergebnisse lag, die zuvor von Gelehrten wie Hermann Hupfeld und vor allem Abraham Kuenen erbracht worden waren. Wellhausens Analyse der Großerzählung von der Genesis bis in die Königebücher war dabei kein Selbstzweck, sondern hatte dienende Funktion für die Gewinnung eines *(religions-)historischen Bildes der Entstehung des Judentums aus der altisraelitischen Religion.* Die bis heute gültige Leitbeobachtung der Quellenkritik war dabei, dass der Religionswandel zum frühen Judentum die Texte des werdenden Kanons so stark mit späteren theologischen Wertungen überformte, dass es nur noch unter großen Schwierigkeiten möglich ist, Eindrücke von der älteren in vielem gemeinsemitischen Religion Israels zu gewinnen.

Am Anfang jeder Rekonstruktion der Geschichte oder Religionsgeschichte Israels muss deshalb die *Quellenkritik* stehen, die späteren Firniss und sich überlagernde Farbschichten abzutragen hat, um darunter liegende »Fragmente« freizulegen. Wellhausen hatte dafür noch auf die seit der zweiten Hälfte des 19. Jahrhunderts reichlich fließenden Schrift- und Bildquellen der altorientalischen Kulturen verzichtet. Insofern trug das erste umfassende Lehrbuch der Wellhausen-Schule von Rudolf Smend senior (1893) in seinem Titel die Bezeichnung »*alttestamentliche* Religionsgeschichte«[17]. Das eindrucksvolle Bild war vor allem *binnentextlich* erschlossen worden. Später hatte Wellhausen ausdrücklich angemerkt, dass Israel in jedem Fall im religions- und kulturhistorischen Horizont des Alten Orients betrachtet werden muss:

> »Das israelitische Altertum kann nicht mehr isoliert werden; man sieht zu deutlich, wie eng es auf allen Seiten mit der näheren und entfernteren Umgebung zusammenhängt. Auch über die historisch nachweisbare Berührung hinaus muß es unter die Analogie der allgemeinen Kulturentwicklung gestellt werden.«[18]

Diese Ausweitung der Aufgabe auf die *Rekonstruktion der Textentstehung in antiken kulturellen Kontaktsituationen* wurde seit dem Ende des 19. Jahrhunderts

---

[17] Rudolf Smend, Lehrbuch der alttestamentlichen Religionsgeschichte, Sammlung Theologischer Lehrbücher: Alttestamentliche Theologie, Freiburg/Leipzig 1893 (^{2}1899).

[18] Julius Wellhausen, Israelitisch-jüdische Religion (1905), in: Ders., Grundrisse zum Alten Testament, hrsg. von R. Smend, TB 27, München 1965, 65.

von einer neuen Generation von Forschern interdisziplinär in Angriff genommen. Die sogenannte »religionsgeschichtliche Schule«, deren wichtigster Alttestamentler, Hermann Gunkel, oben bereits zu Wort kam, versuchte die Texte als Ergebnisse von Rezeptionsvorgängen »im Leben« der Kultur und Religion zu verstehen. Vergleichend bezog er historisch nahes wie ferneres Material mit ein und machte deutlich, dass die Bibel ein jüdisches (so Wellhausen) *und* ein altorientalisches Buch ist – beides sollte nicht als Alternative verstanden werden. Zur religionsgeschichtlichen Rekonstruktion gehört dabei seit Gunkel und Gressmann auch der selbstverständliche Bezug auf die Funde der *Archäologie Palästinas*, der außerbiblischen Texte und Bilder.[19]

> Zu den sicheren Einsichten der neueren Forschung gehört aufgrund der archäologischen Oberflächenuntersuchungen (»Surveys« in Israel und Jordanien) und der Grabungstätigkeit, dass es keine Belege für die biblische Sicht einer Einwanderung einer großen Bevölkerungsgruppe »Israel« in der frühen Eisenzeit gibt. Auch die materielle Kultur bis zum Niedergang der beiden Staaten Israel (im Norden) und Juda (im Süden) 722/720 und 587/586 v. Chr. fällt nicht aus dem Rahmen der anderen levantinischen Kleinstaaten der Zeit. Die im Alten Testament so betonten Abgrenzungen zwischen »Israel« und »Kanaan« erscheinen in diesem Licht vor allem als Rückblick auf die Veränderungen, die die eigene Kultur und Religion in der Geschichte durchlaufen hat. Die Frage nach der historisch-individuellen Eigenart »Israels« profitiert dann von der Einsicht der allgemeinen Religionsgeschichte, dass es immer sowohl äußere (politische, ökonomische und klimatische) wie innere Faktoren sind, die im Religionswandel zusammenwirken.

Eine »Religionsgeschichte *Israels*« muss angesichts des Zufallscharakters der Befunde und der stets unsicheren Folgerungen immer *auf zwei Beinen* stehen: den interpretierten außerbiblischen Quellen *und* der kritisch rekonstruierten biblischen Literaturgeschichte. Beides darf nicht unkritisch vermengt, aber auch nicht völlig auseinandergerissen werden. Ich wiederhole damit an sich selbstverständliche Sachverhalte, denn es sind stets *alle zur Verfügung stehenden Quellen* in eine historische Rekonstruktion einzubeziehen. Die neuere Debatte um die Religionsgeschichte Israels zeigt aber gerade hier »blinde Flecke«, die sich wohl nur aus der *Besonderheit des Gegenstandes* und seiner theologischen Bedeutung erklären. Es lassen sich dabei zwei Grundoptionen unterscheiden, die ihre Interessen nicht immer deutlich artikulieren: eine weitgehende *Dissoziierung* oder aber eine starke *Assoziierung* der beiden die alttestamentliche Forschung zusammenfassenden Disziplinen »Religionsgeschichte Israels« und »Theologie des Alten Testaments«.

---

19 Vgl. Friedhelm Hartenstein, Religionsgeschichte Israels – ein Überblick über die Forschung seit 1990, VF 48, 2003, 2–28.

a) Weitgehende Trennung von Religionsgeschichte Israels und Theologie des Alten Testaments

Um mit einem Extrem zu beginnen: Niels Peter Lemche hatte in den 1990er Jahren die These vertreten, zwischen den alttestamentlichen Texten und der tatsächlichen Religionsgeschichte der Bevölkerung Palästinas im 1. Jt. v. Chr. gebe es so gut wie keine Verbindungen – nur insoweit, als die hebräische Bibel in spätpersisch-hellenistischer Zeit (vor allem im 3. Jh. v. Chr.) als Gründungsmythos bestimmter Gruppierungen des Judentums entstanden sei.[20] Das lässt sich angesichts der zeitgenössischen frühjüdischen Literatur, der Textfunde aus Qumran und der Mehrheitsmeinung zur biblischen Literaturgeschichte leicht widerlegen. Es wird daran aber das Problem der Annahme einer *»Autorität« historischer Wahrheit* und ihrer Verfälschung durch retrospektive »Fiktionen« deutlich (weil die These geschichtstheoretisch ohne gedankliche Überlast vorgetragen wurde, sieht man den entscheidenden Punkt besonders gut). Für Lemche ist das »Israel« der Exegeten eine unaufgeklärte naive Wiederholung der durchweg späten biblischen Bilder vom Gottesvolk.

Eine differenziertere und den historischen Realitäten vermutlich angemessenere Auffassung einer Dissoziierung von Religionsgeschichte und Theologie des Alten Testaments vertreten eine ganze Reihe von Exegeten (und Archäologen), für die ich stellvertretend Hermann Spieckermann nennen möchte. Er hat vor Kurzem in einem Grundsatzbeitrag mit dem Titel »Das neue Bild der Religionsgeschichte Israels – eine Herausforderung der Theologie?« einen Überblick über die Ergebnisse der vor allem archäologisch gestützten Religionsgeschichte Israels gegeben, um dann fortzufahren:

> »Die vorangehenden Darlegungen haben das neue Bild der Religionsgeschichte besonders in der Hinsicht als neu charakterisiert, dass es heute möglich ist, die Rekonstruktion der Religionsgeschichte Israels und des Judentums häufig auf externe Evidenz zu stützen und die alttestamentlichen Schriften nur im Falle des Quellenmangels oder zur Bestätigung eines bereits anderweitig verdeutlichten Sachverhalts heranzuziehen. [...] Heute lässt sich auf diese Weise eine seriöse Rekonstruktion präsentieren. Sie muss wie jede historische Rekonstruktion mit besser und schlechter bezeugten Perioden und mit allerlei dunklen und vieldeutigen Befunden leben. Das alles ist normal und gewiss keine Herausforderung der Theologie. Diese kann über eine Religionsgeschichte nur froh sein, die die alttestamentlichen Zeugnisse weitgehend meidet.«[21]

---

[20] Vgl. Niels Peter Lemche, Warum die Theologie des Alten Testaments einen Irrweg darstellt, in: I. Baldermann u. a. (Hrsg.), Religionsgeschichte Israels oder Theologie des Alten Testaments?, JBTh 10, Neukirchen-Vluyn ^{2}2001 (1995), 79–92; ders., The Israelites in History and Tradition, Library of Ancient Israel, London/Louisville, Kentucky 1998.

[21] Hermann Spieckermann, Das neue Bild der Religionsgeschichte Israels – eine Herausforderung der Theologie?, ZThK 105, 2008, 259–280: 268.

Weshalb kann die Theologie über eine solche Religionsgeschichte »nur froh« sein? Weil Spieckermann, der zusammen mit dem Neutestamentler Reinhard Feldmeier vor Kurzem eine ganz am »normativen« Charakter der biblischen Texte orientierte »biblische Gotteslehre« unter dem Titel »Der Gott der Lebendigen«[22] veröffentlicht hat, eine Engführung der beiden Perspektiven (»äußere« Religionsgeschichte und »innere« Literatur- = Theologiegeschichte) für problematisch hält:

> »Es ist ein Gebot methodischer Transparenz, nach dezidiert normativen Aspekten redigierte Schriften, wie sie im Alten Testament vereinigt sind, nicht zur primären Quellenbasis einer Religionsgeschichte zu machen, selbst wenn konsequente Tendenzkritik einen flankierenden Gebrauch alttestamentlicher Quellen grundsätzlich ermöglicht.«[23]

Im Prinzip steht dahinter – trotz gegenteiliger Beteuerung[24] – die Forderung nach Dissoziierung beider Zugänge, wie es der freiwillige weitgehende Verzicht auf das Alte Testament als Geschichtsquelle anzeigt. Das Zutrauen auf eine »auf externer Evidenz aufgebaute Religionsgeschichte«[25] erscheint jedoch als vorschnell angesichts der erheblichen Probleme schon bei der Konstitution des Gegenstands »Israel« lediglich aus außerbiblischen Quellen sowie deren generell hoher Interpretationsbedürftigkeit. Das erkenntnisleitende Interesse ist wie bei Lemche an »*Wahrheit*« orientiert, aber von entgegengesetzter Warte aus: Ging es Lemche (und anderen stärker positivistischen Historikern) um die »historische Wahrheit«, so ging es Spieckermann um den »Wahrheitsanspruch« der biblischen Texte, »so unpopulär die Frage im heutigen wissenschaftlichen Diskurs auch sein mag«[26]. Sein Ziel ist eine religionsgeschichtlich möglichst unbeeinträchtigte Theologie des Alten Testaments, deren »grundsätzliche Herausforderung«[27] denn auch nicht historischer Natur ist:

---

22 Reinhard Feldmeier/Hermann Spieckermann, Der Gott der Lebendigen. Eine biblische Gotteslehre, Topoi Biblischer Theologie 1, Tübingen 2011.

23 Spieckermann, Das neue Bild (s. Anm. 21), 268.

24 Vgl. a. a. O., 274.

25 A. a. O., 268.

26 A. a. O., 275.

27 A. a. O., 274: »Die wechselseitige Herausforderung beider Disziplinen (sc. der Religionsgeschichte Israels und der Theologie des Alten Testaments [FH]) fügt sich in das Ensemble interdisziplinärer Herausforderungen ein, ohne die Theologie ihre Sache überhaupt nicht angemessen betreiben kann. Die grundsätzliche Herausforderung der Theologie des Alten Testaments liegt indessen woanders: in Grund und Gegenstand der Theologie selbst.«

> »Nur Mitglieder von Glaubensgemeinschaften, die diese Dimension der Wahrheit der Gottesgeschichte teilen und deshalb den autoritativen und später kanonischen Anspruch der biblischen Schriften gelten lassen, sind zur Auslegung dieser in den Schriften bezeugten Wahrheit berufen.«[28]

Gewollt oder ungewollt neigt diese Sicht der Dinge zu einer isolierten Betrachtung der Theologie, die mit dem Nimbus eines Sonderstatus in hermeneutischer Hinsicht umgeben wird, ohne dass dies – auch im Blick auf interdisziplinäre und nicht-theologische Gesprächslagen – genügend transparent gemacht würde.[29]

b) Reflektierte Zusammenschau von Religionsgeschichte Israels und Theologie des Alten Testament bei klarem Differenzbewusstsein

Auch hier beginne ich zur Verdeutlichung mit einer extremen Position, die bei näherem Hinsehen freilich gar nicht so extrem ist: In den 1990er Jahren wurde lebhaft die von Rainer Albertz aufgeworfene Forderung diskutiert, den wissenschaftlichen Darstellungstypus einer »Theologie des Alten Testaments« durch eine »Religionsgeschichte Israels« zu ersetzen.[30] Allerdings verbirgt sich hinter dieser Kennzeichnung bei Albertz ein wiederum anderer Zugang, den er in seiner monumentalen zweibändigen Durchführung von 1992 verwirklicht hat:[31] Es handelt sich um eine Rekonstruktion aus sozialgeschichtlicher Perspektive, deren Quellengrundlage weitgehend aus den biblischen Texten besteht. Die sogenannte »external evidence« spielte dabei keine vorrangige Rolle. Norbert Lohfink nahm in der anschließenden Debatte scharfsichtig eine »Einladung zum Fächerpoker« in der theologischen Wissenschaft wahr und stellte heraus, dass »auch Albertz selbst jene Sache, um die es in einer Alttestamentlichen Theologie gegangen wäre, nur in eine andere Disziplin umlagern«[32] wollte.

Deutlich vermittelnde Positionen einer *Assoziierung von Religionsgeschichte Israels und Theologie des Alten Testaments* haben etwa Bernd Janowski, Jörg Je-

---

28 A. a. O., 275.

29 Unbestimmt bleibt z. B., wie der für die »Sachgemäßheit« der Theologie in Anschlag gebrachte Maßstab »der Hermeneutik der christlichen Bibel selbst« im Verhältnis zu den übergreifenden »jeweiligen Rahmenbedingungen des Verstehens« (a. a. O., 275) definiert werden kann, ohne nicht auch in Muster der Schriftlehre der altprotestantischen Orthodoxie zurückzufallen.

30 Rainer Albertz, Religionsgeschichte Israels statt Theologie des Alten Testaments! Plädoyer für eine forschungsgeschichtliche Umorientierung, in: JBTh 10 (s. Anm. 20), 3–24.

31 Ders., Religionsgeschichte Israels in alttestamentlicher Zeit, GAT 8/1–2, Göttingen 1992.

32 Norbert Lohfink, Fächerpoker und Theologie, in: JBTh 10 (s. Anm. 20), 207–230: 210.

remias und am ausführlichsten Hans-Jürgen Hermisson vertreten.[33] Letzteren möchte ich herausgreifen, um auf meine Anfangsfrage zurückzukommen: Das Anliegen Hermissons ist es nämlich, die *Relevanz der Exegese für die gemeinsame Aufgabe der theologischen Wissenschaft* zu bestimmen. Sie liegt für ihn gerade in der in jeder Generation neu zu bearbeitenden *geschichtshermeneutischen Dimension* des Schnittfeldes zwischen Exegese und Systematik:

> »Gewiß wird man weiterhin Religionsgeschichte Israels als historische Aufgabe ohne ihre theologische Dimension zu betreiben haben, schon deshalb, weil eine Arbeitsteilung nötig ist und die Theologie in ihrem Bezug auf die (reale) Geschichte nicht einfach dem historischen Gesamtablauf folgen kann, sondern stärker themenzentriert arbeiten wird. Das theologische Problem, das sich auch der ›untheologischen‹ Religionsgeschichte Israels mit der Größe ›Israel‹ stellt, könnte darin konventionell wie in den Darstellungen der ›Geschichte Israels‹ aufgenommen werden. Aber was sollte den Systematiker eine solche untheologische Religionsgeschichte Israels kümmern? Das christliche Bekenntnis verpflichtet ihn, Theologie ›schriftgemäß‹ zu betreiben, nicht gemäß einer vergangenen Religionsgeschichte Israels. Denn die gewinnt ihre Bedeutung für die christliche Theologie allein über das Alte Testament.«[34]

Es ist *die theologische Enzyklopädie als hermeneutische Aufgabe*, die den Exegeten wie den Systematiker dazu nötigt, sich zur Transformation des Schriftprinzips und der Autoritätsverschiebung hin zur (Religions-)Geschichte zu verhalten. Wie aus dem bisher Gesagten hervorgeht, ist der *subjektiv konstruierende Anteil* von Darstellungen der Religionsgeschichte Israels notwendigerweise kaum geringer als im Fall von »Theologien des Alten Testaments«. Es ist nicht so, dass das eine per se objektiver wäre als das andere. Vielmehr muss biblische Exegese als historische und notwendig auch theologische Disziplin beides nicht alternativ, sondern als *hermeneutische Spannung an ihrer genuinen Aufgabe* bearbeiten (s. 4.):

> »Darum ist der Alttestamentler nicht aus der Pflicht entlassen, nach der theologischen Relevanz seiner Ergebnisse zu fragen. Er kann sich nicht damit begnügen, mit manchen Vertretern der frühen historischen Theologie den Schriftbezug des

---

33 BERND JANOWSKI, Theologie des Alten Testaments. Plädoyer für eine integrative Perspektive (2002), in: Ders., Der Gott des Lebens. Beiträge zur Theologie des Alten Testaments 3, Neukirchen-Vluyn 2003, 315–350; JÖRG JEREMIAS, Neuere Entwürfe zu einer Theologie des Alten Testaments, in: B. Janowski (Hrsg.), Theologie und Exegese des Alten Testaments/der Hebräischen Bibel. Zwischenbilanz und Zukunftsperspektiven, SBS 200, Stuttgart 2005, 125–158 (= VF 48, 2003, 29–58); HANS-JÜRGEN HERMISSON, Alttestamentliche Theologie und Religionsgeschichte Israels, ThLZ.F 3, Leipzig 2000.

34 HERMISSON, Alttestamentliche Theologie (s. Anm. 33), 67.

Dogmatikers zu kritisieren und ihm die theologische Problematik seiner Ergebnisse achselzuckend zu überlassen – mag jener zusehen, was er damit anfängt.«[35]

In der gegenwärtigen deutschsprachigen alttestamentlichen Wissenschaft gibt es durchaus Stimmen, die das »theologische Geschäft« der Begründung der Verbindlichkeit der Bibel »über die kulturelle Wirkung hinaus«[36] vor allem den Systematikern überantworten, weil das exegetische Geschäft, »dem Wesen nach ein historisches ist«[37]. Hier gilt es, eine Mahnung wie die von Jörg Jeremias genau zu hören und die eigene Aufgabe grundsätzlicher zu fassen:

> »Außerdem würden sich bei einem derartigen Verzicht beide exegetischen Fächer in die Richtung der theologischen Bedeutungslosigkeit bewegen. Insofern ist für sie das Abwägen der höheren Wertigkeit einer historischen Differenzierung sowie komplexeren Wahrnehmung von Aussagen innerhalb der behandelten Texte einerseits und der notwendigen Zusammenschau dieser komplexen Sachverhalte um des Gesprächs mit den anderen Disziplinen willen andererseits eine stets neu zu vollziehende Pflicht.«[38]

Dieser Pflicht wurde in der protestantischen Theologie des 20. Jahrhunderts vor allem in Form von Darstellungen einer »Theologie des Alten Testaments« nachgekommen. Auf diesem Feld ist es seit einigen Jahren bemerkenswert ruhig geworden. Aber es kommt wieder Bewegung in die Sache, wie ich nun abschließend zeigen möchte. Dabei ist es nach meiner Auffassung unabdingbar, »die Angewiesenheit der ›Theologie des AT‹ auf die Schwesterdisziplin der ›Religionsgeschichte Israels‹ (in der sie freilich nicht aufgehen darf) neu hervorzuheben«[39].

---

35 Ebd.

36 Reinhard G. Kratz, Noch einmal: Theologie im Alten Testament, in: C. Bultmann/W. Dietrich/C. Levin (Hrsg.), Vergegenwärtigung des Alten Testaments. Beiträge zur biblischen Hermeneutik, FS R. Smend, Göttingen 2002, 310–326: 326.

37 Ebd.

38 Jörg Jeremias, Alttestamentliche Wissenschaft im Kontext der Theologie, in: I. U. Dalferth (Hrsg.), Eine Wissenschaft oder viele? Die Einheit der Theologie in der Sicht der Disziplinien, ThLZ.F 17, Leipzig 2006, 9–22: 21.

39 Jeremias, Neuere Entwürfe (s. Anm. 33), 158.

3 Polyphonie der Theologien: Zur bleibenden Aufgabe einer Theologie des Alten Testaments

Nimmt man die mit der neuzeitlichen Transformation des »Schriftprinzips« verbundene Aufgabe des Verstehens der Bibel als ein *enzyklopädisches Band zwischen den Disziplinen der (evangelischen) Theologie*, so sind die anderen theologischen Fächer auf die in jeder Generation neu vorzulegenden Versuche einer *Zusammenschau des theologisch relevanten Ertrags der Einzelforschung* angewiesen. Wie eben dargelegt, erscheint es wenig sinnvoll, dies lediglich in Form einer »untheologischen« Religionsgeschichte Israels zu tun. Stattdessen ist es nach wie vor wissenschaftssystematisch und um der Sache der Theologie willen notwendig, dass alt- und neutestamentliche Entwürfe von »Theologien« vorliegen. In der eben skizzierten Debattenlage hat die mittlere Generation der derzeit Lehrenden sich noch nicht wieder an die Aufgabe gemacht. Es liegen aber erste Vorklärungen vor. Zur besseren Verständigung darüber möchte ich nun – ausgehend von der durch den Titel vorgegebenen »Polyphonie der Theologien« – deutlich machen, welche Wege sich abzeichnen. Der musikalische Begriff der »Polyphonie« soll dabei auf zwei Ebenen verstanden werden: derjenigen der *innerbiblischen Mehrstimmigkeit* und derjenigen der *notwendig pluralen Ansätze für Entwürfe einer »Theologie des Alten Testaments«*.

a) Polyphonie der innerbiblischen Theologien

Die hebräisch-aramäische Bibel, das Alte Testament des Christentums, liegt als Schriftensammlung vor, die sich durch eine *nicht beliebige Mehrstimmigkeit* auszeichnet. Nicht beliebig deshalb, weil sie in christlichen Interpretationsgemeinschaften stets in *bestimmten* kanonischen Gestalten vorgegeben ist und ausgelegt wird (s. o. 1.). Nicht beliebig aber auch, weil der *literarische Werdeprozess* der biblischen Texte bis hin zur Kanonbildung nicht wildwüchsig verlaufen ist, sondern im Licht der neueren Literaturgeschichte als *Kette von Neuinterpretationen* verstanden wird, in denen *theologische Unterscheidungen und Urteile* sichtbar werden. Nicht erst mit der im Rückblick auf erworbene Geltung erfolgten Fixierung einer Kanongestalt, sondern bereits in der Komposition und Redaktion der biblischen Schriften findet sich die doppelte Tendenz zur *Summierung und Konturierung zentraler Inhalte der Überlieferung* einerseits (etwa in der späten Schriftprophetie) und zur *Markierung buchübergreifender Verbindungslinien* andererseits (etwa zwischen Tora, Propheten und Psalmen). Insofern ist das Alte Testament *in seinem Werden* »auf dem Weg zu seiner Theologie«[40]. Strittig ist, ob die damit verbundene »Polyphonie« stärker harmonisch oder nicht eher disso-

---

[40] Vgl. C. LEVIN, Das Alte Testament auf dem Weg zu seiner Theologie, ZThK 105, 2008, 125–145.

nant zu beschreiben ist. Angesichts der Befunde lassen sich je nach Referenzpunkt gute Gründe für beides beibringen. Vermutlich ist es gerade der große Reichtum biblischer Vielstimmigkeit, einerseits um klare und sich durchziehende Einsichten über den Gott Israels und der Welt zu kreisen und andererseits widersprüchlichen Erfahrungen standzuhalten. Die Theologien der Bibel sind nicht einfach ineinander überführbar, sondern beanspruchen je für sich Gehör: Vielleicht ist hier die Metapher eines Jazzorchesters nützlich, bei dem aus den gemeinsam getragenen Grundformen von Rhythmus und Harmonik immer wieder andere Solisten hervortreten und so das größere Ganze filigran und fragmentarisch offen erscheinen lassen.

Die nicht beliebige Mehrstimmigkeit der Texte in ihrer überlieferten Rezeptionsgestalt lässt sich in jedem Fall als *relativ geschlossen*, aber auf *den Sinnreichtum neuer Rezeption hin geöffnet* erfassen (so mit James A. Sanders und Paul Ricœur[41]). Neuere kanonhermeneutische Entwürfe einer »Theologie des Alten Testaments« machen sich das zunutze. Dabei ist jedoch jeder Hypostasierung »*des* Kanons« mit Vorsicht zu begegnen. Die vielgestaltige Textüberlieferung des Alten Testaments vermag hier vor Überhöhungen zu bewahren.

Damit komme ich zur zweiten Ebene der »Mehrstimmigkeit der Theologien«, nämlich den bereits sichtbaren Alternativen, wie eine solche Gesamtschau im Fach Altes Testament heute aussehen könnte. Eine hilfreiche Orientierung »Zum Theologiebegriff in der alttestamentlichen Wissenschaft« hat vor Kurzem Konrad Schmid unter dem Titel »Gibt es Theologie im Alten Testament?« vorgelegt.[42] Er weist darauf hin, dass es keineswegs ausgemacht ist, dass heutige oder ältere Definitionen dessen, was unter »Theologie« verstanden wird, einen direkten Gegenpart in den alttestamentlichen Texten finden. Vielmehr ist die oft zu selbstverständliche Weise zu hinterfragen, mit der wir von »Theologien« in biblischen Texten sprechen. Schmid schlägt vor, im Alten Testament zwischen *impliziter* und ansatzweise *expliziter Theologie* zu unterscheiden, um der Tatsache gerecht zu werden, dass wir (wie auch bei anderen Meta-Begriffen wie »Schöpfung« oder »Eschatologie«) bewusst markieren sollten, wovon wir reden. Wie sind – auch vor dem Hintergrund dieser Klärung – neuere Wege zu einer »Theologie des Alten Testaments« zu beschreiben? Dazu liegen bisher nur wenige erklärte Konzepte vor, weshalb ich bei dem folgenden Versuch einer Typologie auch extrapoliere. In jedem Fall stellen sie *keine sich ausschließenden Alternativen* dar,

---

[41] James A. Sanders, Torah and Canon, Eugene, Oregon ^{2}2005 (1972); Paul Ricœur, Die Verflechtung von Stimme und Schrift im biblischen Diskurs (frz. 1992), in: Ders., An den Grenzen der Hermeneutik. Philosophische Reflexionen über die Religion, Freiburg/München 2008, 95–115.

[42] Konrad Schmid, Gibt es Theologie im Alten Testament? Zum Theologiebegriff in der alttestamentlichen Wissenschaft, ThSt 7, Zürich 2013.

sondern beleuchten je auf ihre Weise wichtige Sinnmöglichkeiten der »Polyphonie der Theologien« des Alten Testaments. Auch diese Mehrstimmigkeit ist nötig, weil die Sache der Theologie sie fordert.

b) Polyphonie der Ansätze/Entwürfe zu einer »Theologie des Alten Testaments«

1. Ein erstes Modell ist vor allem *»theologiehistorisch«*. Die Aufgabe einer »Theologie des Alten Testaments« wäre danach weitgehend schon durch die Rekonstruktion einer »Theologie*geschichte*« gelöst. Wie einst in der Wellhausen-Schule räumt man den biblischen Texten vor allem für Positionen des Judentums der persisch-hellenistischen Zeit einen (religions-)historischen Wert ein, wobei gerade dieser Zeitraum empfindliche Lücken in der außerbiblischen Quellenlage aufweist. Insofern ist die Rekonstruktion des *Neben- und Nacheinanders theologischer Konzeptionen* vor allem auf die *internen Ergebnisse der Literarkritik und Redaktionsgeschichte* angewiesen und somit stark von aufeinander aufbauenden Urteilen der jeweiligen Exegeten abhängig. Als mögliche Vertreter eines solchen Zugangs nenne ich etwa Christoph Levin, Reinhard Gregor Kratz oder Konrad Schmid, wobei Letzterer sich bereits am deutlichsten zu seinem Konzept geäußert hat.[43] Die Genannten sind von ihrem theologischen Selbstverständnis her sehr verschieden und formulieren ihre Position zur gesamttheologischen Aufgabe der Bibelexegese entsprechend – es eint sie aber die dezidiert *historische* Herangehensweise der sich *in ihrer Entstehung »selbst auslegenden Schrift«* (Modell der »Fortschreibung«). Das gilt in dieser Hinsicht auch für Hermann Spieckermann, dessen Rekonstruktionen vor allem auf die Herausarbeitung des theologisch »Normativen« der zunächst »autoritativen«, später kanonischen Schriften zielen (s. o. 2.a). Für Schmid hingegen erscheint »Historische Exegese [...] dann wahrhaft und historisch verantwortet, wenn sie mit theologischer Sensibilität durchgeführt wird, während theologische Exegese kein grundstürzend anderer Vorgang sein kann als sachorientiert betriebene historische Exegese.«[44] Der Zusammenhang zwischen Exegese und theologischem Verstehen wäre organisch wechselseitig durch die übergreifende historische Dimension der Aufgabe bestimmt – doch frage ich mich, ob diese Bestimmung bereits ausreicht.

Auch angesichts der bleibenden Divergenzen literarhistorischer Hypothesen gerade für zentrale Textbereiche des Alten Testaments fallen theologiegeschicht-

---

43 Schmid, Gibt es Theologie im Alten Testament? (s. Anm. 42); Ders., Sind die Historisch-Kritischen kritischer geworden? Überlegungen zu Stellung und Potential der Bibelwissenschaften in der Theologie, in: M. Ebner u. a. (Hrsg.), Wie biblisch ist die Theologie?, JBTh 25, Neukirchen-Vluyn 2011, 63–78.

44 Schmid, Sind die Historisch-Kritischen kritischer geworden? (s. Anm. 43), 77.

liche Skizzen sehr unterschiedlich aus. Hier wäre es ein wichtiger Beitrag zur gesamttheologischen Aufgabe des Schriftverständnisses, wenn noch deutlicher auf die Gründe für das Vertrauen in bestimmte literarhistorische (und damit auch theologische!) Urteile hingewiesen würde.

2. Modelle einer zweiten Kategorie orientieren sich am vorgegebenen »*Endtext*«. Sie sind entweder »*kanontheologisch*« und damit von vornherein an der zweiteiligen christlichen Bibel orientiert. Oder sie stellen sich z. B. aus einer »*postmodernen*« *theologisch-hermeneutischen Perspektive* dar. Ich nenne zwei neuere Entwürfe, die dezidiert alttestamentlich angelegt sind: In den USA hat besonders die »postmoderne« »Theology of the Old Testament« von Walter Brueggemann einen großen Einfluss gewonnen.[45] Brueggemann liest hermeneutisch subtil die Texte als *miteinander ringende plurale Zeugnisse und Gegenzeugnisse* für den biblischen Gott, der sich in seiner Offenbarung gibt und zugleich entzieht. Das Unternehmen ist hermeneutisch und im Blick auf die Breite der biblischen Aussagen und Literaturen differenziert. Das entstehende Bild bleibt jedoch in diachroner Hinsicht bei aller Feingliedrigkeit flächig – in der Durchführung ohne Bezug auf die »Autorität der Geschichte« (vgl. 1.).

Ähnliches lässt sich von der neuen Darstellung von Georg Fischer sagen, die im Titel bereits den Plural benennt (»Theologien des Alten Testaments«[46]). Fischer wählt einen Zugang, der den *Gottesbildern jedes einzelnen kanonischen Buches* gewidmet ist, die Polyphonie ist hier die *Vielstimmigkeit der biblischen Bibliothek* (des Kanons der Septuaginta/Vulgata). Auch er verzichtet ausdrücklich auf die (religions-)geschichtliche Dimension.[47] Zur Beschreibung des Zusammenklangs biblischer Gottesbilder wie von deren Rezeption greift er zur musikalischen Metapher der *Symphonie*, »bei der auch die Weise der Aufführung nochmals je anders akzentuieren kann«[48]. Für ihn sind Unterschiede und Spannungen der »Weisen des Redens von Gott in den einzelnen alttestamentlichen Büchern [...] nicht im strengen Sinn als Widersprüche zu deuten, weil sie ihre Wurzel in einer Vielzahl von Werken und Autoren und damit in verschiedenen Kontexten haben«[49]. Hier klingt ein historisches Argument an, jedoch wird es sogleich im Sinne des klassischen Analogiegedankens weitergeführt, nach dem »Gott selbst« stets dem Zugriff entzogen bleibt.[50]

---

45 Walter Brueggemann, Theology of the Old Testament. Testimony, Dispute, Advocacy, Minneapolis 1997; Ders., Old Testament Theology. An Introduction, Library of Biblical Theology, Nashville 2008.

46 Georg Fischer, Theologien des Alten Testaments, NSK.AT 31, Stuttgart 2012.

47 A. a. O., 17.

48 A. a. O., 19.

49 Ebd.

50 Ebd.

Auch wenn »Endtext«-orientierte Entwürfe möglicherweise anschlussfähiger erscheinen, so verweisen sie doch auf das *Desiderat einer bewussten Bearbeitung der Spannung von (Religions- und Theologie-)Geschichte und glaubendem Verstehen.*

3. Ein drittes gegenwärtig angedachtes Modell (je nach Betrachtung auch eine Variante »biblischer Theologie«) kann man als *dogmatisch-rezeptionsgeschichtlich* bezeichnen. Dazu hat kürzlich Markus Witte erste Überlegungen vorgelegt.[51] Er versteht seine »biblisch-theologische Skizze« unter anderem als Fortführung des Anliegens der Tübinger biblischen Theologie, namentlich Hartmut Geses.[52] Es geht ihm um die *Schlüsselrolle der Christologie* für eine Theologie des Alten Testaments[53], zu der er unter dem mutigen Titel »Jesus Christus im Alten Testament«[54] bereits wichtige inhaltliche Punkte benennt. Sein Ansatz ist dabei *zweifach rezeptionsgeschichtlich*:

a) Er fragt von der neutestamentlichen Rezeption zurück ins Alte Testament, und vor diesem Hintergrund gehen dann literar- und theologiegeschichtliche, aber auch religionshistorische Einsichten der alttestamentlichen Wissenschaft in die Darstellung ein; der wahrgenommene Ausschnitt ist notwendig selektiv, da die christologische Perspektive leitend bleibt. Dabei orientiert er sich vor allem am »Endtext«, weil den neutestamentlichen Autoren die biblischen Schriften so (und in griechischer Übersetzung) als Bezugsgröße vorgelegen haben.

b) Aber auch frühjüdische Schriften (vor allem der Weisheit) »zwischen« und neben den beiden christlichen Kanonteilen will er in seine Darstellung einbeziehen. Insofern begreift er Rezeptionsgeschichte nicht nur als kanonisch begrenzt, sondern umfassender.[55] Es bleibt dabei ungeklärt, ob er mit diesem einst von Hartmut Gese formulierten Anliegen auch die Auffassung eines traditions- und heilsgeschichtlichen Kontinuums teilt und wie sich das gegebenenfalls zur Kategorie der »Erfahrungen Gottes«[56] verhält, an deren »Basisthemen« (wie

---

51 Markus Witte, Jesus Christus im Alten Testament. Eine biblisch-theologische Skizze, Salzburger exegetische theologische Vorträge 4, Wien 2013 (= Ders., Jesus Christus im Spiegel des Alten Testaments, in: J. Schröter [Hrsg.], Jesus Christus, Themen der Theologie 9, Tübingen 2014, 13–70).

52 Witte, Jesus Christus, 2.8 (Seitenangaben auch im Folgenden nach der Erstveröffentlichung in den SEThV [s. Anm. 51]).

53 S. dazu v. a. den Abschnitt 2.4 (a. a. O., 16–19).

54 Man beachte aber die Änderung des Titels für die zweite Veröffentlichung in den ThTh 9 (s. Anm. 51): »Jesus Christus *im Spiegel* des Alten Testaments«.

55 A. a. O., 2.18 f.

56 Zur Bedeutung und inhaltlichen Füllung dieser Kategorie verweist Witte (ohne das näher auszuführen) auf seinen Erlanger Lehrer H.-C. Schmitt (a. a. O., 3).

»Schöpfer«, »Begleiter«, »Befreier« etc.) Witte den zweiten Teil seiner Skizze entwickelt.

Diese Variante eines Modells für eine aktuelle »Theologie des Alten Testaments« ist *dezidiert vor einem dogmatischem Deutehorizont (Christologie) verortet* (darin stimmt sie formal mit dem oben [vgl. 2.a] besprochenen Zuschnitt der »biblischen Gotteslehre« von Feldmeier und Spieckermann überein). Über die Rezeptionsgeschichte der Bibel in Kunst und Kultur erscheint sie aber auch interdisziplinär anschlussfähig. Was man im Licht der in diesem Beitrag verfolgten Frage vermisst, ist die Bearbeitung der Spannung zwischen Religionsgeschichte und Theologie im Blick auf den *Eigenwert* des »Alten Testaments«, das – gerade unter den Bedingungen der Moderne! – theologisch nicht in der Rolle eines »Stichwortgebers« für die Dogmatik aufgehen darf (s. o. 1.b, 2.b).

4. Ein viertes derzeit angedachtes Modell nenne ich »*historisch-hermeneutisch*«, ohne damit den anderen Modellen die hermeneutische Dimension absprechen zu wollen. Gemeint ist eine »Theologie des Alten Testaments«, die die historische Frage im oben (1.) beschriebenen Sinn als unhintergehbaren Ausgangspunkt nimmt und dies sowohl *fundamentaltheologisch* (vor allem enzyklopädisch) wie auch *umfassend hermeneutisch* (theologisch und über die Theologie hinaus) reflektiert. Ein solches Modell orientiert sich weder allein an einer Literaturgeschichte, die in Theologiegeschichte überführt wird (vgl. Modell 1.), noch lediglich am »Endtext« (vgl. Modell 2.), auch nicht allein an christlicher Offenbarung (und ihrer Deutung im Licht älterer alttestamentlicher »Erfahrungen« [vgl. Modell 3.]). Stattdessen versucht der Ansatz die *nicht auflösbaren Spannungen* zwischen den Zugängen und Perspektiven von Religionsgeschichte Israels und Theologie des Alten Testaments fruchtbar aufeinander zu beziehen.

Für die Erarbeitung einer entsprechenden »Theologie des Alten Testaments« sollte die Wahrnehmung der biblischen Texte gleichberechtigt *historisch und systematisch (im Sinne übergreifender Sinnlinien und Einsichten)* erfolgen. *Historisch* bedeutet dann literar- wie theologiegeschichtlich und mit prinzipiellem Zutrauen in den religionsgeschichtlichen Wert alttestamentlicher Texte, die für eine Nachzeichnung der Wandlungen des Gottes JHWH ausgewertet werden. Literarhistorisch folgt dieser Ansatz weniger bestimmten »Einleitungen in das Alte Testament« als etwa der einst von Isaak L. Seeligman und Paul Ricœur vorgeschlagenen Einteilung in grundlegende »Denkformen« bzw. Literatur- und Traditionsbereiche:[57] 1. (Geschichts-)Erzählungen, 2. Prophetische Texte, 3. Rechtstexte, 4. Poetische/kultische Texte, 5. Weisheitliche Texte. Für

---

57 Vgl. dazu JEREMIAS, Alttestamentliche Wissenschaft (s. Anm. 38), 17 f.; FRIEDHELM HARTENSTEIN, JHWHs Wesen im Wandel. Vorüberlegungen zu einer Theologie des Alten Testaments, ThLZ 137, 2012, 4–20: 11 f.

sie sind unterschiedliche Weisen »Gott zu nennen« (Ricœur[58]) typisch. Diese lassen sich in den seltensten Fällen ganz auf bestimmte Literaturwerke reduzieren, sondern prägen sie in unterschiedlicher Stärke und stehen auf dem Weg zum Kanon zunehmend im Austausch. Ein solcher Ansatz verbindet sich mit konsensfähigen Annahmen zur *relativen* Datierung wichtiger Texte, die erkennbar durch Zitate und relecture aufeinander Bezug nehmen. Wichtig sind weiterhin *Kontextualisierungen* mit Ergebnissen religionshistorischer Forschungen im Sinne Gunkels, die Kulturkontakte und produktive Rezeptionsvorgänge im Austausch mit altorientalischen Texten/Traditionen beleuchten. Das historische Bild der hebräischen Bibel ist dann zwar eventuell grobmaschiger und variabler, es ist aber auch in seinen Grundentscheidungen leichter überprüfbar, weil es sich an religionsgeschichtlichen Eckpunkten orientiert, vor allem an der Entstehung des Monotheismus und der mit ihm aufkommenden expliziten Theologisierung weiterer Textbereiche des Alten Testaments.

Eine *kontextorientierte historische Theologie* des Alten Testaments kann in ihrer Darstellung entweder *an prägenden Epochen entlang* ausgerichtet werden oder stärker *systematisch* ein »Zusammendenken« versuchen, ohne den geschichtlichen Wandel zu vernachlässigen. In jedem Fall wird sie hermeneutisch aus den genannten Gründen der theologischen Gesamtverantwortung der Exegese (vgl. 2.b) nicht um die *Frage nach einer »Mitte« des Alten Testaments* herumkommen:

> »Mit der Vorgegebenheit des Kanons, der für Christen ein Kanon aus Altem und Neuem Testament ist, in seiner spannungsreichen Vielstimmigkeit wird die Frage nach einer ›Mitte‹ der Schrift – aber auch schon nach einer ›Mitte‹ des alttestamentlichen Kanons – theologisch unabweisbar, um einer Beliebigkeit des Schriftgebrauchs zu wehren.«[59]

Eine solche Mitte kann verschieden bestimmt werden, die Auswahl an Möglichkeiten ist aber nicht wirklich groß. Mir selbst leuchtet es am stärksten ein, *den Gott JHWH* ins Zentrum einer »Theologie des Alten Testaments« zu stellen, die dann dessen *»Wesen im Wandel«* im Spiegel der Texte nachzuzeichnen hätte.[60] Jörg Jeremias, Hans-Jürgen Hermisson, Bernd Janowksi und etwa auch Samuel Terrien haben in eine vergleichbare Richtung gedacht,[61] die zuletzt theologisch

---

[58] Paul Ricœur, Gott nennen (frz. 1977), in: Ders., Vom Text zur Person. Hermeneutische Aufsätze (1970–1999), Meiner Philosophische Bibliothek 570, Hamburg 2005, 153–182.

[59] Jeremias, Alttestamentliche Wissenschaft (s. Anm. 38), 17.

[60] Vgl. die Struktur meiner geplanten Darstellung einer »Theologie des Alten Testaments«: Hartenstein, JHWHs Wesen im Wandel (s. Anm. 57), bes. 11–20.

[61] Vgl. zusätzlich zu der in Anm. 33 genannten Literatur Samuel Terrien, The Elusive Presence. Toward a New Biblical Theology, Religious Perspectives 26, New York/Hagerstown/San Francisco/London 1978.

auf das bessere »Verstehen *geglaubter Geschichte*« abzielt, wie sie für die Zeugnisse des Alten Testaments prägend sind. Dazu möchte ich nun noch ein kurzes Resümee im Blick auf den Vortragstitel ziehen.

4 Resümee: Geglaubte Geschichte verstehen

Die Transformation des Schriftprinzips hat zu einer Autorität des historischen Bewusstseins geführt, das die Aufgabe der (evangelischen) Theologie bestimmt: Eine (Selbst-)Explikation des Glaubens für die Gegenwart sollte daher zuletzt *geschichtshermeneutisch fundiert* geschehen. Die Theologie darf nicht daran vorbeigehen, die Ergebnisse historisch-kritischer Exegese des Alten und Neuen Testaments in ihre »Schrift«-Theorie und in ihren konkreten Umgang mit biblischen Texten zu integrieren. Umgekehrt sollte der Beitrag der exegetischen Fächer über die Fachgrenzen hinaus auch ein *bewusst theologischer* sein – es gibt die Pflicht zum »Zusammendenken«. Ein fruchtbarer Weg liegt darin, die zweiteilige christliche Bibel als *vielstimmigen Ausdruck interpretierter Geschichte* zu analysieren und zu verstehen. Wenn das Werden der Bibel selbst – jedenfalls ihrer zentralen Aussagen – auf theologischen Entscheidungen über die Angemessenheit und Glaubwürdigkeit der erzählten Heils- und Rettungsereignisse beruht, kann dies nur relevant sein.

Die Theologie hat die Frage von *Offenbarung und Geschichte* lange nicht mehr in den Mittelpunkt gestellt.[62] Das *Problem* ist unhintergehbar, weil die zentralen Rettungstaten Gottes, von denen das Neue wie das Alte Testament berichten, und die im Zentrum unserer Glaubensbekenntnisse stehen, nicht ablösbar von geschichtlichen Erfahrungen sind.[63] Unbeschadet der »historischen Wahrheit«, an die immer nur Annäherungen möglich sind, gibt es den *Wahrheitsanspruch der »geglaubten Geschichte«*. Man tut gut daran, hier nicht oberflächlich mit dem Gegensatz von »Realität« und »Fiktion« zu operieren. Die Aufgabe theologischen Verstehens sollte sich der *unauflöslichen Verwobenheit von Geschichte und Interpretation* stellen, die neu- wie alttestamentliche Grundbekenntnisse

---

[62] Damit ist nicht gemeint, dass man die Problemstellung heute wieder in enger Anlehnung an die einstigen Thesen des Pannenberg-Kreises (Wolfhart Pannenberg [Hrsg.], Offenbarung als Geschichte, Göttingen 1961) aufzunehmen hätte. Dass das Thema unverzichtbar für die Theologie ist, kann man jedoch nach wie vor bei Pannenberg lernen. Es bleibt zu hoffen, dass die erneute Beschäftigung mit ihm, wie sie im XV. Europäischen Kongress für Theologie 2014 »Geschichte und Gott« sichtbar wurde, weitergeht und ihre Früchte für eine gegenwartsbezogene Theologie tragen wird.

[63] Vgl. Friedhelm Hartenstein, Die Anfänge JHWHs und die »Sehnsucht nach dem Ursprung«. Eine geschichtshermeneutische Problemanzeige, in: M. Witte/J. van Oorschot (Hrsg.), Anfänge und Ursprünge der Jahwe-Verehrung, BThZ 30, 2013, 166–192.

(etwa zur »Auferstehung/Auferweckung« Jesu und zum »Exodus«) prägt. In einem Beitrag mit dem Titel »Weshalb braucht die christliche Theologie eine Theologie des Alten Testaments?« habe ich das vor Kurzem genauer ausgeführt.[64] Mir scheint es vielversprechend, die Aufgabe des Verstehens geglaubter Geschichte mit Hilfe der hermeneutischen Kategorie des *»Zeugnisses«* anzugehen, wie sie Paul Ricœur in bisher von evangelischer Seite kaum rezipierten Studien entwickelt hat.[65] Die biblischen Texte sind weder Dichtung noch Historiographie (vgl. dazu Erhard Blum[66]), sondern wollten bereits in ihren ersten Kontexten als *glaubwürdige Zeugnisse erfahrener Rettung* gelesen werden. In diesem Sinne sind die »Autorität der Geschichte« und die »Polyphonie der Zeugnisse« kein unüberbrückbarer Gegensatz, sondern eine *relative* – immer wieder neu zu bestimmende – Grundspannung von Glauben und Verstehen.

---

64 Friedhelm Hartenstein, Weshalb braucht die christliche Theologie eine Theologie des Alten Testaments?, in: E. Gräb-Schmidt/R. Preul (Hrsg.), Das Alte Testament in der Theologie, MJTh 25, Leipzig 2013, 19–46.

65 Vgl. dazu Hartenstein, Weshalb (s. Anm. 64), 37–46; es handelt sich um folgende Texte: Paul Ricœur, Die Hermeneutik des Zeugnisses (frz. 1972), in: Ders., An den Grenzen der Hermeneutik (s. Anm. 41), 7–40; Ders., Hermeneutik der Idee der Offenbarung (frz. 1977), in: Ders., a. a. O., 41–83. Vgl. dazu auch die erhellende fundamentaltheologische Arbeit der katholischen Theologin V. Hoffmann, Vermittelte Offenbarung. Paul Ricœurs Philosophie als Herausforderung der Theologie, Ostfildern 2007.

66 Erhard Blum, Historiographie oder Dichtung? Zur Eigenart alttestamentlicher Geschichtsüberlieferung, in: Ders./W. Johnstone/C. Markschies (Hrsg.), Das Alte Testament – ein Geschichtsbuch?, Altes Testament und Moderne 10, Münster 2005, 65–86.

Autorität der Religionsgeschichte – Polyphonie der Theologien?

Respons zu dem Beitrag von Friedhelm Hartenstein

Martin Prudký

Zunächst möchte ich Friedhelm Hartenstein meinen Dank für seine Überlegungen zum Thema ausdrücken.[1] Ich habe seinen Text mit Interesse und Freude gelesen. Im Folgenden möchte ich mit vier Punkten darauf reagieren und so mit ein paar Bemerkungen und Fragen zu unserem Gespräch beitragen.

1 Ausgangslage: Verschiebung des Autoritätsbegriffs

Einer der Grundpostulate von Prof. Hartensteins Überlegungen stellt die These dar, dass unser Thema eine Transformation des Schriftprinzips, nämlich eine *Verschiebung des Autoritätsbegriffs*, voraussetzt. An die Stelle der Schriftautorität sei die »Autorität der (Religions-)Geschichte« getreten.[2] Diese Verschiebung wird zudem durch den Titel unserer Einheit im Tagungsprogramm als Ausgangspunkt vorgegeben. Friedhelm Hartenstein hat das (vorgegebene) Thema aufgenommen – mit der kritischen Bemerkung, dass die daraus hervorgehende Feststellung einer Veränderung zwar zutrifft, jedoch auch problematisch formuliert ist – und diese Verschiebung des Autoritätsbegriffs und deren Konsequenzen im ersten Teil seines Beitrags dargestellt und besprochen.

Es ist nicht mein Anliegen, seine Darstellung – vielleicht mit ein paar anderen Akzenten – nachzubesprechen. Die Feststellung, dass die alttestamentliche

---

1 Während der Tagung wurde diese Respons aus Zeitgründen sehr stark reduziert (bis auf einige Absätze des ersten Teils). In der hier angebotenen Fassung des ganzen Beitrags wurde der Vortragsstil beibehalten. Dieser Text entstand im Rahmen des Forschungsvorhabens »Geschichte und Interpretation der Bibel« (GA ČR P401/12/G168), gefördert von der Forschungsagentur der Tschechischen Republik (Czech Science Foundation).

2 Friedhelm Hartenstein, Autorität der Religionsgeschichte – Polyphonie der Theologien?, s. o. 42.

Wissenschaft als eine etablierte Fachdisziplin der evangelischen Theologie schon seit mehr als hundert Jahren nicht im Stande ist, eine deutliche und konsensfähige Antwort auf die Frage zu geben, was das Alte Testament als christliche Schrift denn eigentlich über das Wesen und Wirken Gottes aussagt, ist wirklich einer der wichtigsten Anstöße für unser Thema (»Autorität der Schrift«). Dies stellt doch eigentlich die Aufgabe der biblischen Theologie des Alten Testaments dar. Eine solche »Theologie des Alten Testaments« verschwindet jedoch durch eine Vielzahl der Theologien, die jeweils eine sozialgeschichtliche, kulturgeschichtliche wie auch theologisch-geschichtliche Gebundenheit aufweisen. Folglich ist es sehr schwierig, die Frage nach der *normativen* Bedeutung alttestamentlicher Aussagen fachlich – innerhalb der alttestamentlichen Wissenschaft – zu beantworten. Das ist leider sowohl der Tatbestand der heutigen Lage als auch ein großes Problem der alttestamentlichen Biblistik.

In dieser Hinsicht möchte ich jedoch die Frage stellen, ob wir dem Begriff »Autorität« gerecht werden, wenn wir einerseits von einer »Schriftautorität« in der Linie der klassischen Schriftlehre, andererseits aber über »Autorität der (Religions-)Geschichte« sprechen. Wenn wir nämlich hinsichtlich der Autorität begrifflich vom »Schriftprinzip« zum – in Anführungszeichen! – »Geschichtsprinzip« wechseln, dann ist der Autoritätsaspekt wirklich gründlich transformiert worden; vielleicht sollte man sogar sagen, dass er zu etwas völlig anderem geworden ist, inhaltlich wie funktional. Mit der klassischen Terminologie der Schriftlehre auf dieselbe Weise spielend, könnten wir überlegen und fragen, ob oder inwiefern es dann eine *claritas* der Religionsgeschichte oder sogar eine *sufficientia* gibt? Ihre Stärke wäre vielleicht die *efficacitas* (d. h. ihre Wirkungskraft, ihr Einflussreichtum, wie es von ihren Verfechtern behauptet wird[3]), aber eigentlich nicht »*in theologicis*«, ganz zu schweigen von ihrer *auctoritas normativa*. Befinden wir uns aber wirklich in einer solchen Lage?

Ich bin der Meinung, dass wir hinsichtlich der These, dass an die Stelle der »Schriftautorität« einfach die »Autorität der (Religions-)Geschichte« getreten sei, den Begriff der *Autorität* präzisieren und vielleicht weiter differenzieren müssen: die *Auctoritas* der Schrift, die den Ausgangspunkt der reformatorischen Schriftlehre bildete, hat sowohl einen anderen Inhalt, als auch eine andere Funktion als (»nur«) eine pragmatische Macht der Einwirkung. Eigentlich ist sie viel mehr als nur Relevanz oder Einfluss, bzw. sie bedeutet etwas anderes. Wir sollten deshalb intensiver und präziser darüber diskutieren (nicht nur, aber auch im Bezug auf die theologische Schriftlehre), in welchem Sinne die postulierte *Potestas* der Religionsgeschichte wirklich auch als *Auctoritas* zu verstehen und zu

---

[3] Vgl. z. B. RAINER ALBERTZ, Religionsgeschichte Israels statt Theologie des Alten Testaments! Plädoyer für eine forschungsgeschichtliche Umorientierung, in: JBTh 10, Neukirchen-Vluyn ²2001 (1995), 3–24.

verwenden wäre. Wenn ich Friedhelm Hartenstein richtig verstanden habe, hat er diese Problematik im letzten Absatz seiner Überlegungen zu diesem Aspekt in einer *offenen Frage* zusammengefasst.[4]

2 Problem einer ausgewogenen und vermittelnden Position

Unsere Problematik wird im theologischen Diskurs sehr oft bipolar und mit Hilfe *kontrastiver Begriffspaare* dargestellt und behandelt (»Religionsgeschichte *und/oder* Theologie« oder »Geschichte *und/oder* Offenbarung« etc.). Professor Hartenstein weist ganz zu Recht, treffend und deutlich darauf hin, dass unser Diskurs unter einer solchen Betrachtung leidet, weil die Problematik nicht als ein »*Entweder-Oder*« zu erfassen ist. Er versucht deshalb eine ausgewogene Position zu skizzieren, die zudem versucht, zu vermitteln. Dieser Zugang ist ganz sympathisch und völlig zu bejahen.

Es bleibt dennoch zu fragen und weiter zu diskutieren, in welcher Art und Weise die verschiedenen Perspektiven, Koordinatensysteme, Deutungskriterien und Ergebnisse, die in der Fachdisziplin etabliert sind, in ein Gesamtbild zu integrieren wären – und zwar in Hinsicht auf eine »Religionsgeschichte Israels« wie auch eine »Theologie des Alten Testaments«.

Es gibt im Fachdiskurs der alttestamentlichen Wissenschaft Stimmen, die keine Mittelposition suchen, sondern ziemlich radikal eine Wahl zwischen den zwei Polen des Dilemmas treffen wollen; eine klare, sachlich wie auch methodisch haltbare Position wird grundsätzlich als ein Alternativmodell aufgebaut.

a) Hermeneutische Rolle der Historiographie

Eine prominente Stimme dieser Art stellt der Aufruf von Rainer Albertz dar, mit dem er im Jahre 1993 – also vor etwa 20 Jahren – auf dem International Meeting der Society of Biblical Literature in Münster auftrat.[5] Sein programmatischer Vortrag wurde im Untertitel als »Plädoyer für eine forschungsgeschichtliche Umorientierung« charakterisiert. Im Haupttitel wird typisch bipolar und in kon-

---

[4] Aus theologischer Sicht muss hier […] die Frage erlaubt sein, ob die *Ausweitung der Geltung auf die Kulturbedeutung der Bibel* bereits das Ganze der Transformation des Schriftprinzips sein kann oder ob die spezifische Aufgabe von dessen (Neu-)Bestimmung nicht noch anders anzugehen ist. – Kurz gesagt: Geht es bei der neuzeitlichen Wahrnehmung der »Schrift« allein um deren Einbettung und eventuell auch um ihr Aufgehen in die größere »Autorität der Geschichte« oder sind hier nicht noch *spezifische hermeneutische Differenzerfahrungen* mitzubedenken, die vor allem *christliche Interpretationsgemeinschaften* betreffen? Hartenstein (s. o.), 46.

[5] S. Hartenstein (s. o.), 54.

trastiven Alternativen formuliert: »Religionsgeschichte Israels statt Theologie des Alten Testaments!« (mit Ausrufezeichen).[6] Dieser provokative Aufruf hat eine heftige Diskussion ausgelöst. Die nächste wichtige Runde dieses Gesprächs wurde im darauf folgenden Jahr auf dem International Meeting in Leuven/Louvain organisiert. Die Beiträge wurden unter dem Titel »Religionsgeschichte Israels oder Theologie des Alten Testaments?« (mit Fragezeichen) im Jahrbuch für biblische Theologie 10 (1995, ²2001) veröffentlicht.[7]

Für unser Thema und die Diskussion während unserer Tagung ist bedeutsam, dass sich das Konzept der Religionsgeschichte Israels, mit dem Albertz arbeitet, grundsätzlich auf *die Schrift*, also auf die Texte des Alten Testaments konzentriert. Als ob dies selbstverständlich wäre, ist die Schrift für Albertz *autoritative Primärquelle*. Die Aufgabe der Religionsgeschichte Israels bestehe darin, »mit Hilfe historischer Rekonstruktion den in den alttestamentlichen Texten ›gefrorenen‹ Dialog in ein lebendiges Streitgespräch verschiedener israelitischer Menschen und Gruppen zurückzuübersetzen«[8] und als gedeutete Geschichtserfahrungen zu begreifen. Weil dabei der Prozess der theologischen Auseinandersetzung im alten Israel mit all seinen Aspekten zur Geltung komme, sei nach Albertz die Religionsgeschichte Israels »›theologischer‹ als eine Theologie des Alten Testaments«.[9]

In diesem Diskurs rückte Herbert Niehr einige Jahre später in seinem programmatischen Beitrag einen bedeutenden Schritt weiter.[10] Er forderte eine Religionsgeschichte Israels, die in erster Linie auf den *außerbiblischen Quellen* basierte, da nur diese wirklich *als Primärquellen für Historiographie* in Frage kämen. Die Texte des Alten Testaments, die dem langen Prozess der Tradition und Kanonisierung unterworfen waren, könnten deshalb nicht mit dem textlichen, ikonographischen und archäologischen Material als Primärquellen konkurrieren.

Diese Forderung führt dazu, dass in einer solchen Religionsgeschichte Israels der historischen *Authentizität* der Primärquellen der *Autoritätsanspruch* zugesprochen wird; ob ausschließlich oder nur vornehmlich ist an dieser Stelle sekundär. Das Bild der Religionsgeschichte sollte doch primär an der *external evidence* basieren, nicht an den Traditionen der Bibel. Von der Qualität dieser Quellen wäre dann völlig abhängig, wie die Texte der Schrift zu verstehen und zu deuten sind.

---

6 Albertz (s. Anm. 3), 6.

7 S. o. Anm. 3.

8 Albertz (s. Anm. 3), 23.

9 Ebd.

10 Herbert Niehr, Auf dem Weg zu einer Religionsgeschichte Israels und Judas. Annäherungen an einen Problemkreis, in: B. Janowski/M. Köckert (Hrsg.), Religionsgeschichte Israels. Formale und materiale Aspekte, VWGTh 15, Gütersloh 1999, 57–78.

In dieser Sache plädiert Hartenstein für eine vermittelnde Position und zielt in seinem »historisch-hermeneutischen Modell« auf eine *kontextorientierte historische Theologie des Alten Testaments* ab. Das heißt, dass er sich an der Schrift orientiert, wobei die Kategorie des Zeugnisses nach Paul Ricœur eine bedeutsame Rolle spielen soll.[11]

Es ist aber weiter zu hinterfragen, welche Rolle in diesem Modell die historischen Primärquellen (*external evidence*) und ihre (religions-)historiographische Verarbeitung spielen sollen. Diese Frage ist nicht nur auf den Bereich der deskriptiven Bearbeitung (Daten und Informationen) zu beziehen, sondern ist hermeneutisch – im Bezug auf den *Autoritätsaspekt* – zu erörtern.

b) Hermeneutische Rolle des Kanons

Im Hinblick auf unser Thema sollte man gelegentlich auch den anderen Pol abwägen und die Frage nach der hermeneutischen Rolle und Autorität des biblischen Kanons stellen.

Es gibt, historisch bedingt, mehrere verschiedene Kanon-Gestalten, Kanon-Konzepte wie auch Kanon-Theologien, die den jeweiligen historischen Religionstraditionen entsprechen. In jeder dieser Traditionen übt aber *eine gewisse Gestalt der Schrift* die Funktion »des *Grundes* und der *Grenze*« aus.[12] Das gilt natürlich auch – sogar ganz spezifisch – für den Bereich evangelischer Theologie. Sich der Frage nach der hermeneutischen Rolle des Kanons und seiner Autorität zu stellen, ist in diesem Kontext unumgänglich.

Hartenstein hat die Problematik dargestellt und seinen Standpunkt geäußert. Der Kanon wird nicht als »göttlich initiierte Gestalt der ›Schrift‹«[13] verstanden, sondern »als historisches Resultat der Anwendung theologischer Unterscheidungskriterien in jüdischen und christlichen Rezeptionsgemeinschaften«[14]. Darin sind verschiedene Kanon-Formen ausdrücklich mit eingeschlossen. Die je konkrete Interpretationsaufgabe stellt sich ja immer in einem bestimmten Kontext.

Es gilt sicher, dass es keine objektive, allgemein gültige Gestalt der Schrift gibt, welche unabhängig von der historisch gegebenen Rezeptionsgemeinschaft

---

[11] Was »historisch« in diesem Modell bedeutet, wird mit diesen Worten zusammengefasst: »›Historisch‹ bedeutet dann sowohl literar- wie theologiegeschichtlich als auch mit prinzipiellem Zutrauen in den religionsgeschichtlichen Wert alttestamentlicher Texte, die für eine Nachzeichnung der Wandlungen des Gottes JHWH ausgewertet werden.« HARTENSTEIN (s. o.), 62.

[12] Michael Moxters Terminologie. S. MICHAEL MOXTER, Schrift als Grund und Grenze von Interpretation, ZThK 105, 2008, 146–169. Besprochen bei HARTENSTEIN (s. o.), 47.

[13] HARTENSTEIN (s. o.), 48.

[14] DERS. (s. o.), 48–49.

entsteht und ihren Sinngehalt der Bibel ohne Bezug auf variable Kontexte garantiert. Das sollten auch Theologen, nicht nur geschichtlich arbeitende Religionswissenschaftler, gut wissen. Man kann in dieser Frage nicht mit einem autoritären Apriori handeln. Aber das ist nur eine Spitze des Eisbergs. Eine andere Frage, die man zu stellen vielleicht nicht unterlassen sollte, ist die, wie die spezifische Gestalt der Schrift, die in den jeweiligen Traditionen mit ihren geschichtlich-theologischen Kontexten als »Bibelkanon« funktioniert, ihre *Autorität* ausübt und was diese *Autorität* demzufolge für das Verständnis konkreter Texte, für ihre Deutung, Interpretation und Anwendungsmöglichkeiten bedeutet.

3 Mehrdimensionale Hermeneutik

Kennzeichnend für die vergangene Debatte ist der Nachdruck, den Friedhelm Hartenstein auf die *Mehrdimensionalität* biblisch-theologischer Hermeneutik legt. Dadurch wird das zuvor Gesagte über die Mangelhaftigkeit der bipolaren Deutungsmodelle weiter entfaltet und erörtert.

In diesem Zusammenhang werden die Überlegungen Michael Moxters besprochen und mehrmals zitiert.[15] Zum Abschluss wird auf die Bedeutsamkeit der Frage nach »historischer Wahrheit«, wie sie in der neueren Religionsgeschichte Israels vehement gestellt wird, hingewiesen, und ihre Relevanz wird betont. Das ist in einer Abhandlung der Autoritätsfrage völlig verständlich und passend.

Jedoch könnte man aus dem Nachdruck auf Mehrdimensionalität mehrere weitere Schlüsse zugleich ziehen. Wenn z. B. M. Moxter seinen mehrgliedrigen Paradigmen-Fächer skizziert, schreibt er die Eigenart der theologischen Hermeneutik so um, dass diese drei Paradigmen in einem Ganzen verbindet, nämlich das Paradigma des historischen Verstehens, der juristischen Hermeneutik und der Rezeptionsästhetik. In dieser »dreieinigen Paradigmengestalt« sollte man die jeweiligen Domänen nicht gegeneinander ausspielen.[16] Die drei Paradigmen sind nämlich immer gleichzeitig im Spiel, wenn man die Bibel zu verstehen, zu erklären und zu interpretieren versucht.

Harteinsteins Abschluss seiner Überlegungen zur Mehrdimensionalität biblisch-theologischer Hermeneutik wird aber erneut ziemlich dominant von einem Nachdruck auf »historisches Verstehen« beherrscht. Wäre es nicht interessant, in einer mehrdimensionalen Hermeneutik auch dem zweiten und dritten soeben erwähnten Paradigma etwas mehr Aufmerksamkeit zu schenken? Zum ersten Aspekt unseres Themas, d. h. zum ersten Teil unseres Titels – »Autorität der Re-

---

15 S. o. Anm. 12.

16 MOXTER (s. Anm. 12), 168.

ligionsgeschichte« – brächte dies womöglich nicht so viel, aber für den zweiten Aspekt, die »Polyphonie der Theologien«, könnte es wichtig und produktiv sein.

4 Ein Fundamentalproblem der (evangelischen) Theologie

Damit sind wir zum letzten Punkt meiner Ausführungen gekommen, zu der Frage, wie sich diese Debatte – insbesondere die These der Verschiebung des Autoritätsbegriffs – auf *die evangelische Theologie als solche* auswirkt und welche Bedeutung sie heute eigentlich für sie hat. Dies wurde zwar schon kurz im ersten Punkt angedeutet, aber diese Frage verdient es in unserer Debatte ohne Zweifel nicht nur eigenständig, sondern sogar als letztes Wort betrachtet zu werden.

Es ist wahr, dass die alttestamentliche Bibelwissenschaft in moderner Zeit zu einer Disziplin geworden ist, die grundsätzlich *geschichtlich* (bzw. literar-geschichtlich, religions-geschichtlich, sozial-geschichtlich) und nicht *systematisch* (doktrinär) gegründet ist. Seit Johann Philipp Gabler (1753–1826) gilt, dass biblische Theologie *e genere historico* zu definieren ist,[17] und unter dieser Vorgabe hat sie sich zu einer etablierten akademischen Fachdisziplin entwickelt. Das kann man weder aufhalten noch umkehren.

Aber obwohl die Bibelwissenschaft in dem Ausdifferenzierungsprozess ihren historischen Weg zuerst ganz eindeutig »weg von der Lehre« (weg von der doktrinär-normativen Theologie) eingeschlagen hat und obwohl sie auf ihrem historischen Weg hauptsächlich *geschichtlich* zu arbeiten gelernt hat, bedeutet dies nicht, dass sie den *Raum der Theologie* verlassen hat oder dass sie auf *die theologischen Aspekte* ihrer Arbeit verzichten könnte. Man kann in diesem Kontext letzten Endes nicht der Frage entgehen, in welcher Beziehung eigentlich die alttestamentliche Bibelwissenschaft zum »Gesamtfach« der evangelischen Theologie steht und stehen soll. Da, wo sich die alttestamentliche Biblistik grundsätzlich

---

[17] Johann Philipp Gabler, De iusto discrimine theologiae biblicae et dogmaticae regundisque recte utriusque finibus, in: Theodor A. Gabler/Johann G. Gabler, Kleinere Theologische Schriften II. Opuscula academica, Ulm 1831, 179–198. Moderne Veröffentlichungen und Übersetzungen: Otto Merk, Biblische Theologie des Neuen Testaments in ihrer Anfangszeit. Ihre methodologischen Probleme bei Johann Philipp Gabler und Georg Lorenz Bauer und deren Nachwirkungen, Marburg 1972, 273–284; John Sandys-Wunch/Laurence Eldredge, J. P. Gabler and the Distinction between Biblical and Dogmatic Thelogy: Translation, Commentary and Discussion of His Originality, in: SJTh 33, 1980, 133–158; Karl-Wilhelm Niebuhr/Chistfried Böttrich (Hrsg.), Johann Philipp Gabler (1753-1826) zum 250. Geburtstag, Leipzig 2003, 15–41.

auf die Perspektiven, Kriterien, Arbeitsmethoden, Mittel und Urteilsbildung der Historiographie (Religionsgeschichte) verlassen hat, kann sie vielleicht nicht anders, als die *theologischen* Grundfragen, die auf ihren Arbeitstisch kommen, als von außen her kommende oder sogar als fremde, uneigentliche Fragen zu betrachten. Aber das bedeutet nicht, dass sie diese Fragen außer Betracht lassen oder abweisen könnte.

Friedhelm Hartenstein hat in seinem Vortrag – wie auch früher schon in mehreren seiner Texte[18] – seine Offenheit für diese Fragen und Aufgaben nicht nur proklamiert, sondern hat mit seiner Arbeit weit über die Grenzen der eigenen Fachdisziplin einen wesentlichen und inspirierenden Beitrag geleistet.

[18] Zum Beispiel Friedhelm Hartenstein, JHWHs Wesen im Wandel, in: ThLZ 137, 2012, 3–20. S. auch Ders., Religionsgeschichte Israels – ein Überblick über die Forschung seit 1990, in: VuF 48, 2003, 2–28.

Von der Verbalinspiration zur Verbalinspiration

Beobachtungen zur Geschichte der Schriftautorität in der Neuzeit

Wolfram Kinzig

Einleitung

Einer in der theologiegeschichtlichen Forschung deutscher Zunge weit verbreiteten Auffassung zufolge wurde der universale Glaube an die unbedingte und uneingeschränkte Autorität der Heiligen Schrift im Protestantismus, wie er in der Lehre von der Geisterfülltheit der einzelnen Wörter der Bibel, also der Verbalinspiration, in besonderer Pointierung zum Ausdruck kommt, in der Aufklärung durch den Glauben an die Autonomie der Vernunft und das moderne naturwissenschaftliche Weltbild abgelöst und ist seither obsolet.

So meint der lutherische Systematiker Horst Georg Pöhlmann in seinem altbewährten »Abriss der Dogmatik«, der »Bruch zwischen Alt- und Neuprotestantismus« sei »wohl in keinem Locus so groß« wie in diesem gewesen, und fährt fort:

> »Personal-, Real- und Verbalinspiration lagen im Neuprotestantismus nicht mehr – wie in der Orthodoxie – ineinander, sondern sie traten gegeneinander, wenn nicht der Inspirationsgedanke überhaupt aufgegeben wurde. Die Bibel wurde nicht mehr als historisches Reservat behandelt, sondern als geschichtliches Buch, das geschichtlich ausgelegt sein wollte [...]. Im Zuge dieser Entsakralisierung der Bibel wurde ihre auctoritas normativa freilich mehr und mehr entwertet oder durch die Vernunft und das religiöse Selbstbewusstsein ersetzt.«[1]

Wolfhart Pannenberg sprach schon 1962 in diesem Zusammenhang in skeptischer Einschätzung von der »Krise des Schriftprinzips« als der »Grundlagenkrise der modernen Theologie«.[2] Nach Jörg Lauster hat dem »gewaltigen Umwälzungsprozeß, der zum Beginn der Neuzeit das europäische Kultur- und Geistesleben

---

1 Pöhlmann 2002, 67.

2 Pannenberg 1979, 13: »Die Auflösung der Lehre von der Schrift bildet die Grundlagenkrise der modernen evangelischen Theologie.«

veränderte, […] diese Art und Weise der Begründung der Bibelautorität auf lange Sicht nicht standhalten« können:

> »Spätestens seit dem 17. Jahrhundert machte […] das erwachte Interesse an den Möglichkeiten der menschlichen Vernunft eine grundlegende Neubestimmung des Verhältnisses von Vernunft und Offenbarung erforderlich. Die im Rahmen dieser Diskussion aufkommende Bibelkritik zersetzte die Argumente der orthodoxen Schriftlehre und leitete eine Bewegung ein, die letztlich zur ›Entthronung der Bibel als der autoritativen Quelle aller menschlichen Kenntnis und Erkenntnis‹ führte.«[3]

Diese Auffassung, die sich durch weitere Stimmen ergänzen ließe,[4] ist gewiss nicht falsch, bezeichnet aber nur die Entwicklung in einem bestimmten konfessionellen und geographischen Gebiet, denn sie bezieht sich lediglich auf den europäischen Protestantismus, und selbst dort nur auf einen relativ eng begrenzten akademischen Bereich. Weitet man den Blick hingegen über die Universität hinaus, bezieht man den Katholizismus mit ein (die ganz anderen Verhältnisse in der östlichen Orthodoxie müssen hier außer Betracht bleiben), blickt man gar über die Grenzen Europas hinaus auf die Gegenden, auf die das abendländische Christentum weltweit ausgestrahlt hat, so sieht die Sache doch etwas anders aus. Der »theologische Kinderschreck«[5] der Lehre von der Verbalinspiration erweist sich als überraschend attraktiv.

Dass sich dieser unpräzise Eindruck in Deutschland im kollektiven theologischen Gedächtnis so festsetzen konnte, hängt auch damit zusammen, dass zur Lehre von der Schriftinspiration nur wenige kirchenhistorische Arbeiten vorliegen. Zwar gibt es zahlreiche Darstellungen der Geschichte der Bibelrezeption und -kritik, in denen der Inspirationsgedanke auch immer zur Sprache kommt; ebenso wird vor allem in evangelikalen und konservativ-lutherischen Bibelhermeneutiken die Inspirationslehre mitbehandelt.[6] Dennoch fehlt, wenn ich nichts übersehen habe, eine genuin kirchengeschichtliche Untersuchung zum Aufkommen und zur Entwicklung dieser Lehre und ihren Entstehungs- und Verbrei-

---

3 Lauster 2004, 19, unter Aufnahme einer Formulierung von Klaus Scholder; vgl. Scholder, 1966, 14. Vgl. auch Lauster 2004, 1.

4 Vgl. dazu etwa die Diskussion bei Leonhardt 2003 und Lauster 2004.

5 So bekanntlich Karl Barth, in KD I/2, 584.

6 Für die Literatur des 19. Jahrhunderts vgl. Gennrich 1898, bes. 151–160; für die neuere Literatur v. a. Beumer 1968 (Einleitung zu den einzelnen Paragraphen), Lauster 2004 sowie die im Folgenden zitierten Arbeiten. Eine grundlegende neuere Darstellung aus konservativ-lutherischer Sicht ist Preus (vgl. Preus 1957), der aber nicht historisch, sondern systematisch verfährt und dabei deutlich ein apologetisches Interesse verfolgt. Das reformierte Pendant stellt Muller 2006 dar.

tungsbedingungen in der Neuzeit, die sich auf der Höhe der Methodendiskussion der Geschichtswissenschaft befindet.[7]

Dass dies tatsächlich eine spezifisch *neuzeitliche* Lehre ist,[8] ist eines der zahlreichen Paradoxa, die ihre Popularität immer begleitet haben. Damit soll natürlich nicht in Frage gestellt werden, dass bereits die Kirchenväter, die mittelalterlichen Scholastiker und die Reformatoren immer von der Inspiriertheit des Wortes Gottes ausgegangen sind. Allein, wie noch zu zeigen sein wird, gewinnt die Lehre in der altprotestantischen Orthodoxie des 17. Jahrhunderts einen erkenntnisleitenden Stellenwert, der so vorher noch nicht zu finden ist.[9]

Ich möchte im Folgenden einige Vignetten zu diesem faszinierenden Prozess beisteuern, um damit anzudeuten, dass die Geschichte der Lehre von der Verbalinspiration wesentlich komplexer ist als bisher angenommen. Damit möchte ich die doppelte These begründen, dass man, erstens, für das 16. und 17. Jahrhundert keineswegs flächendeckend von einem »blinden« Glauben an die Verbalinspiration sprechen kann und dass, zweitens, die Verbalinspiration in der Aufklärung keineswegs allenthalben obsolet wurde. Abschließend seien in thesenartiger Form einige zentrale Erkenntnisse und Schlussfolgerungen angeführt, die sich aus unserem Durchgang durch die Geschichte der Lehre ergeben.

I Von der Verbalinspiration …

Im 17. Jahrhundert ist die Überzeugung, dass die Bibel vom Heiligen Geist inspiriert ist, bis auf wenige Ausnahmen in den Kirchen und an den theologischen Fakultäten des Abendlandes Konsens. Dies gilt für den protestantischen wie für den katholischen Bereich, wobei freilich charakteristische Unterschiede auszumachen sind und sich bei näherem Hinsehen auch eigenartige Widersprüche ergeben.

---

[7] Die umfangreiche Monographie von Stephan Holthaus (Holthaus 2003) bietet zwar viel Material (und wird darum auch im Folgenden öfters herangezogen), ist aber stark geprägt von der streng evangelikalen Perspektive ihres Verfassers.

[8] So schon nachdrücklich betont von Cremer 1902, 192: »Diese Inspirationslehre war ein schlechthinniges Novum.« Freilich wird dies bestritten von Preus (vgl. Preus 1957), Muller (Muller 2006) und anderen, die die Kontinuität der Lehre mit der der Reformatoren erweisen wollen.

[9] Vgl. hierzu den Überblick bei Beumer 1968, 9–43. Dass die ältere Tradition der Verbalinspiration nicht dieselbe theologische Wertigkeit einräumt wie die altprotestantische Orthodoxie, dürfte nicht zuletzt daher rühren, dass in der Tradition des Bekenntnisses von Nizäa-Konstantinopel nicht der *Geist*, sondern der *Sohn* durch die Propheten gesprochen hat, was wiederum nicht auf die Inspiration der Schrift, sondern (in antignostischer Wendung) auf die Einheit von Altem und Neuem Testament abzielt.

So führten schon die konfessionellen Ausgangspositionen zu divergenten Schlussfolgerungen bezüglich der Schriftautorität. Entsprechend der Betonung der Zusammengehörigkeit von Schrift und lehramtlicher Auslegungstradition bezog die Inspirationslehre in der katholischen Kirche auch die Kirchenväter und Konzilien mit ein.[10] Das Konzil von Trient setzte in seinem Dekret »Über die Annahme der heiligen Bücher und der Überlieferungen« vom 8. April 1546 die Inspirationslehre voraus,[11] sah aber keine Notwendigkeit dazu, sie im Einzelnen zu entfalten. Stattdessen hob es in antireformatorischer Frontstellung die Inspiration der *mündlichen* Überlieferungen deutlich hervor.[12]

Folgt man Johannes Beumers klassischer Darstellung, war die Lehre einer Verbalinspiration in der frühen Neuzeit im katholischen Raum dann auch keineswegs generell verbreitet.[13] Der spanische Dominikaner Melchor Cano (1509–1560) ging eher von der Geisterfülltheit der biblischen *Verfasser* aus, vertrat also eine Art Personalinspiration.[14] Erst bei Canos Schüler, Landsmann und Ordensbruder Domingo Báñez (1528–1604), findet sich die Theorie einer Inspiration des biblischen Textes. So formulierte er folgenden Spitzensatz:

> »Der Heilige Geist hat nicht allein den Inhalt der Schrift inspiriert, sondern auch die einzelnen Worte, mit denen er geschrieben werden sollte, diktiert und eingegeben.«[15]

---

[10] Dazu grundlegend Dausch 1891; Beumer 1968; Bürkle/Ernst/Gabel 1996.

[11] Vgl. dazu bereits das Konzil von Florenz, Bulle »Cantate Domino« (1442), in: D/H 1334: »Unum atque *eundem Deum Veteris et Novi Testamenti*, hoc est, Legis et Prophetarum atque Evangelii profitetur auctorem, quoniam eodem Spiritu Sancto inspirante utriusque Testamenti Sancti locuti sunt, quorum libros suscipit et veneratur …« (Hervorhebung im Original).

[12] Vgl. D/H 1501: »… perspiciensque hanc veritatem et disciplinam contineri in libris scriptis et sine scripto traditionibus, quae ab ipsius Christi ore ab Apostolis acceptae, aut ab ipsis Apostolis Spiritu Sancto dictante quasi per manus traditae ad nos usque pervenerunt, orthodoxorum Patrum exempla secuta, omnes libros tam Veteris quam Novi Testamenti, cum utriusque unus Deus sit auctor, nec non traditiones ipsas, tum ad fidem, tum ad mores pertinentes, tamquam vel oretenus a Christo, vel a Spiritu Sancto dictatas et continua successione in Ecclesia catholica conservatas, pari pietatis affectu ac reverentia suscipit et veneratur.« Dazu Dausch 1891, 227–233; Beumer 1968, 46–48; Dantine 1998, 427f.; Wicks 2008, 624–632.

[13] Vgl. zum Folgenden Beumer 1968, 55–60. Ferner Dausch 1891, 145–226; Wicks 2008.

[14] Vgl. Beumer 1968, 55f. mit Nachweisen. Ferner Dausch 1891, 167f.

[15] Báñez 1614, 45 (qu. 1, a. 8): »Spiritus sanctus non solum res in scriptura contentas inspirauit, sed etiam singula verba quibus scriberentur, dictauit atque suggessit.« Übersetzung nach Beumer 1968, 57. Vgl. ebenda, 56f. Die Worte von Báñez werden aufgenommen bei González de Albeda 1621, 65 (qu. 1, a. 10/disp. 10, s. 1). Dazu Dausch 1891, 168f., Beumer 1968, 56f.

Freilich blieb diese Theorie, die schon Báñez nicht uneingeschränkt vertrat und die innerhalb der Thomistenschule (etwa bei Charles-René Billuart, 1685–1757[16]) und darüber hinaus (vor allem bei den Jesuiten Gregor de Valencia [1549–1603][17], Robert Bellarmin [1542–1621] oder Francisco Suárez [1548–1617][18]) bis ins 18. Jahrhundert nur abgeschwächt wiederholt wurde, nicht unumstritten. So propagierte der flämische Jesuit Leonhardus Lessius (Leys, 1554–1623) demgegenüber eine Realinspiration, die die Geisterfülltheit allein auf die biblischen *Inhalte* bezog. Er sah es für die Heiligkeit der Bibel nicht als notwendig an, dass ihre einzelnen Wörter vom Heiligen Geist inspiriert seien, und meinte sogar, nicht einmal die einzelnen Wahrheiten und Aussagen müssten dem Schreiber vom Heiligen Geist unmittelbar eingegeben sein. Denn es gebe auch Bücher in der Schrift (Lessius nennt ausdrücklich das Zweite Makkabäerbuch), die ohne Beistand des Heiligen Geistes geschrieben seien und die der Geist erst a posteriori als heilig bezeugt habe.[19] Darüber kam es innerhalb der katholischen Theologie im Zusammenhang mit Auseinandersetzungen um die augustinische Gnadenlehre zu heftigen Kontroversen, die näher zu beleuchten hier nicht der Ort ist.[20] Letztlich wurde aber bis ins 19. Jahrhundert die Lehre einer *Verbal*inspiration, wenn ich

---

16 Vgl. bes. Billuart 1758, diss. 1, a. 2 zu Qu. 2. Etwa S. 150: »Spiritus sanctus enim se accommodavit genio, stylo et affectionibus cujusque Scriptoris sacri, sicque concurrit dictando singula, ac ipse Scriptor de suo scripsisset: Est quidem calamus Spiritus sancti, sed calamus vivus et liber, quem ideò secundùm ejus modum movet Spiritus.« Vgl. die Übersetzung bei Beumer 1968, 57. Ferner Dausch 1891, 172.

17 De Valencia 1595, 320f. (disp. 1, qu. 1, punct. 7, qu. 8): »[…] Constat inter omnes, Scripturam diuinam esse doctrinam, quam Spiritu sancto inspirante atque dictante auctores sacri literis mandauerunt. […] Auctores igitur Canonicos scribere Spiritu *sancto dictante,* ob eam rem propriè dicimus, quoniam in doctrina scripto tradenda sic illorum operâ Spiritus sanctus vtitur, vt in eo quidem negotio, non tam illi agant, quàm agantur à Spiritu sancto; planè instar calami, cùm vsurpatur à Scriptore.«

18 Vgl. dazu die Belege bei Beumer 1968, 57f. Ferner Dausch 1891, 193–196; Wicks 2008, 636–639, 646–648. Zum kontroverstheologischen Hintergrund vgl. auch Halverscheid 1971, 26–31.

19 Schneemann 1881, 466: »a) Ut aliquid sit Scriptura sacra, non est necessarium, singula ejus verba inspirata esse a Spiritu Sancto. b) Non est necessarium, ut singulae veritates et sententiae sint immediate a Spiritu Sancto ipsi scriptori inspiratae. c) Liber aliquis (qualis forte est 2. Machabaeorum) humana industria sine assistentia Spiritus Sancti scriptus, si Spiritus Sanctus postea testetur, ibi nihil esse falsum, efficitur Scriptura Sacra.« Oben paraphrasiert nach der Übersetzung bei Beumer 1968, 58. Zum Umgang der Dominikaner mit dem Problem von II Makk und Ecclesiasticus vgl. etwa Billuart 1758, diss. 1, a. 2 zu Qu. 2, 149–151. Zum Ganzen auch Dausch 1891, 146–152; Sull 1930, 90–122, bes. 109f.; Burtchaell 1969, 44–52; Motta 2005, 511–522; Craig 2009, 186–191.

20 Vgl. dazu Schneemann 1881; Sull 1930, 232–257; Beutels 1987; Eijl 1994; Van Houdt/Decock 2005.

recht sehe, nur in streng thomistischen Kreisen akzeptiert.[21] Kaum zufällig ist es ja der Katholik Richard Simon (1638–1712), der gemeinsam mit Spinoza und anderen an der Wiege der modernen Bibelkritik steht. Ähnlich wie Lessius hielt Simon zwar an der Inspiration der Schrift fest, betonte aber gleichzeitig, dass sie sich nicht auf die Wörter oder den Stil eines heiligen Verfassers beziehe. Es genüge, wenn nur der Inhalt inspiriert sei.[22]

Vergleichbare innerkonfessionelle Parteibildungen fehlen auf evangelischer Seite weitgehend. Sieht man einmal von Gruppen wie den Sozinianern und den Remonstranten ab, so setzte sich die Lehre von der Verbalinspiration bei den orthodoxen Theologen des 17. Jahrhunderts nahezu flächendeckend durch. Vereinzelter Widerspruch im lutherischen Lager, wie der von Hermann Rahtmann (1585–1628), der schärfer zwischen *verbum externum* und *verbum internum* unterschied,[23] von Georg Calixt (1586–1656), der sich wegen seiner katholischen Annäherungsversuche die Gegnerschaft der kursächsischen Theologen einhandelte,[24] oder von einigen reformierten Theologen von Saumur und Genf,

---

21 Zur späteren Tradition, die sich an Lessius anschließt, vgl. Dausch 1891, 152–155; Beumer 1968, 58–60; Burtchaell 1969, 46–52.

22 Simon 1699, 160: »On a distingué à l'égard de l'inspiration des Livres Sacrés les choses des paroles, & on a pretendu qu'il n'étoit point necessaire de l'étendre aux paroles ou au stile de chaque Auteur Sacré; que c'étoit assez que les choses fussent inspirées.« Vgl. bereits Simon 1686, 122–132; Simon 1689, 272–287. Dazu Dausch 1891, 155–157; Kölling 1891, 323–326; Kraus 1982, 65–70; Rogerson 2008, 838–843; Craig 2009, 168–170. Simon befand sich damit in (teilweiser) Übereinstimmung mit dem Arminianer Hugo Grotius; vgl. Rohls 1997, Bd. I, 86; Nellen 2008, 808–817.

23 Dazu Engelhardt 1854; Grützmacher 1902, 220–261; Halverscheid 1971; Rohls 1997, Bd. I, 74; Diekmeyer 1999, 92–100; Leonhardt 2003, 191–199; Steiger 2008, 710–715.

24 So unterschied Calixt in Auseinandersetzung mit Mainzer Theologen zwischen der eigentlichen Offenbarung der übernatürlichen Heilstatsachen und der göttlichen Assistenz bei der Darstellung all dessen, was der natürlichen Vernunft zugänglich sei: »Neque enim Scriptura dicitur diuina, quòd singula quae in eâ continentur diuinae peculiari reuelationi imputari oporteat, [...] sed quòd praecipua, siue quae primario & per se respicit ac intendit Scriptura, nempe quae redemetionem & salutem generis humani concernunt, non nisi diuinae illi peculiari reuelationi debeantur; in ceteris verò, quae aliunde siue per experientiam siue per lumen naturae nota, consignandis diuinâ, adsistentiâ & spiritu ita scriptores sint gubernati, ne quidquam scriberent, quod non esset ex re, vero, decoro, congruo« (Calixt 1644, fol. N2 recto-verso [Kap. 72]). »Caeterùm quae in Scripturâ supra naturam sunt, & facultatem cognoscendi humanam excedunt, peculiari diuinae reuelationi acceptae ferimus, & quia Deus se haec reuelasse per suum ipsius Spiritum testimonio diuino sed occulto nos certos reddit, ideo credimus fide, qualem Deo dicenti & testificanti debemus: quae fides secundum se est simpliciter apprehensiua, non discursiua. Reliqua, quae in sensus incurrerunt aut aliunde nota fuerunt Deus scriptoribus peculiariter non reuelauit; gubernauit tamen eos per suam adsistentiam, ne

die in Frankreich einen regional begrenzten Einfluss ausübten,[25] erwies sich nicht nur nicht als konsensfähig, sondern führte zu einer weiteren Verfestigung der Identifikation von Wort Gottes und Heiliger Schrift und in deren Folge zur weiteren Dogmatisierung der Verbalinspiration. Johann Gerhard (1582–1637), Johann Andreas Quenstedt (1617–1688) und David Hollaz (1648–1713) etwa haben in ihren einschlägigen Abhandlungen ohne Wenn und Aber hervorgehoben, dass bei der Schriftentstehung Gott die *causa principalis* und die Menschen nur *causae instrumentales* seien,[26] und auch bei den meisten Reformierten galt Gott als der *auctor et dator* der Heiligen Schrift und die Propheten und Apostel als seine *amanuenses*, wobei das Verhältnis überwiegend so gedacht wurde, dass der Heilige Geist seinen prophetischen und apostolischen Schreibern in die Feder diktierte.[27]

Man kann diesen Prozess sehr gut anhand dreier systematisch-theologischer Kompendien jener Zeit illustrieren, die im akademischen Unterricht des Luthertums vielfach Verwendung fanden. Das in kurfürstlichem Auftrag entstandene, offiziöse *Compendium locorum theologicorum* des Wittenberger Systematikers Leonhard Hütter (1563–1616) avancierte nach seiner Veröffentlichung im Jahre 1610 »rasch zum meistgebrauchten Lehrbuch in Kursachsens Schulen und Universitäten und darüber hinaus im gesamten Luthertum«.[28] Hütter beginnt seinen

---

quidquam scriberent à vero alienum« (ebenda, fol. N3 verso [Kap. 74]; vgl. dazu SCHÜSSLER 1961, 58 f.). Dies verwarfen die kursächsischen Theologen im *Consensus Repetitus Fidei vere Lutheranae* von 1655 in Punkt 6 wie folgt: »Profitemur et docemus, omnia scripta prophetica et apostolica dici divina, qui a Deo ceu fonte sunt, et divinitus tradita veritas, nihilque illis inveniri, quod Deum non habeat autorem, vel Deo inspirante, suggerente et dictante non sit scriptum, testibus Paulo 1 Cor 2, 13. 2 Tim. 3, 16, et Petro, 2 Petr. 1, 20. 21« (HENKE 1847, 5 f.). Es folgen die oben angeführten Zitate aus dem Responsum von 1644. Vgl. zur Auseinandersetzung mit den Mainzern HENKE 1853–60, Bd. II/1, 214-223; SCHÜSSLER 1961, 102–122, bes. 112 f; BÖTTIGHEIMER 1996, 49–53; zum sog. Synkretistischen Streit und zum Consensus HENKE 1853–60, Bd. II/2, 288–296 u. ö.; SCHÜSSLER 1961, 133–149; BÖTTIGHEIMER 1996, 59–69; ROHLS 1997, Bd. I, 111 f; SCHUBERT 2002, 91–106. Zum Ganzen auch THOLUCK 1850, 140 f; GENNRICH 1898, 13; GRÜTZMACHER 1902, 275 f; ENGEL 1976, bes. 53–56; BÖTTIGHEIMER 1996, 112–116.

25 Vgl. dazu HEPPE 1958, S. 19 Anm.; LAPLANCHE 1989; ROHLS 1997, Bd. I, 85. Zum Gedanken einer Personalinspiration bei Louis Tronchin (1697–1756) vgl. etwa PITASSI 1992, 26–29; KLAUBER 1994, 46–58. Für dessen Schüler Jean Leclerc (1657–1736) vgl. PITASSI 1987, 17–19; ROHLS 1997, Bd. I, 100. Vgl. dagegen die *Formula Consensus* von 1675, die feststellte, sogar die Vokalisation des hebräischen Textes des Alten Testaments sei inspiriert. Dazu KÖLLING 1891, 259–263; PITASSI 1992, 16–22; ROHLS 1997, Bd. I, 108; HORNIG 1998, 92; MULLER 2006, 92–94; VAN DEN BELT 2008, 153–163.

26 Belege bei ROHNERT 1889, 179–194 (Gerhard), 194–211 (Quenstedt); KÖLLING 1891, 238–249 (Gerhard), 250–255 (Quenstedt); PÖHLMANN 2002, 64 f.; ferner PREUS 1957, 53–57; HORNIG 1998, 77–80.

27 Belege bei HEPPE 1958, 18 f.; MULLER 2006, 242–248; STEIGER 2008. Zu Debatten im späteren Calvinismus in dieser Frage vgl. MULLER 2006, 248–254.

das Lehrbuch einleitenden Locus *De Scriptura Sacra* mit folgender Definition von Heiliger Schrift:

> Die Heilige Schrift »ist das Wort GOTTES, welches auf Antrieb des Heiligen Geistes von den Propheten und Aposteln in literarischen Denkmälern versiegelt wurde und uns über das Wesen und den Willen GOTTES unterrichtet.«[29]

Es folgt die Unterscheidung zwischen kanonischen Büchern und Apokryphen. Dabei wird die Autorität der kanonischen Bücher aus der darin enthaltenen göttlichen Wahrheit abgeleitet, ohne dass größere Überlegungen im Bezug auf das Wie dieses Inhalts angestellt werden. Die *perspicuitas* der Bibel wird sodann unter Berufung auf Psalm 119,105 und II Petr 1,19 auf alle die Stellen bezogen, »die vom Glauben und von unserer Rechtfertigung vor Gott und dem ewigen Heil handeln«.[30] Dementsprechend gilt die Schrift denn auch als Letztinstanz in dogmatischen Streitigkeiten.[31] Im Umkehrschluss ergibt sich freilich daraus, dass es auch unverständliche Stellen in der Schrift gibt, die aber nicht heilsrelevant sind.[32] Damit ist der Locus im Grunde abgehandelt, denn nun folgen Ausführungen zu den Kirchenvätern, den altkirchlichen Symbolen und den lutherischen Bekenntnissen. Von einer Verbalinspiration im engeren Sinne kann man bei Hütter also noch nicht sprechen. Ebensowenig gibt Hütter Hinweise auf die rechte Auslegung der Schrift.[33]

---

28 Stegmann 2006, 138. Ferner Grützmacher 1902, 94–97; Steiger 2003; Steiger, in: Hütter 2006, 731–783. Zur Vor- und Entstehungsgeschichte ebenda, 701–731.

29 Hütter 2006, 36 (Loc. I,1): Scriptura sacra »est verbum DEI, impulsu Spiritus sanct. à Prophetis & Apostolis literarum monumentis consignatum, de Essentia & voluntate DEI nos instruens.«

30 Ebenda, 40 (Loc. 1,7): »Estnè Scriptura sacra dilucida & perspicua? Est maximè, praesertim in locis illis omnibus, quae de fide ac justificatione nostra coram DEO, aeternaque salute agunt.«

31 Ebenda, Loc. 1,9 (42).

32 In seinen posthum veröffentlichten *Loci communes* von 1619 stellt Hütter mit Bezug auf die Bücher des Neuen Testaments fest: »Libri Novi Testamenti, quotquot quidem in Graeco codice extant, non planè sunt eiusdem autoritatis; Quidam enim semper à Catholica Ecclesia habuerunt testimonium, quòd sint ab Apostolis ipsis conscripti: de quibusdam verò fuit dubitatum: Qui hanc solam etiam ob causam ab aliquibus Apocryphi sunt nominati« (Hütter 1619, 17). Dementsprechend differenziert er dann auch im Hinblick auf die Theopneustie: »Omnis scriptura est θεόπνευστος: At jam tum extiterunt pleraeque Epistolae Pauli: Item quaedam Evangelia & c. E. de his scriptis idem est statuendum. Ubi observandum, quod Apostolus non dicit πάντα ἐν γραφῇ sunt θεόπνευστα: sed πᾶσα γραφὴ θεόπνευστος: ut sic ostendat, non modò res scriptas, sed ipsam scriptionem in se consideratam esse θεόπνευστον, hoc est, iussu Dei susceptam« (ebenda, 18).

33 Dass Hütter die Lehre von der Verbalinspiration gekannt hat und in polemischem Kon-

Dies ist in meinem zweiten Beispiel deutlich anders: Das knappe Lehrbuch *Theologia positiva acroamatica* des in Rostock lehrenden Johann Friedrich König (1619–1664) wurde nach seinem Ersterscheinen 1664 in etwa zwanzig Auflagen immer wieder aufgelegt und war bis in die Mitte des 18. Jahrhunderts in Gebrauch.[34] König behandelt in seinen einleitenden Überlegungen Begriff und Inhalt der Theologie. Bereits hier stellt er bezüglich der Heiligen Schrift, dem Erkenntnisprinzip der Theologie, fest:

> »Was immer die Heilige Schrift lehrt, ist von Gott eingegeben und insoweit unfehlbar wahr.«[35]

Dies ist insofern bemerkenswert, als hier nicht nur prononciert die Verbalinspiration eingeführt, sondern sie auch eng an die Unfehlbarkeit der Schrift gekoppelt wird. Daraus müsste folgen, dass die Infallibilität nun von der *gesamten Schrift* auszusagen ist. Diese Folgerung wird dann im Kapitel über die Heilige Schrift, welches sich an dazwischen geschobene Ausführungen »De religione Christiana« anschließt, auch tatsächlich gezogen. Hier wird zunächst der Satz aus der Einleitung wiederholt.[36] Wenig später heißt es von der Wirkursache der Schrift, sie sei »hauptsächlich oder dienend«. Diese Unterscheidung wird nun folgendermaßen expliziert:

> »§. 86. Die hauptsächliche ist der dreieine Gott, der nicht nur die Sachaussagen, sondern auch den Wortlaut der Schrift eingibt. Darum soll es als Frevel gelten zu sagen, daß es in irgendeinem Teil des heiligen Buches sprachlich falsche Ausdrücke und Wendungen gibt.
> §. 87. Die dienende sind die Propheten, Evangelisten und Apostel, die beim Schreiben wegen der göttlichen unmittelbaren Erleuchtung nicht irren können.«[37]

---

text auch besonders betont, ändert nichts an der Tatsache, dass er sie in seinem Lehrbuch nicht in den Vordergrund stellt. Vgl. dazu besonders Hütter 1619, 32: »Etsi enim Accidens hoc, nempe scriptio isthaec suam quoque habet dignitatem, quatenus videlicet & ipsa à Spiritu Sancto fuit inspirata, & quodammodo verbotim [*sic*] dictata, ita ut nullum Iota à Prophetis & Apostolis in istis libris sit exaratum, quod non sit θεόπνευστον.« Auf die Einschränkung »quodammodo« ist auch hier zu achten.

34 Vgl. zu König und seinem Lehrbuch Grützmacher 1902, 263; Stegmann 2006; zur Rezeptionsgeschichte dort 201–241.

35 »Quicquid Scriptura sacra docet, divinitus inspiratum adeoque infallibiliter verum est« (König 1664 (2006), 22, Z. 24f. (§46; im Original kursiv). Übersetzung ebenda, 23.

36 Ebenda, 28 (§79).

37 Ebenda, 30: »§. 85. *Causa efficiens* Scripturae est vel *principalis*, vel *ministerialis*. §. 86. *Principalis* est DEUS unitrinus, inspirans non tantum res, sed ipsa etiam Scripturae verba, 2. Petr. 1,21. 2. Tim. 3,16. Nefas ergo sit dicere, *Barbarismos & Soloecismos dari in ulla sacri Codicis parte*. §. 87. *Ministerialis* sunt Prophetae, Evangelistae & Apostoli, in ipso scribendi

Gott inspiriert nun also ausdrücklich die *Wörter* der Heiligen Schrift. Deshalb weist die Bibel auch keine sprachlichen Fehler auf. Die göttlichen Werkzeuge sind die Propheten, Evangelisten und Apostel, die darum nicht irren konnten. Aus der Inspiriertheit folgen dann natürlich auch die Infallibilität, die Suffizienz und die Klarheit der Schrift und was dergleichen Affektionen mehr von der Schrift ausgesagt werden. »Die verbalinspirierte Schrift wird nun aufgrund der genannten Eigenschaften (affectiones) zum alleinigen Erkenntnisprinzip der Theologie, weil Gott auch ihr Seinsprinzip, die Schrift also unmittelbar Gottes Stimme ist.«[38]

Damit, könnte man meinen, sei alles gesagt. Dem ist aber bei näherem Hinsehen keineswegs so. Denn um den von Gott geoffenbarten *Sinn* der Schrift zu erheben, bedarf es immer noch des Exegeten und einer entsprechenden Hermeneutik. Der Sinn der Schrift mag zwar inspiriert sein – von vornherein evident ist er aber trotz aller Beteuerungen hinsichtlich der *perspicuitas* der Schrift[39] keineswegs. Anders gesagt propagierten die altprotestantischen Theologen, recht betrachtet, keinen Biblizismus im eigentlichen Sinn. Vielmehr führten sie nunmehr weitere Differenzierungen innerhalb des literalen Schriftsinns ein oder unterschieden zwischen einem »literalen« und einem »mystischen« Schriftsinn. Nach König ist der »buchstäbliche« Sinn streng genommen der, »den der Heilige Geist selbst mit den gotteingegebenen Worten, seien sie nun wortwörtlich zu nehmen oder bildlich, als genau diesen auszudrücken beabsichtigt«. Daher gibt es auch »aufgrund der Absicht und Gesinnung des Heiligen Geistes formal nur einen durch sich selbst beabsichtigten buchstäblichen Sinn«. Dieser kann dann (verwirrenderweise) wieder entweder »eigentlich« oder »bildlich« verstanden werden, wobei die hermeneutische Regel gilt, dass es für jedes Schriftwort stets einen eindeutigen literalen Sinn gibt, es sei denn, die literale Interpretation verletzt einen Glaubensartikel oder das Liebesgebot und wird »zugleich eindeutig aus sich selbst oder aufgrund anderer echter Parallelstellen als übertragene Redeweise erkannt und erwiesen«.[40] Schon hier ist König eigentümlich unscharf. Dieser Eindruck verstärkt sich im Zusammenhang allerdings noch, wenn man

---

actu ob divinam, eamque immediatam ἔλλαμψιν errare prorsus nescii.« Hervorhebung im Original; Übersetzung ebenda, 31.

38 Rohls 1997, Bd. I, 74. Vgl. auch Steiger 2008, 715–722.

39 Vgl. dazu im Einzelnen Ratschow 1964, Bd. I, 123–132; Muller 2006, 322–340.

40 Vgl. König 1664 (2006), §§ 94–99 (S. 32), bes. § 95: »Unius dicti ratione unius ejusdemque subjecti, ex intentione ac mente Spiritus S. formaliter non nisi unus literalis per se intentus sensus est.« Ferner § 98: »Sensus literalis proprius semper, inprimis ubicunque articulus fidei ex professo traditur, arcte tenendus, nec deserendus unquam est, nisi in aliquem articulum fidei aut aliquod charitatis praeceptum palam & vere impingat, & simul evidenter vel ex eodem, vel ex aliis, iisdemque vere parallelis locis, figuratus sermo detegatur ac probatur.« Übersetzung ebenda.

sieht, dass er von dem eben skizzierten (eigentlichen) *sensus literalis* noch einen (uneigentlichen) *sensus literae* unterscheiden möchte. Gemeint ist damit offenbar der semantische Gehalt einzelner Lexeme unabhängig von ihrer konkreten Verwendung.[41]

Andererseits ist der figurative Gebrauch des *sensus literalis* zu unterscheiden vom *sensus mysticus.* Damit meint König den Sinn, der nicht durch die Worte selbst bezeichnet wird, sondern übertragene Bedeutung hat, ohne sich allerdings hierüber weiter auszulassen. Beim Blick auf die zitierten Bibelstellen wird freilich schnell deutlich, dass hier an eine typologische, genauer: christologische, Auslegung des Alten Testaments gedacht ist.[42] Dadurch wird nahegelegt, dass es Schriftstellen gibt, die der Exegese bedürfen, weil sie sonst unverständlich blieben. Dabei gilt dann freilich der Grundsatz, dass die Schrift nur aus der Schrift selbst ausgelegt werden kann und somit für die Auslegung suffizient ist.

Das dritte hier zu betrachtende Lehrbuch, das *Compendium universam theologiam theticam et polemicam complexum* des Rostocker Theologen Johannes Fecht (1636–1716), erst 1740 posthum erschienen, gehört in die Spätorthodoxie, was auch aus der antipietistischen Ausrichtung seines Verfassers deutlich wird. Es hat dann vor allem in Rostock neben König Verwendung gefunden.[43] Nach Ausführungen über den Begriff der Theologie im ersten Kapitel beginnt Fecht den Locus *De Scriptura sacra* mit allgemeinen Überlegungen über den Begriff (Kap. 2, §§ 1–4), bevor er zur Frage der Urheberschaft übergeht. Hier wird nun die göttliche Autorschaft weiter differenziert. Der Beitrag Gottes an der Abfassung der Schrift bezieht sich auf (1) den Auftrag zur Abfassung (*mandatum scribendi*), (2) die Offenbarung des Inhalts (*rerum scribendarum revelatio*) und schließlich (3) das Diktat des Wortlauts (*verborum ipsorum dictatio*), wobei sich der Heilige Geist dem Talent und Stil des jeweiligen Verfassers angepasst habe. Die Verbalinspiration wird dabei dadurch gerechtfertigt, dass bei einer reinen Realinspiration die Gefahr einer unangemessenen Darstellung des Offenbarungsinhalts zu groß gewesen wäre.[44] Auffällig ist hinsichtlich der Polemik Fechts,

---

41 Ebenda, 32: »§ 93. *Improprie* dictus est is, quem verba in propria & nativa sua significatione gignunt, etiamsi intentioni dicentis minus congruat. Dicitur rectius sensus literae, quam literalis.«

42 Ebenda, 32: »§ 100. *Sensus* scripturae *mysticus* est, qui non significatur proxime per ipsa verba, sed in ipsius rebus, per verba sensus literali denotatus, a Spiritu Sancto ipso intenditur: sive, quod idem est, qui ex intentione ipsius Spiritus Sancti alio refertur, quam ad id, quod verba immediate significant, Num. 21,9. Joh. 3,14. Exod. 12,46. Joh. 19,36. & c.«

43 Vgl. STEGMANN 2006, 203. Ich verwende die zweite (und offenbar letzte) Auflage von 1744.

44 FECHT 1744, 34f. (Kap. 2, § 7): »Complectitur autem hic concursus DEI plures actus, nempe [...] III. *Verborum ipsorum dictationem*, qua tamen in re ad cuiuslibet ingenium atque

dass er sich zunächst in Georg Calixt und dem Anglikaner Henry Dodwell (1641–1711) mit Gegnern aus dem *eigenen* protestantischen Lager auseinandersetzt, bevor er die Inspiration der Schrift gegenüber angefochtenen Christen, Ungläubigen und Katholiken verteidigt.

Im Hinblick auf die Schrifthermeneutik unterstreicht auch Fecht im weiteren Fortgang dieses Kapitels, es gebe nur *einen* »unmittelbaren und literalen« Sinn einer Schriftstelle.[45] Obwohl dadurch wie bei König der Eindruck einer nicht hinterfragbaren Eindeutigkeit erweckt wird, ist die Sache bei näherem Hinsehen einmal mehr komplizierter. Denn Fecht konzediert dann doch, (1) es existierten auch andere, gewissermaßen »vermittelte« *sensus*, die jedoch im Literalsinn virtuell enthalten seien. Sodann unterscheidet er (2) den Sinn eines Wortes qua Lexem von seiner kontextbezogenen Verwendung.[46] Nur eine sachadäquate Erhebung des Literalsinnes führe zu einer eindeutigen Bestimmung des Sinnes, wobei zwei hermeneutische Regeln zu beachten seien, die für die Interpretation grundsätzlich gälten: Man müsse, erstens, am Literalsinn so lange festhalten, bis es zwingende Gründe dazu gebe, von ihm abzuweichen. Man müsse zweitens an dem Schriftsinn festhalten, den der Kontext, die Intention des Verfassers, eindeutige Parallelstellen und gegebenenfalls der Fortgang der Handlung erforderten.[47] Daneben

---

stylum demisit se Spiritus Sanctus. Probatur hoc postremum 1) *ab universalitate litterae*, quae ipsa verba a Θεοπνευστία non excludit, 2. Timoth. III, 16. 2. Petr. I, 21. 2) *ab erroris periculo*, quod Scripturis inhaereret, si res tantum ipsae essent inspiratae. Si enim verba in scribentium potestate fuissent, facile potuissent res concipi verbis, alium quam res requirebat, sensum repraesentantibus« (Hervorhebung im Original).

45 Fecht 1744, 43 (Kap. 2, § 20): »*Sensus* cuiuslibet dicti *immediatus* et *litteralis* vnicus tantum est« (Hervorhebung im Original).

46 Ebenda: »1) Dico *immediatus*, quia ex vna propositione plures alios sensus colligi, qui virtute in litterali continentur, nihil impedit. 2) Dico *litteralis*, vbi sciendum, *alium sensum* esse *litterae*, siue quem praefert nuda littera, absque circumstantiis considerata […] *Alium sensum* esse *litteralem*, qui opponitur *allegorico*, estque is, quem verba in circumstantiis textus, secundum litteram, vel *proprie* vel *improprie* intellectam, complectuntur, qui ex consideratione totius loci et scopo dicentis hauriendus. *Esse* autem *cuiuslibet loci vnicum tantum sensum probatur*« (Hervorhebung im Original).

47 Ebenda, 44 f. (Kap. 2, § 22): »*Certitudo* acquirendi sensus seu interpretationis Scripturae dependet *immediate* ab ipsa lectione verbi et SPIRITV S. per verbum operante, et sensum suum hominis intellectui imprimente *mediate* a subsidiis hermeneuticis, quorumlibet scriptorum interpretationi communibus. Qualia sunt: *In quocunque sermone littera premenda est tamdiu, donec grauissimae rationes adferantur, quae ab ea discedere nos compellant.* Item: *Is semper sensus tenendus est, quem, ceteris paribus, ipse contextus et circumstantiae eius, intentio item dicentis, ex antecedentibus et consequentibus*, si fieri possit, *scrutanda*, nec non *loci paralleli* imprimis *clariores*, denique *historia ipsa*, si talis in textu enarretur, requirunt« (Hervorhebung im Original).

scheint Fecht einen allegorischen Schriftsinn allerdings auch nicht völlig auszuschließen, sofern ein solcher Sinn einer Perikope »innewohne«; er lehnt aber jegliche Form von Sinnübertragung, die nur der Illustration einer Sache diene, ab.[48]

Fecht insistiert darauf, dass der hebräische Text des Alten und der griechische Text des Neuen Testaments »niemals so verderbt worden« seien, dass sie »keinen unzweifelhaften Glauben mehr verdienten«,[49] und bezieht dies auch auf die Vokalisierung im Hebräischen, die gleich alt wie die Konsonanten sei.[50] Unter den Eigenschaften der Schrift behandelt Fecht die Wahrheit, die *perfectio*, die *claritas* oder *perspicuitas*, die *efficacia* und die Normativität. Dabei wendet er sich bei der Behandlung der *claritas* ausdrücklich gegen ein Verständnis, welches die Klarheit der Schrift auf die Erleuchtung des Lesers zurückführt (womit er, wie wir gleich sehen werden, auch gegen den Pietismus Stellung bezieht), und betont stattdessen, dass die für die Vernunft entlegensten Sachverhalte wie die Inkarnation »in durchsichtigen und ganz leicht verständlichen Worten« dargestellt würden.[51] Freilich muss auch Fecht einräumen, dass es in der Schrift dunklere Stellen gebe, und hat dann seine liebe Not, deren Existenz mit der Lehre von der Verbalinspiration in Einklang zu bringen.[52]

---

48 Ebenda, 44 (Kap. 2, § 21): »Dist. inter *sensum loco insitum* et inter *Scripturae lusum*, quoad rem ipsam, analogum, i. e. sensum in locum illatum, tamen reliquiae Scripturae non disconuenientem, et illustrationis caussa inuentum, A SPIRITV S. tamen non ipso loco intentum. Hoc posteriori, non priori sensu, suos sensus allegoricos censeri voluerunt veteres.«

49 Ebenda, 49 (Kap. II, § 28): »Neque vero hic textus ebraeus V. et graecus N.T. vnquam ita fuit corruptus, vt fidem amplius indubitatem [*sic; gemeint wohl:* indubitatam, WK] non mereretur.«

50 Ebenda, 51 (Kap. II, § 30). Zu der Behauptung der Inspiration der hebräischen Vokalzeichen vgl. Preus 1957, 140–146; Preus 1970/72, Bd. I, 307–309; Kraus 1982, 34 f. Ferner oben Anm. 25.

51 Ebenda, 55 f. (Kap. II, § 37): »*Tertia* Scripturae *proprietas* est *claritas* eius seu *perspicuitas*, vbi primo omnium distinguendum est *inter perspicuitatem* seu euidentiam *verborum* et *rerum*. Non *hanc* scripturae asserimus, cum mysteria sint rationi et intellectui humano ineuidentia, neque ab eodem vel intelligi, vel assensum impetrare, sine superiori lumine, possint, sed *illam*, qua scilicet rationi res abstrusissimae verbis tamen perspicuis et facillimis intellectu proponuntur« (Hervorhebung im Original).

52 So unterscheidet er (1) Sachverhalte, die nicht überall, aber wenigstens an einer Stelle klar hervorträten; (2) Sachverhalte, die man nur *claritate ordinata*, d. h. unter Heranziehung aller Hilfsmittel ermitteln könne; und (3) nicht heilsrelevante zeitgebundene Sachverhalte (ebenda, 56 f.; Kap. II, § 38). Eine ähnliche Unterscheidung z. B. auch bei Hollaz 1763, 83–85 (Prolegomenon III, qu. XV); ferner Preus 1970/72, Bd. I, 278–281.

Trotz mancher Variationen in den Einzelheiten wurde dieses Modell also seit dem frühen 17. Jahrhundert durch die gesamte lutherische Orthodoxie durchgehalten.[53]

Bei den reformierten Dogmatikern[54] ist das Problem, dass das Insistieren auf der Verbalinspiration und die Bevorzugung des Literalsinns zu massiven exegetischen Problemen führt, ebenfalls mit Händen zu greifen. Sie lehnen durchweg den mittelalterlichen vierfachen Schriftsinn ab und halten an dem Literalsinn als dem *sensus verus et genuinus* fest.[55] Doch unter der Hand wird dann auch diese auf den ersten Blick starre Hermeneutik häufig abgeschwächt, indem in die Bestimmung des Literalsinns (ähnlich wie bei den Lutheranern) weitere Distinktionen einbezogen werden. Auch werden die übrigen drei Schriftsinne (Allegorie, Anagoge und Tropologie) etwa bei dem wohl wichtigsten reformierten Dogmatiker François Turretini (1623–1687) nicht völlig ausgeschlossen, nun aber zum Zwecke der Lehre und Paränese in den Bereich der *applicatio* verlegt.[56]

Gleichwohl trifft die Charakteristik Horst Pöhlmanns, der von einem »zutiefst ungeschichtliche[n] Schriftverständnis in dieser Inspirationstheorie« spricht,[57] sicher für beide Konfessionen zu. Es erklärt sich in erster Linie durch das apologetische Bemühen, gegenüber der katholischen Kontroverstheologie das reformatorische *sola scriptura* zu behaupten und den Anspruch des katholischen Lehramtes und zunehmend auch innerprotestantischer Gegner, wie der Sozinianer, die der Vernunft einen wichtigen Stellenwert in der Auslegung einräumten,[58] auf Deutungshoheit über die Schriftexegese abzuwehren.[59]

Die katholische Kirche war demgegenüber auf den ersten Blick argumentativ im Vorteil, denn sie bedurfte keiner »harten« Inspirationslehre, weil im Zweifelsfall das Lehramt über unverständliche Stellen entscheiden konnte, und konnte so mit einer gewissen hermeneutischen Gelassenheit die Willkürlichkeit

---

53 Vgl. Grützmacher 1902; Preus 1957; Ratschow 1964, Bd. I, 69–137; Preus 1970/72, Bd. I, 273–295; Pöhlmann 2002, 64f.

54 Vgl. Kölling 1891, 258–264; Grützmacher 1902; Heppe 1958, 10–33; Van den Belt 2008.

55 Belege z. B. bei Heppe 1958, 31f.

56 Vgl. Turretini 1679, 157 (II, XIX, 6): »At applicatio potest esse diversa tum ad διδασκαλίαν, ἔλεγχον, ἐπανόρθωσιν &c. qui usus sunt Scripturae Theoretici & Practici; Ita Allegoria, Anagoge, & Tropologia, non tam sunt sensus diversi, quàm applicationes unius sensus literalis, Allegoria & anagoge, quae ad διδασκαλίαν, Tropologia verò, quae ad ἐπανόρθωσιν referuntur.«

57 Pöhlmann 2002, 65.

58 Vgl. dazu Scholder 1966, 30–55; Nellen 2008, 803–808.

59 Vgl. dazu auch Lauster 2004, 18.

der protestantischen Exegese aufs Korn nehmen.[60] Die evangelischen Theologen bemühten sich durch ihr Insistieren auf Perspikuität und Aufstellung von Kriterienkatalogen zur Ermittlung des »richtigen« Schriftsinnes,[61] diesen nicht in die Beliebigkeit des Auslegers zu stellen. Die dadurch entstehende Spannung zerriss geradezu die orthodoxe Dogmatik: Man versuchte einerseits den Eindruck zu erwecken, dass der Schriftsinn dem Leser gewissermaßen ins Gesicht sprang, musste dann aber andererseits durch allerlei hermeneutische Unterscheidungen verbleibende exegetische Unklarheiten unter der Hand aus der Welt räumen.[62] Auch blieb die Frage, wer in Zweifelsfällen über die rechte Schriftauslegung entschied, trotz mannigfacher Verweise auf die altkirchlichen Symbole und die Bekenntnisschriften letztlich ungelöst.

Diese Problematik wurde durch den Biblizismus des Pietismus übernommen und – mindestens in den nicht-spiritualistischen Varianten[63] – nicht wirklich aufgelöst. Dies kann man etwa in den Lehrbüchern von Joachim Justus Breithaupt (1658–1732)[64], Johann Anastasius Freylinghausen (1670–1739)[65] und

---

[60] Vgl. das Beispiel der Schrift »De acatholicorum credendi regula iudicium« (1628) des Kapuziners Valerianus Magni (1586–1661) und der evangelischen Reaktionen darauf bei Scholder 1966, 15–33.

[61] Vgl. Heppe 1958, 12f. samt Belegstellen; Ratschow 1964, 123–132. Die *Confessio Helvetica Posterior* hatte dazu festgestellt, dass die rechte Schriftauslegung einer Schriftstelle Konsistenz mit dem Geist der Bibel und der biblischen Parallelen erfordere, mit dem Glaubensbekenntnis und dem Liebesgebot übereinstimmen müsse und dem Lob Gottes wie dem menschlichen Heil zu dienen habe: »[...] sed illam duntaxat scripturarum interpretationem pro orthodoxa et genuina agnoscimus, quae ex ipsis est petita scripturis, (ex ingenio utique eius linguae, in qua sunt scriptae, secundum circumstantias item expensae, et pro ratione locorum vel similium vel dissimilium, plurium quoque et clariorum expositae) cum regula fidei et charitatis congruit, et ad gloriam Dei hominumque salutem eximie facit« (Emidio Campi bei Mühling/Opitz 2009, 275, Z. 16–21). Vgl. auch Heppe 1958, 29.

[62] Vgl. hierzu z. B. Dieckhoff 1893, 31–35 mit Beispielen v. a. aus Quenstedt. Ferner das reiche Material bei Muller 2006, 442–520, bes. 469–482.

[63] Anders etwa bei Johann Konrad Dippel (1673–1734). Er »ist nicht gewillt, die gesamte Schrift als wörtlich von Gott inspiriert anzunehmen, sondern die Inspiration wird von ihm als eine Erleuchtung gedacht, die durchaus unterschiedliche Grade kennt und zudem nur Dinge betrifft, die sich auf das ewige Heil beziehen. Die Schrift ist infolgedessen nicht länger identisch mit dem Wort Gottes« (Rohls 1997, Bd. I, 144). Zur pietistischen Bibelexegese allgemein vgl. Wallmann 2008, 902–925.

[64] Breithaupt 1694, 445: »Scriptura Sacra est verbum Dei, scriptum à Prophetis & Apostolis ex divina inspiratione, tradens ea potissimum, qvae ad imaginem Dei instaurandam, & conseqvendam vitam aeternam sunt necessaria.« Ebenda Fußnote (d): »Scriptores Sacri sunt primùm impulsi ad scribendi actum & excitati interius, tum suppeditata atqve in calamum dictata sunt divinitùs scribenda, nec res modò aut rerum conceptus, sed ipsa etiam

Joachim Lange (1670–1744)[66] sehen, die allesamt die Verbalinspiration verteidigen.[67] Bei Freylinghausen ist dann aber deutlich erkennbar, dass Unklarheiten in der Schrift nun nicht mehr nur auf der texthermeneutischen Ebene durch Unterscheidung von Schriftsinnen gelöst werden sollen, sondern gewissermaßen rezeptionshermeneutisch auf die fehlende geistliche Vollkommenheit der Leser hindeuten.[68]

Selbst zunächst modern wirkende Theologen, wie der bisweilen der Neologie zugerechnete Johann August Ernesti (1707–1781), ein versierter Philologe,[69] stellte in seinem bis ins 19. Jahrhundert hinein wiederaufgelegten Hauptwerk *Institutio interpretis Novi Testamenti* noch 1761 fest, es könne in der Heiligen Schrift keine inneren Widersprüche geben, weil sie von inspirierten Männern verfasst worden sei. Wenn es daher den Anschein eines Widerspruches gebe, müsse man eine Methode für einen angemessenen Ausgleich suchen (wozu dann allerdings sämtliche grammatische und philologische Hilfsmittel heranzuziehen seien).[70] Ernestis Werk wurde noch im 19. Jahrhundert ins Englische

---

verba.« Ebenda, 449f.: »Non ergô dicitur evidens & perspicua [sc. Scriptura, WK] respectu *rerum* in ipsa revelatarum, sed *verborum*, ad fidei & morum doctrinam pertinentium; nec locorum qvidem omnium, sed eatenus, ut omnia & singula, homini salvando necessaria, sufficienter ex dictis Scripturae planis haberi possint […]« (Hervorhebung im Original). Ähnlich 446f., Anm. (g).

65 Freylinghausen 1703, 223–233.

66 Vgl. Lange 1733, 31: »Scriptura sacra est verbum Dei, exigente humani generis statu, Prophetis, Evangelistis & Apostolis divinitus inspiratum, & litteris V. T. Hebraeis praecipue, & N. T. Graecis consignatum, ut in fidei mysteriis & vitae praeceptis ad salutem erudiamur.« Sodann sind im Zusammenhang der Theopneustie mehrere *momenta* zu beachten, darunter als drittes: »*Inspirata;* quae non solum sunt *res,* sed etiam rerum *ordo & signa,* seu verba […]« (34; Hervorhebung im Original).

67 Ähnlich auch Johann Albrecht Bengel (1687–1752; vgl. Hornig 1989, 110), Johann Jakob Rambach (1693–1735; vgl. Stadelmann 2005, 45–48) und der schwäbische lutherische Pietist Magnus Friedrich Roos (1727–1803; vgl. seine volkstümlich gehaltenen Dialoge in: Roos 1791). Allgemein auch Kölling 1891, 265–295.

68 Freylinghausen 1703, 227f.: »Daher die göttl. Gnaden-Erleuchtung bey uns Menschen nicht wegen Dunckelheit der Schrifft / sondern wegen unser geistl. Blindheit / und noch dazu kommenden Verblendung des Satans nöthig ist […]. Von dieser geistl. Blindheit nun mag der Mensch ohne wahre Bekehrung nicht befreyet werden […]. Daher ist die H. Schrifft dem natürlichen und unbekehrten Menschen ein versiegelt Buch […], welches er zwar nach dem Buchstaben einigermassen verstehet / aber dessen geistl. und gött. Sinn / so lange er dem Geiste der Heiligung wiederstrebet / nicht fasset / daher ein solcher auch dasselbe auff vielerley Weise zu mißbrauchen pflegt […].«

69 Zu ihm vgl. Ilgner 2002, 117–121; Sandys-Wunsch 2008, 976–980. Vgl. zum Folgenden auch Kümmel 1970, 68–70.

70 Ernesti 1761, 14: »Quoniam autem libri sacri scripti sunt a viris θεοπνεύστοις, facile

übersetzt und hat daher im angelsächsischen Bereich eine erhebliche Nachwirkung gehabt.

II ... ZUR VERBALINSPIRATION

In dem Moment, in dem die Versuche, über rein philologische Methoden das Problem der Unklarheit und inneren Widersprüchlichkeit der Bibel zu lösen, nicht mehr ausreichten und man sich zunehmend des historischen Charakters der Schrift bewusst wurde, der nach einer neuen Methodik der Bibelexegese verlangte, geriet ein solches Modell in eine tiefe Krise. Denn ohne ein Lehramt mit Deutungshoheit musste nach dem Verlust der Plausibilität der Verbalinspiration ein neuer Modus der Verständigung über die Einzelheiten der Schriftdeutung gefunden werden. Der Artikel »Inspiration« des konservativen Lutheraners August Hermann Cremer (1834–1903) in der 3. Auflage der »Realenzyklopädie für protestantische Theologie und Kirche« von 1901 zeigt dieses Bemühen der deutschen Theologen des 19. Jahrhunderts, Geschichte und Inspiration zusammenzudenken, in besonders instruktivem Maße.[71] Dies gelang meist nur so, dass der Gedanke der Verbalinspiration aufgegeben und an der Theopneustie nur im Sinne einer spezifischen, im Einzelnen sehr unterschiedlich beschriebenen Geistbegabung der biblischen Traditionsgaranten (Propheten und Apostel) festgehalten wurde. Diesen Prozess brauche ich hier nicht nachzuzeichnen, da zahlreiche neuere Arbeiten vorliegen, die dies in wünschenswerter Ausführlichkeit tun.[72]

Ich möchte vielmehr zeigen, dass die Lehre von der Verbalinspiration auch in diesen »aufgeklärten« Zeiten zwar mancherorts marginalisiert wurde, aber keineswegs verschwand. Denn der Durchbruch der historisch-kritischen Methode vollzog sich im 19. Jahrhundert ja zunächst allein in der evangelischen Theologie und auch dort, wie wir noch sehen werden, nicht überall. In der katholischen Kirche kam es im 19. Jahrhundert mit dem Antimodernismus zu einer Gegenbewegung, die noch im Zweiten Vatikanum nachwirkte. Nun wurde die Inspirationslehre in Bezug auf den biblischen Kanon kirchenamtlich überhaupt erst festgestellt. Das Erste Vatikanische Konzil äußerte sich in seiner Dog-

---

intelligitur, veram dictorum repugnantiam in iis esse non posse. [...] Itaque si talis repugnantiae species offeratur, conciliationis aptae ratio indaganda est.«

[71] CREMER 1901. Eine ältere Fassung erschien in der 2. Aufl. der RE (CREMER 1880).

[72] Vgl. v.a. SCHOLDER 1966; KÜMMEL 1970; SCHÄFER 1980; REVENTLOW 1988; REVENTLOW 2001; LAUSTER 2004; REISER 2007. Ferner z.B. GREENSLADE 1976; KRAUS 1982; SAVART/ALETTI 1985; BELAVAL/BOUREL 1986; ARMOGATHE 1989; NORTON 1993; HARRISVILLE/SUNDBERG 2002; SÆBØ 2008; SÆBØ 2013.

matischen Konstitution »Dei filius« vom 24. April 1870 dabei zunächst noch recht vorsichtig dahingehend, die Bücher des Alten und Neuen Testaments seien »heilig und kanonisch«, »weil sie, auf Eingebung des Heiligen Geistes geschrieben, Gott zum Urheber« hätten »und als solche der Kirche selbst übergeben worden« seien.[73] Zu beachten ist hier, dass die Verbalinspiration nicht explizit festgestellt wird. Stattdessen wird nur relativ unscharf von der göttlichen Urheberschaft der kanonischen Bücher gesprochen und dies mit der Auslegungshoheit der Kirche verknüpft.

Leo XIII. ging dann allerdings wenige Jahre später in seiner Enzyklika »Providentissimus deus« (18. 11. 1893) über diese behutsam formulierte Position in antimodernistischer Frontstellung deutlich hinaus, wenn er feststellte:

> »Denn uneingeschränkt alle Bücher, die die Kirche als heilig und kanonisch anerkennt, wurden in all ihren Teilen auf Diktat des Heiligen Geistes verfaßt; weit gefehlt, daß der göttlichen Inspiration irgendein Irrtum unterlaufen könnte, *schließt sie* durch sich selbst nicht nur *jeden Irrtum aus*, sondern schließt ›ihn‹ aus und verwirft ›ihn‹ so notwendig, wie es notwendig ist, daß Gott, die höchste Wahrheit, Urheber überhaupt keines Irrtums ist. [...]
> Daher hat es überhaupt keine Bedeutung, daß der Heilige Geist als Werkzeuge zum Schreiben Menschen herangezogen hat, so als ob zwar nicht dem ursprünglichen Verfasser, wohl aber den inspirierten Schreibern etwas Falsches habe entschlüpfen können. Denn er selbst hat sie mit übernatürlicher Kraft so zum Schreiben angeregt und bewegt, ist ihnen so beim Schreiben beigestanden, daß sie all das, und zwar nur das, was er selbst gebot, sowohl im Geiste recht erfaßten als auch gläubig niederschreiben wollten und mit unfehlbarer Wahrheit angemessen ausdrückten: andernfalls wäre nicht er selbst der Urheber der gesamten heiligen Schrift.«[74]

---

[73] D/H 3006: »Eos vero Ecclesia pro sacris et canonicis habet, non ideo, quod sola humana industria concinnati, sua deinde auctoritate sint approbati; nec ideo dumtaxat, quod revelationem sine errore contineant; sed propterea, quod Spiritu Sancto inspirante conscripti Deum habent auctorem, atque ut tales ipsi Ecclesiae traditi sunt.« Vgl. dazu Dausch 1891, 233–235; Beumer 1968, 61–64.

[74] D/H 3292–3293: »Etenim libri omnes atque integri, quos Ecclesia tamquam sacros et canonicos recipit, cum omnibus suis partibus, Spiritu Sancto dictante conscripti sunt; tantum vero abest, ut divinae inspirationi error ullus subesse possit, ut ea per se ipsa non modo *errorem excludat omnem*, sed tam necessario excludat et respuat, quam necessarium est, Deum, summam Veritatem, nullius omnino erroris auctorem esse. [...] Quare nihil admodum refert, Spiritum Sanctum assumpsisse homines tamquam instrumenta ad scribendum, quasi, non quidem primario auctori, sed scriptoribus inspiratis quidpiam falsi elabi potuerit. Nam supernaturali ipse virtute ita eos ad scribendum excitavit et movit, ita scribentibus adstitit, ut ea omnia eaque sola, quae ipse iuberet, et recte mente conciperent, et

Spätere Päpste haben diese pointierte Auffassung deutlich abgeschwächt. Das gilt bereits für die Enzyklika »Spiritus Paraclitus« Benedikts XV. (15. September 1920),[75] mehr aber noch für die Enzyklika »Divino afflante spiritu« Pius' XII. (30. September 1943).[76] Das Zweite Vatikanum versuchte dann in der Konstitution »Dei verbum« (18. November 1965)[77] die traditionelle Inspirationslehre mit den Einsichten der modernen Bibelwissenschaft zu verbinden, indem es betonte, Gott habe zur Abfassung der Heiligen Bücher »Menschen erwählt, die ihm durch den Gebrauch ihrer eigenen Fähigkeiten und Kräfte dazu dienen sollten, all das und nur das, was er – in ihnen und durch sie wirksam – geschrieben haben wollte, als wahre Verfasser schriftlich zu überliefern.«[78] Weiter hob es hervor, Gott habe »in der Heiligen Schrift durch Menschen nach Menschenart gesprochen«, weshalb der »Ausleger der Heiligen Schrift« sorgfältig erforschen müsse, »was die Hagiographen wirklich zu sagen beabsichtigten und ›was‹ Gott mit ihren Worten kundtun wollte«.[79] Freilich wurde damit nur ein Zustand festgestellt, der durch die Entstehung der modernen Bibelwissenschaft auch an den katholischen Fakultäten längst eingetreten war.

Auch im Protestantismus des 19. und 20. Jahrhunderts ist die Lage unübersichtlich. Auf evangelischer Seite war vor allem für evangelikale und erweckliche Kreise der Gegner nun nicht mehr primär der Katholizismus, sondern im Gefolge der Aufklärung waren es einerseits die historisch-kritische Bibelauslegung mit ihrer vermeintlichen und bisweilen auch tatsächlichen Auflösung der Bibelautorität und andererseits die moderne Wissenschaft, v. a. die Darwinsche

---

fideliter conscribere vellent et apte infallibili veritate exprimerent: secus non ipse esset auctor sacrae Scripturae universae« (Hervorhebung im Original). Übersetzung ebenda. Zu dieser Schrift und den nachfolgend zitierten Dokumenten vgl. auch die Analysen bei Kasiri 2010. Zu einer zeitgenössischen katholischen Einschätzung vgl. Meyenberg 1907, 10–16. Ferner Beumer 1968, 70f.; Fogarty 2013, 248f.

[75] Vgl. D/H 3650–3654. Vgl. Beumer 1968, 71; Fogarty 2013, 256.

[76] Vgl. D/H 3825–3831. Vgl. Beumer 1968, 71f.; Fogarty 2013, 257f.

[77] Vgl. D/H 4201–4235. Die entscheidenden Sätze aus dieser Konstitution wurden dann auch im Katechismus der Katholischen Kirche unter der Überschrift »Inspiration und Wahrheit der Heiligen Schrift« (§§ 105–108) wiederholt. Vgl. URL <http://www.vatican.va/archive/DEU0035/__PV.HTM> (13.07.13).

[78] Kap. III,11 (D/H 4215): »In sacris vero libris conficiendis Deus homines elegit, quos facultatibus ac viribus suis utentes adhibuit, ut Ipso in illis et per illos agente, ea omnia eaque sola, quae Ipse vellet, ut veri auctores scripto traderent.«

[79] Kap. III,12 (D/H 4217): »Cum autem Deus in Sacra Scriptura per homines more hominum locutus sit, interpres Sacrae Scripturae, ut perspiciat, quid Ipse nobiscum communicare voluerit, attente investigare debet, quid hagiographi reapse significare intenderint et eorum verbis manifestare Deo placuerit.« Übersetzung ebenda. Vgl. zum Ganzen auch Beumer 1968, 75–81; Alves 2008; García Morales 2012.

Evolutionslehre.[80] Damit ging weithin ein hermeneutischer Reflexionsverlust einher: Das in der altprotestantischen Orthodoxie noch ansatzweise reflektierte methodische Problem der Kriterien der Bibelauslegung wurde in der evangelikalen Version weithin ausgeblendet. Zudem rückte in innerprotestantischen Kontroversen vor allem in den USA die Verbalinspiration in der Hierarchie theologischer Sätze an die Spitze. Schließlich trat in der Diskussion der Inspirationslehre der Begriff der Irrtumslosigkeit bzw. Unfehlbarkeit der Schrift in den Vordergrund, der bis zum heutigen Tag die Debatte dominiert.

In Deutschland hatte die Inspirationslehre in den letzten zweihundert Jahren gewiss den schwersten Stand. Stimmen wie die des Glauchauer Superintendenten und Konsistorialrats Andreas Gottlob Rudelbach (1792–1862)[81], des Marburger Systematikers August Friedrich Christian Vilmar (1800–1868)[82] und des Rostocker Neutestamentlers und Systematikers Friedrich Adolf Philippi (1809–1882)[83], die eine Repristination des altlutherischen Inspirationsgedankens betrieben, oder der in Berlin bzw. Halle lehrenden Alttestamentler Ernst Wilhelm Hengstenberg (1802–1869)[84] und Johannes Wichelhaus (1819–1858)[85] sowie des Wiener Systematikers Eduard Böhl (1836–1903)[86], die für eine Theopneustie im altreformierten Sinn eintraten, blieben im akademischen Diskurs des 19. Jahrhunderts in Deutschland aufs Ganze gesehen Sondervoten.[87] Selbst biblizistisch orientierte Theologen wie Johann Tobias Beck (1804–1878)[88], Johann Christian Konrad von Hofmann (1810–1877)[89], der bereits genannte

---

80 Vgl. dazu in Deutschland Holthaus 2003, 326–372.

81 Vgl. Rudelbach 1840–1842; dazu Dausch 1891, 134f.; Kölling 1891, 398–402; Holthaus 2003, 154f.

82 Vgl. Vilmar 1874, Bd. I, 91–103; dazu Kölling 1891, 390–393; Holthaus 2002, 219; Holthaus 2003, 155f.

83 Vgl. Philippi 1854, 150–227. Freilich unterscheidet selbst Philippi ebenda 184–191 zwischen einer »Wörterinspiration« (die er ablehnt) und einer »Wortinspiration« (die er vertritt). Dazu Tholuck 1856, 699; Dausch 1891, 137–139; Kölling 1891, 426–434; Gennrich 1898, 57; Cremer 1901, 194; Holthaus 2003, 160f; Lauster 2004, 147–149.

84 Vgl. Kölling 1891, 393–398; Rohls 1997, Bd. I, 420f., 514f.; Beckmann 2002, 239–270; Smend 2013, 495–509. Etwas anders jetzt Deuschle 2013, 183–197.

85 Vgl. Wichelhaus 1892; dazu auch Holthaus 2002, 222; Holthaus 2003, 147.

86 Vgl. Böhl 1887, 233–240; dazu auch Holthaus 2002, 222; Holthaus 2003, 150, Anm. 63.

87 Für weitere, nicht-akademische Stimmen vgl. Holthaus 2003, 145–164.

88 Vgl. Dausch 1891, 137; Gennrich 1898, 55f.; Kraus 1982, 209–215; Holthaus 2003, 178f.; Lauster 2004, 132–142.

89 Vgl. Dausch 1891, 140–142; Gennrich 1898, 63–65; Cremer 1901, 195; Kraus 1982, 226–230; Rohls 1997, Bd. I, 564f., 688f.; Beckmann 2002, 270–311; Harrisville/Sundberg

August Hermann Cremer[90], Martin Kähler (1835–1912)[91] und Adolf Schlatter (1852–1938)[92] oder konfessionelle Lutheraner wie August Wilhelm Dieckhoff (1823–1894)[93] oder Reformierte wie Siegfried Goebel (1844–1929)[94] haben in ihren Versuchen, die Theopneustie zu verteidigen, die strenge Verbalinspiration aufgegeben.[95]

Dies führte noch gegen Ende des Jahrhunderts vor allem unter erwecklich oder konfessionell geprägten Pastoren zu erbittertem publizistischem Widerstand:[96] so bei dem Pfarrer im niederschlesischen Waldenburg (heute: Wałbrzych), Wilhelm Rohnert (1837–1908)[97], dem Direktor des Evangelisch-Lutherischen Theologischen Seminars in Breslau, Julius Greve (1832–1908)[98] und anderen.[99] Weitere Stimmen wie die des Superintendenten im oberschlesischen Pless (dem heutigen Pszczyna), Wilhelm Kölling (1836–1903),[100] sammelten sich z. B. in der Organisation »Bibelbund«, die 1894 in Pommern entstand.[101] Diese Auseinandersetzungen, die zeitgleich zu den Streitigkeiten um die fortdauernde Geltung des Apostolikums einsetzten,[102] sind auch als Protest gegen die Hegemonie des Kulturprotestantismus zu verstehen und flauten mit dessen Niedergang ebenfalls ab.

Zu Vertretern der Verbalinspiration in Deutschland in der ersten Hälfte des 20. Jahrhunderts ist bisher wenig bekannt.[103] Sicher hat der Leiter der 1905

2002, 123–145; HOLTHAUS 2003, 180–182; LAUSTER 2004, 163–184. Zur konservativen Kritik an Hofmann vgl. z. B. KLIEFOTH 1859; dazu GENNRICH 1898, 65; HOLTHAUS 2003, 182; LAUSTER 2004, 177.

90 Vgl. CREMER 1880; überarbeitet: CREMER 1901; dazu DAUSCH 1891, 139; ROHLS 1997, Bd. II, 96–98; DIEKMEYER 1999; LESSING 2000-09, Bd. I, 46 f., 190 f.; HOLTHAUS 2003, 179 f.; LAUSTER 2004, 224, Anm. 148.

91 Vgl. CREMER 1901, 199; KRAUS 1982, 386–389; ROHLS 1997, Bd. II, 93–96; LESSING 2000-09, Bd. I, 51–53; HOLTHAUS 2003, 184–186; LAUSTER 2004, 224–239.

92 Vgl. ROHLS 1997, Bd. II, 98–100; LESSING 2000-09, Bd. I, 118–122, 191–193; HARRISVILLE/SUNDBERG 2002, 169–194; HOLTHAUS 2003, 186–189.

93 Vgl. DIECKHOFF 1891; dazu LESSING 2000-09, Bd. I, 139 f.

94 Vgl. HOLTHAUS 2003, 152 f.

95 Dieckhoff wurde dafür von ultraorthodoxer Seite scharf kritisiert; vgl. z. B. GREVE 1892; ROHNERT 1892. Dazu die Replik in DIECKHOFF 1893. Vgl. GENNRICH 1898, 65 f., 93–96.

96 Vgl. zum Folgenden GENNRICH 1898, 89–128; HOLTHAUS 2002.

97 Vgl. ROHNERT 1889; ROHNERT 1892; dazu DAUSCH 1891, 135 f.; HOLTHAUS 2003, 169–171.

98 GREVE 1892; dazu HOLTHAUS 2003, 172.

99 Vgl. GENNRICH 1898, 102, Anm. 4 mit weiteren Beispielen.

100 KÖLLING 1890; KÖLLING 1891; dazu HOLTHAUS 2003, 193–195.

101 Dazu ausführlich HOLTHAUS 2003, 189–218. Vgl. auch LOBSTEIN 1897, 141, und Anm. 3.

102 So richtig gesehen von DIEKMEYER 1999, 219–228.

103 Vgl. oben Anm. 101. Zum Gnadauer Verband, in dem es Anfang des 20. Jahrhunderts

als »Allianz-Bibelschule« gegründeten Biblisch-Theologischen Akademie Wiedenest, Erich Sauer (1898–1959), die Lehre in leicht abgeschwächter Weise propagiert.[104] Aus jüngerer Zeit könnte man etwa den früheren Erlanger Systematiker Reinhard Slenczka (*1931) nennen, der die Schriftlehre der altprotestantischen Orthodoxie als dem Anliegen der Reformation sachgemäß nachdrücklich verteidigt,[105] den Württemberger Altbischof Gerhard Maier (*1937), der große Sympathien für die Verbalinspiration an den Tag legt, sie dann allerdings durch den Begriff der »Ganzinspiration« ersetzen will,[106] den Rektor des evangelikalen Martin Bucer Seminars in Bonn, Thomas Schirrmacher (*1960),[107] den Rektor der Freien Theologischen Hochschule Gießen Helge Stadelmann (*1952),[108] Stephan Holthaus (*1962), Dozent ebenda,[109] und den früher ebenfalls in Gießen, jetzt in den USA lehrenden Neutestamentler Eckhard Schnabel (*1955).[110]

Der nach wie vor existente »Bibelbund« hält an dem Glauben fest, »daß allein die Bibel Alten und Neuen Testaments nach ihrem Selbstzeugnis bis in den Wortlaut hinein das durch göttliche Inspiration empfangene, wahre Wort Gottes und verläßliche Zeugnis von seiner Offenbarung in der Geschichte ist.«[111] Auch die »Evangelische Allianz in Deutschland« bekennt sich »zur göttlichen Inspiration der Heiligen Schrift, ihrer völligen Zuverlässigkeit und höchsten Autorität in allen Fragen des Glaubens und der Lebensführung«.[112] Einflüsse aus den USA

---

zu hitzigen Diskussionen um die Geltung der Verbalinspiration kam, vgl. Holthaus 2003, 233–246. In anderen Gruppen der Gemeinschaftsbewegung begnügte man sich häufig mit einer apologetischen Haltung vor allem gegenüber der Entmythologisierung Bultmanns; dazu ebenda, 246–261. Zur Situation in den Freikirchen ebenda, 261–316. Weitere Namen und Gruppierungen bei Schnabel 1986, 95–100.

104 Vgl. Afflerbach 2006, 212–215.

105 Vgl. z. B. Slenczka 1998 (2000). Dazu etwa Lauster 2004, 408–411. Freilich nimmt Slenczka »mit seiner Schriftlehre in der gegenwärtigen Diskussion der deutschsprachigen Theologie eine Außenseiterrolle ein« (Lauster 2004, 411).

106 Vgl. etwa Maier 2005, 79–125; dazu auch Holthaus 2003, 260.

107 Vgl. Schirrmacher 2009. Schirrmacher scheint freilich in jüngster Zeit in dieser Frage eine zunehmend kritische Position einzunehmen.

108 Stadelmann 1985; Stadelmann 2005.

109 Vgl. Holthaus/Vanheiden 2002; Holthaus 2002; Holthaus 2003.

110 Vgl. Schnabel 1986, bes. 148: »Inspiration bezeichnet den geschichtlichen Gesamtvorgang, durch den Gott mittels der kreativen Macht seines Geistes die von Menschen verfaßten Schriften des biblischen Kanon [*sic*] als sein Wort hervorgebracht hat, so daß die ganze Heilige Schrift in allen ihren Teilen eine authentische Kundtat seiner Ansicht und Absicht und Darstellung seiner Botschaft an alle Menschen ist.«

111 Zitiert von der Webseite des Bibelbundes: URL <http://www.bibelbund.de> (20/08/2013).

112 Vgl. die »Gemeinsame Basis des Glaubens«, nachzulesen unter URL: <http://www.

sind bei den genannten Autoren und Gruppen unübersehbar.[113] Man wird allerdings sagen können, dass die Lehre von der Verbalinspiration selbst in evangelikalen oder pietistischen Kreisen in Deutschland keinen primären theologischen Rang mehr genießt.[114] Einer ihrer Vertreter resümiert: »Ein Abrücken von Verbalinspiration und Irrtumslosigkeit der Bibel ist auch in diesen Kreisen ein Charakteristikum des 20. Jahrhunderts.«[115]

In Großbritannien verlief die Debatte um die Schriftautorität deutlich langsamer als in Deutschland. Während in Deutschland mit dem Aufblühen der Neologie und des Rationalismus schon im 18. Jahrhundert die Lehre von der Verbalinspiration schnell verblasste, begannen hier erst um die Mitte des 19. Jahrhunderts die Auseinandersetzungen um das Schriftprinzip auf breiter Front, angestoßen u.a. durch die posthum (1840) veröffentlichten »Confessions of an Inquiring Spirit« des Dichters Samuel Taylor Coleridge (1772–1834)[116] und, daran anknüpfend, den »Essay on the Right Interpretation and Understanding of the Scripture« (1831) des Rektors der Rugby School, Thomas Arnold (1795–1842)[117], oder die englischen Übersetzungen des »Leben Jesu« von David Friedrich Strauß (durch George Eliot, 1846) und des *Vie de Jésus* von Ernest Renan (1863).[118]

Die Opposition hiergegen sammelte sich u. a. in der aus der schottischen Erweckungsbewegung entstandenen »Evangelischen Allianz«, die 1846 in London

---

ead.de/die-allianz/basis-des-glaubens.html> (31/08/2013). Zum Hintergrund (in dem deutliche Differenzen zwischen Bibelbund und Allianz auszumachen sind) Holthaus 2003, 306–316; Lindemann 2011; Bauer 2012, 73f. Ähnlich formulieren es auch die »Glaubensgrundlagen« einer Reihe von fundamentalistischen Bibelschulen: des »sbt Beatenberg – seminar für biblische theologie« in Beatenberg/Schweiz (vgl. URL <http://www.sbt-beatenberg.ch/Studienangebot/GLAUBENSGRUNDLAGE>; 16/01/2015); der Bibelschule Brake in Lemgo (vgl. URL <http://www.bibelschule-brake.de/index.php? id=13>; 16/01/2015); des Bibelseminars Bonn (in Bornheim; vgl. URL: <http://www.bsb-online.de/index.php/de/startseite-de/ueber-uns/glaubensgrundlage; 16/01/2015) und des »BibelSeminar« Königsfeld (vgl. URL <http://www.bibelseminar-koenigsfeld.de/index.php? article_id=3>; 16/01/2015).

[113] Vgl. dazu auch Bauer 2012, 222–232 für die Evangelische Allianz.

[114] Zur Debatte um das Bibelverständnis bei den Evangelikalen in Deutschland nach 1945 vgl. Jung 2001, 175–184; Bauer 2012, v. a. 72–78.

[115] Holthaus 2003, 324.

[116] Coleridge 1840 (1957). Vgl. dazu Woodbridge 1982, 122f.; Rohls 1997, Bd. I, 476f.; Jones 2003, 35–38.

[117] Arnold 1834. Vgl. dazu Woodbridge 1982, 122f.; Rohls 1997, Bd. I, 478; Jones 2003, 80–83.

[118] Vgl. Neil 1976, 281.

gegründet wurde und die die »göttliche Inspiration, Autorität und Suffizienz der Heiligen Schrift« auf ihre Fahnen schrieb.[119] Von hier aus ging diese Vorstellung dann in das Bekenntnis der »World Evangelical Fellowship«[120] und schließlich der heutigen »World Evangelical Alliance« über.[121]

Das größte Aufsehen erregte in unserem Zusammenhang die Kontroverse um die Aufsatzsammlung »Essays and Reviews« von 1860, in der die sieben Verfasser, darunter sechs führende englische Geistliche, orientiert an den Ergebnissen der deutschen evangelischen Bibelwissenschaft, eine milde Form der historisch-kritischen Exegese propagierten, was u. a. zu wütenden Erklärungen der Pfarrerschaft, Häresieprozessen und Dienstentlassungen führte.[122] Im angelsächsischen Raum standen dabei nachdrücklicher als in Deutschland nicht nur die moderne Bibelkritik mit ihren hermeneutischen Prämissen, sondern die Auseinandersetzung mit den Erkenntnissen der modernen Naturwissenschaft im Vordergrund, wobei hier die Evolutionslehre Darwins sowie daneben auch die Geologie Charles Lyells eine besondere Rolle spielte.

Während die Debatten um die Unfehlbarkeit der Bibel schließlich auch in Großbritannien in der Gegenwart weitgehend abgeebbt zu sein scheinen,[123] hat die Inspirationslehre außerhalb Westeuropas nie an Attraktivität verloren. Dies gilt insbesondere für die Vereinigten Staaten und die von dort aus weltweit missionierenden evangelikalen und pentekostalen Gruppierungen mit ihrer ausgeprägten Bibelfrömmigkeit. Nicht zuletzt deshalb, weil die Theologie hier nur teilweise den Weg aus den Ghettos der kirchlichen Seminare und Ausbildungsstätten an die großen Universitäten herausfand und es außerdem zu großen Erweckungsbewegungen kam, hat die historisch-kritische Bibelexegese in den USA nie die Breitenwirkung erreicht wie in West- und Mitteleuropa.[124] Umgekehrt wurden die europäischen Formulierungen der Verbalinspiration älteren Typs vor allem im konservativen Luthertum der Missouri-Synode und im pres-

---

119 Vgl. Lindemann 2011, 90. Ferner ebenda, 60–137.

120 Vgl. Cochlovius 1982, 654: »We believe in the HOLY SCRIPTURES as originally given by God, divinely inspired, infallibly, entirely trustworthy; and the supreme authority in all matters of faith and conduct.«

121 Vgl. »Statement of Faith« (27.06.2001); download unter URL: <http://www.worldea.org/whoweare/statementoffaith> (31/08/2013). Zum Ganzen auch Bauer 2012, 225–232.

122 Vgl. Anon 1860. Dazu Neil 1976, 281–283; Ellis 1980; Rohls 1997, Bd. I, 623–625; Gassmann 1998, 403f.; Shea/Whitla 2000; Ward 2000, 144–146. Zur orthodoxen Reaktion vgl. z. B. Burgon 1861; dazu Neil 1976, 283; Woodbridge 1982, 143f.

123 Einige gegenwärtige evangelikale Positionen finden sich bei Schnabel 1986, 91–95. Vgl. ferner Noll 1991, 62–85.

124 Vgl. zum Hintergrund Noll 2000, 182–199; Noll 2003, 266f. u. ö.; Kamen 2004; Byrd 2013.

byterianischen Hochcalvinismus perpetuiert und dann seit der Mitte des 19. Jahrhunderts unter Aufnahme von Literatur aus der europäischen Erweckungsbewegung gewissermaßen »modernisiert«, wobei hier neben der Abwehr der historisch-kritischen Exegese auch die Auseinandersetzung mit den neuen Erkenntnissen in Geologie und Biologie eine wichtige Rolle spielten.[125] Allerdings sind die Einzelheiten dieses Rezeptionsprozesses bisher, wenn ich recht sehe, nur teilweise erhellt.[126]

Ein Beispiel für diese »Modernisierung« ist das Werk »Théopneustie ou Inspiration plénière des Saintes Écritures« des Genfer Pastors Louis Gaussen (1790–1863), der zu den Urhebern des Westschweizer Réveil zu rechnen ist.[127] Es erschien zuerst 1840 und wurde dann mehrfach wiederaufgelegt. Gaussen definierte die Theopneustie als »jene unerklärliche Macht, die der göttliche Geist einst auf die Verfasser der Heiligen Schrift ausübte, um sie im Gebrauch der Worte, die sie benutzten, zu leiten und sie vor jedem Irrtum wie vor jeder Auslassung zu bewahren.«[128] Gaussens Werk wurde umgehend von dem amerikanischen Presbyterianer und Kongregationalisten Edward Norris Kirk (1802–1874) ins Englische übersetzt und seither auch in dieser Version bis in die Gegenwart immer wieder aufgelegt.[129]

Ähnlich erfolgreich war eine Reihe von Vorlesungen vor der Universität Dublin, die der Gelehrte des dortigen Trinity College William Lee (1815–1883) im Jahre 1852 erstmals veröffentlichte und die dann auch in den USA durch zahlreiche Auflagen ging. Auch Lee hielt an der Auffassung fest, dass »die *Worte* der Schrift nicht weniger göttlich seien als die Lehren, die sie enthalten«.[130]

---

125 Vgl. hierzu z. B. KAMEN 2004.

126 Zur Rolle der Bibel in US-amerikanischer Theologie und Frömmigkeit vgl. HATCH/NOLL 1982; CARDEN 1986; NOLL 2000, 50–53, 243–248. Zu den Verbindungen nach Europa vgl. z. B. WOODBRIDGE 1982, 119–140.

127 Vgl. MÜTZENBERG 1989, 102–153; HOLTHAUS 2002, 219f. Wilhelm Kölling bezeichnete das Werk als eine »herrliche Schrift, die wir ein in französischer Sprache gesungenes Hoheslied auf die Majestät des Wortes Gottes nennen könnten« (KÖLLING 1891, 37, Anm. 7).

128 GAUSSEN 1842, 43f.: »Ces assertions, qui sont elles-mêmes des témoignages de la parole de Dieu, renferment déjà notre dernière définition de la théopneustie, et nous amènent à la caractériser enfin comme ›cette puissance inexplicable qu'exerça jadis l'Esprit divin sur les auteurs de la sainte Écriture, pour les guider jusque dans l'empli des paroles dont ils ont fait usage, et pour les préserver de toute erreur, comme de toute omission.‹«

129 Vgl. WOODBRIDGE 1982, 135, 139. Zur (begrenzten) Nachwirkung Gaussens in Deutschland, die u.a. den entschiedenen Widerspruch Tholucks herausforderte (THOLUCK 1850), vgl. DAUSCH 1891, 133f.; KÖLLING 1891, 402–405; GENNRICH 1898, 41–46; HOLTHAUS 2002, 223; LAUSTER 2004, 129–132 mit Anm. 146.

130 Vgl. LEE 1852, 337: »[...] in which it is invariably assumed that the *words* of Scripture

Schließlich könnte man auch die »Encyclopaedie der heilige godgeleerdheid« (1894) des niederländischen Theologen und Begründers der Freien Universität in Amsterdam Abraham Kuyper (1837–1920) nennen, die 1898 in einer Teilübersetzung mit einem Vorwort von Benjamin B. Warfield (1851–1921), Professor am Princeton Theological Seminary, erschien und noch 1954 nachgedruckt wurde.[131] Kuyper vertrat einen hochdifferenzierten und in seiner Auseinandersetzung mit der zeitgenössischen Naturwissenschaft modernisierten Inspirationsbegriff, der in dogmatisch entschlackter Sprache vorgetragen wurde, aber gleichwohl im Sinne einer Verbalinspiration zu deuten war.[132]

Diese und vergleichbare Schriften führten dazu, dass in den USA selbst mehr oder weniger volkstümliche Werke erschienen, die ebenfalls die Verbalinspiration verteidigten.[133] Dabei war der Glaube an die Theopneustie allerdings nicht auf die Volksfrömmigkeit und die Pfarrerschaft beschränkt, sondern wurde auch an den theologischen Eliteseminaren vertreten, wobei hier zunehmend auch der Kampf gegen die moderne Naturwissenschaft hinzutrat.[134] Zu den klassischen Dokumenten der konservativen presbyterianischen »Princeton Theology«[135], wie sie am Princeton Theological Seminary vertreten wurde, zählt zum einen das Buch »Evidences of the Authenticity, Inspiration and Canonical Authority« von Archibald Alexander (1772–1851), das erstmals 1836 erschien und dessen Verfasser keinen Zweifel daran ließ, dass die biblischen Schriftsteller bei ihrer Arbeit »sowohl in ihren Vorstellungen wie in ihren Worten unter einer unfehlbaren Führung standen«,[136] sowie zum anderen der Artikel »Inspiration«, gemeinsam verfasst von Archibald Alexander Hodge (1823–1886), zu jener Zeit Principal des Princeton Theological Seminary, und dem bereits genannten Warfield, der im Jahre 1881 in der »Presbyterian Review« veröffentlicht wurde.[137]

---

are no less Divine than the doctrines which they convey« (Hervorhebung im Original). Zur Rezeption Lees in den USA vgl. Woodbridge 1982, 130, 135, 139.

131 Kuyper 1898. Vgl. dazu auch Van den Belt 2008, 249f.

132 Vgl. ebenda bes. 544–552 zur »graphischen Inspiration«.

133 Beispiele bei Woodbridge 1982, 139 mit Anm. 111.

134 Vgl. zu diesem Prozess z. B. Hankins 2009, 49–82.

135 Vgl. dazu Rogers/McKim 1979, 265–379; Woodbridge 1982, 119–140; Marsden 1982, 88–91 samt Anmerkungen; Holthaus 2003, 79–84 mit weiterer Literatur; Marsden 2006, 109–118.

136 Alexander 1836, 222: »The Scriptures of the Old and New Testament were written by the inspiration of God; and this inspiration, however it may be distinguished, was plenary; that is, the writers were under an infallible guidance, both as to ideas and words: and yet the acquired knowledge, habits, and peculiar dispositions of the writers, were not superseded.« Dazu Rogers/McKim 1979, 265–274; Woodbridge 1982, 129.

137 Hodge/Warfield 1881. Vgl. dazu Woodbridge 1982, 129–140. Zum historischen und sytematischen Kontext auch Trembath 1987, 20–27; Van den Belt 2008, 179–228; Zaspel

Hierin wird Inspiration definiert als »superintendence by God of the writers in the entire process of their writing, which accounts for nothing whatever but the absolute infallibility of the record in which the revelation, once generated, appears in the original autograph. […] This superintendence attended the entire process of the genesis of Scripture, and particularly the process of the final composition of the record.«[138] Trotz dieser nachdrücklichen Verteidigung der Verbalinspiration versuchten die Verfasser allerdings auch, die Lehre aus dem Zentrum der Theologie herauszurücken, indem sie betonten, es handle sich bei der Schriftinspiration nicht um ein erstrangiges theologisches Prinzip, von dem die Wahrheit des Christentums abhänge.[139] Allerdings ist das Gros der evangelikalen Bewegung Hodge und Warfield in ihrem Bemühen, an der Verbalinspiration festzuhalten, sie aber gleichzeitig theologisch zu depotenzieren, nicht gefolgt.[140]

Im Unterschied zum Glauben an die biblische Unfehlbarkeit, den viele Amerikaner noch aus der Alten Welt mitgebracht hatten, war die historisch-kritische Bibelexegese in den USA des 19. Jahrhunderts wie in Großbritannien ein neues Importprodukt, das sich ganz überwiegend der deutschen protestantischen Bibelwissenschaft verdankte[141] und sich gegen den alteingewurzelten Biblizismus sowohl auf puritanischer als auch auf konservativ-lutherischer Seite, der den amerikanischen Protestantismus und seine kirchlichen Seminare prägte, nie völlig durchzusetzen vermochte. Erste Ansätze einer solchen Exegese in der ersten Hälfte des Jahrhunderts versandeten schnell in den Wirren des Bür-

---

2010. Die gesammelten Aufsätze Warfields zur Inspiration erschienen 1948 mit einer ausführlichen Einleitung von Cornelius Van Til (Warfield 1948).

138 Hodge/Warfield 1881, 6.

139 Hodge/Warfield 1881, 8f.: »[…] While the inspiration of the Scriptures is true, and, being true, is a principle fundamental to the adequate interpretation of Scripture, it nevertheless is not in the first instance a principle fundamental to the truth of the Christian religion. […] Nor should we ever allow it to be believed that the truth of Christianity depends upon any doctrine of inspiration whatever. […] Inspiration can have no meaning if Christianity is not true, but Christianity would be true and divine – and, being so, would stand – even if God had not been pleased to give us, in addition to his revelation of saving truth, an infallible record of that revelation absolutely errorless by means of inspiration.« Zitiert auch bei Hays 2013, 6.

140 Vgl. beispielsweise die von mehreren Kirchenführern im November 1887 nach Philadelphia einberufene Konferenz über die Plenarinspiration der Schrift, die gemäß dem Einladungsschreiben dazu dienen sollte, »to confirm the faith of Christian believers in the canon of the Holy Scripture, which, in its original languages, has been held by the Church in all ages as the product of the Holy Spirit in all its parts and terms« (Pierson 1888, V).

141 Vgl. Kamen 2004; Howard 2006, 363–378; Clark 2011, 97–137.

gerkriegs.[142] Noch im Jahre 1892 wurde der international hoch angesehene Hebraist Charles Augustus Briggs (1841–1913), Professor am Union Theological Seminary in New York, vor einem presbyterianischen Kirchengericht wegen Häresie unter anderem deshalb angeklagt, weil er gelehrt habe, es gebe Fehler im biblischen Originaltext.[143]

Auch heute noch erfreut sich die Inspirationslehre in evangelikalen und pentekostalen Kreisen, die in den USA bekanntlich zahlenmäßig deutlich größer und einflussreicher sind als hierzulande, größter Beliebtheit. Dabei ist insofern eine Veränderung der Argumentationsmuster zu beobachten, als hier die Betonung eher auf der »Irrtumslosigkeit« (*inerrancy*) oder der »Unfehlbarkeit« (*infallibility*) der Bibel liegt, weniger auf deren pneumatologischer Begründung.[144] Die Inspirationslehre und die daraus folgende Irrtumslosigkeit der Heiligen Schrift zählen zu den sogenannten »Five Fundamentals«, den grundlegenden Lehren, die die Generalversammlung der Presbyterianer im Jahre 1910 verabschiedete.[145] Die Auseinandersetzung um diese »Fundamentals« hat die Debatte zwischen Fundamentalisten und Modernisten in der ersten Hälfte des 20. Jahrhunderts stark bestimmt.[146] Ebenso findet sich in dem bis heute gültigen lutherischen »Brief Statement of the Doctrinal Position of the Missouri Synod« aus dem Jahre 1932 das Bekenntnis zur Verbalinspiration.[147]

---

[142] Vgl. dazu etwa BROWN 1969.

[143] Vgl. dazu HATCH 1964 (*non vidi*); KAMEN 2004, 1–7, 337–388; SAWYER 2004; BYRD 2013, 195–198.

[144] Vgl. BALMER 2004, 351.

[145] Die erste Fundamentallehre lautet: »It is an essential doctrine of the Word of God and our Standards, that the Holy Spirit did so inspire, guide and move the writers of the Holy Scriptures as to keep them from error.« Download unter URL <http://www.pcahistory.org/documents/deliverance.html> (13/08/13). Ferner HOLTHAUS 2003, 99; MARSDEN 2006, 117; HANKINS 2009, 29. Die »Five Fundamentals« sind nicht zu verwechseln mit der Schriftenreihe »The Fundamentals. A Testimony to the Truth«, die zwischen 1910 und 1915 erschien. Dazu z. B. NOLL 1991, 38–47; HOLTHAUS 2003, 88–90; MARSDEN 2006, 118–123.

[146] Vgl. NOLL 1991; NOLL 2000, 147–158.

[147] »We teach that the Holy Scriptures differ from all other books in the world in that they are the Word of God. They are the Word of God because the holy men of God who wrote the Scriptures wrote only that which the Holy Ghost communicated to them by inspiration, 2 Tim. 3:16; 2 Pet. 1:21. We teach also that the verbal inspiration of the Scriptures is not a so-called ›theological deduction‹, but that it is taught by direct statements of the Scriptures, 2 Tim. 3:16, John 10:35, Rom. 3:2; 1 Cor. 2:13. Since the Holy Scriptures are the Word of God, it goes without saying that they contain no errors or contradictions, but that they are in all their parts and words the infallible truth, also in those parts which treat of historical, geographical, and other secular matters, John 10:35.« Download unter URL <http://www.

Die Lehre von der Verbalinspiration und der Infallibilität der Bibel ist dann auch in die großen historischen Untersuchungen und theologischen Entwürfe großer evangelikaler Gelehrter wie die des lutherischen Theologiehistorikers Robert D. Preus (1924–1995),[148] des evangelikalen Publizisten Carl F. H. Henry (1913–2003)[149] und der reformierten Systematiker Cornelius Van Til (1895–1987)[150] und Richard A. Muller (*1948)[151] eingegangen.

Preus gehörte auch zu den Unterzeichnern eines der berühmtesten Dokumente aus neuerer Zeit, des »Chicago Statement on Biblical Inerrancy« führender evangelikaler Theologen aus dem Jahre 1978.[152] Es wird eingeleitet von fünf Thesen, von denen die vierte und die fünfte folgendermaßen lauten:

> »4. Being wholly and verbally God-given, Scripture is without error or fault in all its teaching, no less in what it states about God's acts in creation, about the events of world history, and about its own literary origins under God, than in its witness to God's saving grace in individual lives.
> 5. The authority of Scripture is inescapably impaired if this total divine inerrancy is in any way limited or disregarded, or made relative to a view of truth contrary to the Bible's own; and such lapses bring serious loss to both the individual and the Church.«

---

lcms.org/doctrine/doctrinalposition> (21/08/2013). Ebenso in dem »Statement of Scriptural and Confessional Principles« von 1973 (Art. 4): »We believe, teach and confess that all Scripture is given by the inspiration of God the Holy Spirit and that God is therefore the true Author of every word of Scripture.« Download unter URL <http://www.lcms.org/doctrine/scripturalprinciples> (21/08/2013). In anderen kirchlichen Gruppen wie der »Southern Baptist Convention« ist die *biblical inerrancy* umstritten. Das im Jahre 2000 verabschiedete »Baptist Statement of Faith and Message« vermeidet Aussagen zur Verbalinspiration; vgl. URL <http://www.sbc.net/bfm/bfm2000.asp#i> (23/08/2013). Zur Entwicklung aus konservativ-evangelikaler Perspektive vgl. z. B. Lindsell 1981, 89–105; ferner Holthaus 2003, 107–109.

148 Vgl. Preus 1957; Preus 1970/72.

149 Henry 1979.

150 Vgl. etwa Van Til 1967 und bereits die Einleitung desselben zu Warfield 1948 (s. o. Anm. 137).

151 Muller 2006. Allerdings wird die Lehre bei Muller zwar als dem Anliegen der Reformation gemäß bezeichnet, dann aber dogmatisch kaum ausgewertet.

152 Das Original mit allen Unterschriften nachzulesen unter URL <http://library.dts.edu/Pages/TL/Special/ICBI.shtml> (11/08/2013). Dort auch das »Chicago Statement on Biblical Hermeneutics« von 1982 und das »Chicago Statement on Biblical Application«. Zur Entstehung und zum Hintergrund aus evangelikaler Perspektive vgl. Schirrmacher 2009 sowie die Materialien unter URL <http://www.alliancenet.org/CC_Content_Page/0,,PTID307086_CHID750054_CIID,00.html> (11/08/2013). Ferner Bauer 2012, 78–82.

Die Lehre von der Verbalinspiration hat man deswegen auch zu Recht als einen der »Prüfsteine orthodoxer Theologie« im evangelikalen Sinne bezeichnet.[153]

Es ist daher ein großes Wagnis, wenn junge amerikanische Theologen mit evangelikalem Hintergrund wie der Neutestamentler Christopher M. Hays (*1983) aus Oxford und der Alttestamentler Christopher B. Ansberry (*1980) aus dem Wheaton College in Illinois derzeit einmal mehr versuchen, die Vereinbarkeit von historisch-kritischer Bibelexegese mit evangelikalem Denken darzulegen, indem sie die zentrale Bedeutung der Lehre von der Unfehlbarkeit der Schrift für das Ganze der Theologie, die ihr in evangelikalem Denken zugeschrieben wird, bestreiten, ein Unternehmen, das in mancherlei Hinsicht an die Debatten des späten 18. und des 19. Jahrhunderts in Deutschland erinnert.[154]

Fazit

Ich breche hier ab. Es dürfte deutlich geworden sein, dass es eine völlige Fehleinschätzung der tatsächlichen Verhältnisse gewesen ist, als Johannes Beumer im Jahre 1968 schrieb, dass sich »Überreste der altprotestantischen Inspirationstheorie« heute nur noch »im Fundamentalismus Nordamerikas, und dazu bei einigen Bibelsekten«, fänden und es daher keinen Grund gebe, weshalb sich die Dogmengeschichte mit ihnen beschäftigen müsste.[155] Tatsächlich erfreuen sich diese und vergleichbare Theorien unter Christen in aller Welt einer erheblichen Popularität, angesichts des Wachstums von evangelikal oder pentekostal ausgerichteten Kirchen in Afrika und Asien ohne Zweifel mit steigender Tendenz. Wie ist es dazu gekommen? Ich fasse das Ergebnis meiner Skizze abschließend in einigen Thesen zusammen.

1. Die Ausbildung der Verbalinspiration in ihrer strengen Form war ein frühneuzeitlicher Prozess, der sich in kontroverstheologischer Frontstellung vollzog.[156]
2. In der Verteidigung der Lehre von der Verbalinspiration ging es daher immer auch um einen Autoritätsanspruch. Beansprucht wurden und werden Monopole in der Bibelauslegung und der Dogmatik, dann aber auch in der Kontrolle geistlichen Lebens.

---

153 Balmer 2004, 351: »Indeed, many evangelicals regard biblical inerrancy as one of the touchstones of orthodox theology.« Weitere Einzelheiten auch bei Schnabel 1986, 84–90.

154 Hays/Ansberry 2013. Zum Hintergrund vgl. auch Noll 1991.

155 Beumer 1968, 67.

156 So nachdrücklich Maurer 2009.

3. Allerdings ließ sich die Lehre nicht uneingeschränkt aufrechterhalten; vielmehr wurde sie durch das Bemühen um Regeln zur Erhebung des Schriftsinnes konterkariert, welches zu weiteren hermeneutischen Unterscheidungen zwang.
4. Die Krise der Schriftautorität, wie sie sich an der Krise der Lehre von der Verbalinspiration besonders deutlich erkennen lässt, vollzog sich nicht überall gleichzeitig. In Europa schritt sie im protestantischen Raum schneller voran als im katholischen, und im akademischen Milieu schneller als in der Gesamtkirche.
5. Die Krise hing eng zusammen mit der Ausbildung der historisch-kritischen Methode in Geschichtswissenschaft und Theologie und der Entstehung der modernen Naturwissenschaft, v. a. der Evolutionsbiologie. Rahmenbedingung hierfür war einmal der Aufstieg der modernen Universitäten innerhalb der Ausbildung der neuzeitlichen Nationalstaaten und zum anderen die universitäre Verankerung der Theologie im deutschsprachigen Raum, in den Niederlanden, Skandinavien und Großbritannien. In Ländern mit einer universitären Theologie hat sich die historisch-kritische Erforschung der Bibel schneller und nachhaltiger durchsetzen können als in Ländern ohne eine solche institutionelle Anbindung.
6. Die Krise der Schriftautorität vollzog sich nicht universal. Man hält in evangelikalen und pentekostalen Milieus vor allem in den Vereinigten Staaten an ihr unverändert fest und exportiert sie von hier aus weltweit. Damit einher geht ein deutlich argumentativer Differenzierungsverlust. Hier offenbart sich eine, wie mir scheint, zunehmende Kluft zwischen europäischen und transatlantischen Frömmigkeits- und Denkformen. Der darin zum Ausdruck kommende entschieden antiaufklärerische Impetus und der weitgehende Verzicht auf eine intensivere Auseinandersetzung mit den Reflexionsformen und Methodendiskussionen in der Geschichtswissenschaft muss uns Anlass zur Besorgnis geben.

Bibliographie

Afflerbach, Horst: Die heilsgeschichtliche Theologie Erich Sauers, Wuppertal 2006 (Systematisch-theologische Monographien 16).

Alexander, Archibald: Evidences of the Authenticity, Inspiration and Canonical Authority of the Holy Scriptures, Philadelphia o. J. [^{7}1836].

Alves, Cesar: Ispirazione e verità. Genesi, sintesi e prospettive della dottrina sull'ispirazione biblica del Concilio Vaticano II (DV 11). Diss. theol., Rom 2008.

Armogathe, Jean-Robert (Hrsg.): Le Grand Siècle et la Bible, Paris 1989 (Bible de tous les temps 6).

Arnold, Thomas: On the Right Interpretation and Understanding of the Scripture [1831], in: Ders., Sermons, with An Essay on the Right Interpretation and Understanding of the Scriptures. Bd. II, London ^{2}1834, 421–480.

Balmer, Randall: Encyclopedia of Evangelicalism. Revised and Expanded Edition, Waco, Tx 2004.

Báñez, Domingo: Scholastica Commentaria in primam partem angelici doctoris S. Thomae usque ad LXIII. Quaestionem. Bd. I, Douai 1614.

Bauer, Gisa: Evangelikale Bewegung und evangelische Kirche in der Bundesrepublik Deutschland. Geschichte eines Grundsatzkonflikts (1945 bis 1989), Göttingen 2012 (Arbeiten zur Kirchlichen Zeitgeschichte B/53).

Beckmann, Klaus: Die fremde Wurzel. Altes Testament und Judentum in der evangelischen Theologie des 19. Jahrhunderts, Göttingen 2002 (FKDG 85).

Belaval, Yvon/Bourel, Dominique (Hgg.): Le siècle des Lumières et la Bible, Paris 1986 (Bible de tous les temps 7).

Beumer, Johannes: Die Inspiration der Heiligen Schrift, Freiburg u. a. 1968 (HDG I/3b).

Beutels, Robert: Leonardus Lessius, 1554–1623. Portret van een Zuidnederlandse laatscholastieke econoom. Een bio-bibliografisch essay, Wommelgem 1987.

Billuart, Charles-René: Summa S. Thomae hodiernis academiarum moribus accommodata, sive Cursus Theologiae Juxtà mentem &, in quantum licuit, juxtà ordinem & litteram D. THOMAE in sua Summa, insertis pro re nata Digressionibus in Historiam Ecclesiasticam. Ad Usum Scholarum Thomisticarum. Secunda Secundae De Virtutibus Theologicis. A Quaestione I. ad 46. Bd. VII: Tractatus de fide et regulis fidei D. Th. à Q. 1 ad 16, Würzburg 1758.

Böhl, Eduard: Dogmatik. Darstellung der christlichen Glaubenslehre auf reformirt-kirchlicher Grundlage, Amsterdam 1887.

Böttigheimer, Christoph: Zwischen Polemik und Irenik. Die Theologie der einen Kirche bei Georg Calixt, Münster 1996 (Studien zur systematischen Theologie und Ethik 7).

Breithaupt, Joachim Justus: Institutionum Theologicarum Libri Duo, o. O. [Halle, Saale] 1694.

Brown, Jerry Wayne: The Rise of Biblical Criticism in America. 1800–1870. The New England Scholars, Middletown, Connecticut 1969.

Burgon, John William: Inspiration and Interpretation: Seven Sermons Preached Before the University of Oxford: With Preliminary Remarks: Being an Answer to a Volume Entitled »Essays and Reviews«, Oxford/London 1861.

Bürkle, Horst/Ernst, Josef/Gabel, Helmut: Art. Inspiration, in: LThK 5, ^{3}1996, 533–541.

Burtchaell, James Tunstead: Catholic Theories of Biblical Inspiration Since 1810. A Review and Critique, London/New York 1969.

Byrd, James P.: The ›New World‹ of North America and Canada – and the Globalization of Critical Biblical Scholarship, in: Sæbø 2013, 171–202.

Calixt, Georg: Responsvm Maledicis Theologorum Moguntinorum Pro Romani Pontificis Infallibilitate Praeceptoqve Commvnionis Svb Vna Vindiciis Oppositvm, Helmstedt 1644.

Carden, Allen: La Bible dans les sermons en Amérique du Nord, in: Belaval/Bourel 1986, 545–561.

Clark, Elizabeth A.: Founding the Fathers. Early Church History and Protestant Professors in Nineteenth-Century America, Philadelphia/Oxford 2011.

Cochlovius, Joachim: Art. Evangelische Allianz, in: TRE, Bd X, 1982, 650–656.

Coleridge, S[amuel] T[aylor]: Confessions of an Inquiring Spirit [1840]. Reprinted from the third edition 1853 with the Introduction by Joseph Henry Green and the Note by Sarah Coleridge. Edited with an Introductory Note by H[enry] StJ. Hart, London 1956 (A Library of Modern Religious Thought); auch in: Ders.: Shorter Works and Fragments, hgg. von H. J. Jackson and J[ames] R[obert] de J[ager] Jackson. 2 Bände, London 1995 (The Collected Works of Samuel Taylor Coleridge, Bd. 11/Bollingen Series 75), 1111–1170.

Craig, William Lane: ›Men Moved By the Holy Spirit Spoke from God‹ (2 Peter 1.21): A Middle Knowledge Perspective on Biblical Inspiration, in: Michael Rea (Hrsg.), Oxford Readings in Philosophical Theology. Bd. II: Providence, Scripture, and Resurrection, Oxford u. a. 2009, 157–191.

Cremer, [August Hermann]: Art. Inspiration, in: RE, Bd. VI, ²1880, 746–764.

Cremer, [August Hermann]: Art. Inspiration, in: RE, Bd. IX, ³1901, 183–203.

Dantine, Wilhelm: Das Dogma im tridentinischen Katholizismus, in: Bernhard Lohse u. a., Die Lehrentwicklung im Rahmen der Konfessionalität, Göttingen ²1998 (Handbuch der Dogmen- und Theologiegeschichte, Bd. II), 411–498.

Dausch, Petrus: Die Schriftinspiration. Eine biblisch-geschichtliche Studie, Freiburg im Breisgau 1891.

Deuschle, Matthias A., Ernst Wilhelm Hengstenberg. Ein Beitrag zur Erforschung des kirchlichen Konservatismus im Preußen des 19. Jahrhunderts, Tübingen 2013 (Beiträge zur historischen Theologie 169).

De Valencia, Gregor: Commentaria Theologica. Bd. III: Complectens materias Secundae Secundae Diui Thomae, Ingolstadt 1595.

Dieckhoff, Aug[ust] Wilh[elm]: Die Inspiration und Irrthumslosigkeit der heiligen Schrift, Leipzig 1891.

Dieckhoff, Aug[ust] Wilh[elm]: Noch einmal über die Inspiration und Irrthumslosigkeit der heiligen Schrift, Rostock 1893.

Diekmeyer, Gerhard: Wort und Gewißheit. Das Schriftprinzip in der Theologie Hermann Cremers, Wuppertal 1999 (Systematisch-theologische Monographien 2).

Eijl, E[dmond] J. M. van: La controverse louvaniste autour de la grâce et du libre arbitre à la fin du XVIe siècle, in: M[athijs] Lamberigts/L. Kenis (Hgg.), L'Augustinisme à l'ancienne Faculté de théologie de Louvain, Löwen 1994 (Bibliotheca Ephemeridum Theologicarum Lovaniensium 111), 207–282.

Ellis, Ieuan: Seven Against Christ: A Study of »Essays and Reviews«, Leiden 1980 (Studies in the History of Christian Thought 23).

Engel, Peter: Die eine Wahrheit in der gespaltenen Christenheit. Untersuchungen zur Theologie Georg Calixts, Göttingen 1976 (Göttinger theologische Arbeiten 4).

Engelhardt, [Moritz von]: Der Rahtmannische Streit, Zeitschrift für die historische Theologie 24 (1854), 43–131.

Fecht, Johannes: Compendium Universam Theologiam Theticam et Polemicam Complexum, Zerbst/Leipzig 1744.

Fogarty, Gerald P.: The Catholic Church and Historical Criticism of the Old Testament, in: Sæbø 2013, 244–261.

Freylinghausen, Johann Anastasius: Grundlegung der Theologie, Darinn die Glaubens-Lehren aus Göttlichem Wort deutlich fürgetragen, und zum Thätigen Christentumb, wie auch Evangelischen Trost angewendet werden, Halle 1703.

Gaßmann, Günther: Die Lehrentwicklung im Anglikanismus von Heinrich VIII. bis zu William Temple, in: Bernhard Lohse u. a., Die Lehrentwicklung im Rahmen der Konfessionalität, Göttingen ^{2}1998 (Handbuch der Dogmen- und Theologiegeschichte, Bd. II), 353–409.

García Morales, Juan Jesús: La inspiración bíblica a la luz del principio católico de la tradición. Convergencias enta la *Dei Verbum* y la Teología de P. Benoit, O. P., Rom 2012 (Tesi Gregoriana/Serie Teologia 190).

Gaussen, L[ouis]: Théopneustie ou Inspiration plénière des Saintes Écritures, Paris/London ^{2}1842.

Gennrich, P[aul]: Der Kampf um die Schrift in der Deutsch-evangelischen Kirche des neunzehnten Jahrhunderts, Berlin 1898.

González de Albelda, Juán: Commentariorum et Disputationum in primam partem Angelici Doctoris D. Thomae. Bd. I, Alcalá 1621.

Greenslade, S. L. (Hrsg.): The Cambridge History of the Bible. Bd. III: The West from the Reformation to the Present Day, Cambridge u. a. 1976 (=1963).

Greve, [Julius]: Der Kampf um die heilige Schrift und ihre Inspiration mit Rücksicht auf Dr. Dieckhoff, Dr. Geß u. a., Cottbus 1892.

Grützmacher, Richard H.: Wort und Geist. Eine historische und dogmatische Untersuchung zum Gnadenmittel des Wortes, Leipzig 1902.

Halverscheid, Heinrich: Lumen Spiritus prius quam Scriptura intellecta. Hermann Rahtmanns Kritik am lutherischen Schriftprinzip. Diss. theol., Marburg 1971.

Hankins, Barry: American Evangelicals. A Contemporary History of a Mainstream Religious Movement, Plymouth 2009.

Harrisville, Roy/Sundberg, Walter: The Bible in Modern Culture. Baruch Spinoza to Brevard Childs, second ed., Grand Rapids, Michigan/Cambridge, U.K. 2002.

Hatch, Carl Eugene: The First Heresy Trial of Charles Augustus Briggs: American Higher Criticism in the 1890's, PhD thesis, State University of New York at Buffalo 1964 (*non vidi*).

Hatch, Nathan O./Noll, Mark A. (Hgg.): The Bible in America. Essays in Cultural History, New York/Oxford 1982.

Hays, Christopher M./Ansberry, Christopher B. (Hgg.): Evangelical Faith and the Challenge of Historical Criticism, London 2013.

Hays, Christopher M.: Towards a Faithful Criticism, in: Hays/Ansberry 2013, 1–23.

Henke, Ernst Ludwig Theodor: Consensus Repetitus Fidei vere Lutheranae MDCLV. Librorum Ecclesiae Evangelicae Symbolicorum Supplementum, Marburg 1847.

Henke, Ernst Ludwig Theodor: Georg Calixtus und seine Zeit. 3 Bände, Halle 1853–60.

Henry, Carl F. H.: God, Revelation and Authority. Bd. IV: God Who Speaks and Shows, Fifteen Theses, Part Three, Waco, Texas 1979.

Heppe, Heinrich: Die Dogmatik der evangelisch-reformierten Kirche dargestellt und aus den Quellen belegt. Neu durchgesehen und hrsg. von Ernst Bizer, Neukirchen ^{2}1958.

Hodge, Archibald/Warfield, Benjamin: Inspiration, in: The Presbyterian Review 6 (April 1881), 225–260.

Hollaz, David: Examen Theologicum Acroamaticum Vniversam Theologiam Thetico-Polemicam Complectens, ^{2}1763.

Holthaus, Stephan/Vanheiden, Karl-Heinz (Hgg.): Die Unfehlbarkeit und Irrtumslosigkeit der Bibel, Hammerbrücke ^{2}2002.

Holthaus, Stephan: Bibeltreue Theologie in Deutschland: 1800 bis 1914, in: Holthaus/Vanheiden 2002, 211–229.

Holthaus, Stephan: Fundamentalismus in Deutschland. Der Kampf um die Bibel im Protestantismus des 19. und 20. Jahrhunderts, Bonn ^{2}2003.

Hornig, Gottfried: Lehre und Bekenntnis im Protestantismus, in: Gustav Adolf Benrath u. a., Die Lehrentwicklung im Rahmen der Ökumenizität, Göttingen ^{2}1998 (Handbuch der Dogmen- und Theologiegeschichte, Bd. III), 71–287.

Howard, Thomas Albert: Protestant Theology and the Making of the Modern German University, Oxford u. a. 2006.

Hütter, Leonhard: Loci Communes Theologici, ex Sacris Literis diligenter eruti, Veterum Patrum testimoniis paßim roborati, & conformati ad methodum Locorum Philippi Melanthonis, adeoque singulari dexteritate ita explicati, ut divina veritas ex iis facilè cognosci, & adversariorum sophismata sufficienter refutari poßint, Wittenberg 1619.

Hütter, Leonhart: Compendium Locorum Theologicorum Ex Scripturis Sacris et Libro Concordiae, lateinisch – englisch – deutsch, hrsg. von Johann Anselm Steiger. 2 Bände (durchpaginiert), Stuttgart/Bad Cannstatt 2006 (Doctrina et Pietas II/3).

Ilgner, Friedrich Christoph: Die neutestamentliche Auslegungslehre des Johann August Ernesti (1707–1781). Ein Beitrag zur Erforschung der Aufklärungshermeneutik. Diss. theol., Leipzig 2002.

Jones, Tod E.: The Broad Church. A Biography of a Movement, Oxford 2003.

Jung, Friedhelm: Die deutsche Evangelikale Bewegung. Grundlinien ihrer Geschichte und Theologie, Bonn ^{3}2001 (Biblia et Symbiotica 8).

Kamen, Michael L.: The Science of the Bible in Nineteenth-Century America: From Common Sense to Controversy, 1820–1900. PhD Diss., Notre Dame, Indiana 2004; download unter: URL <http://etd.nd.edu/ETD-db/theses/available/etd-04142004-064458/unrestricted/KamenML042004.pdf> (06/09/2013).

Kasiri, Hamid: Mit den Augen des Anderen. Zur Entwicklung des Umgangs mit der Hl. Schrift im Katholizismus des 20. Jahrhunderts, Frankfurt am Main 2010.

Klauber, Martin I.: Between Reformed Scholasticism and Pan-Protestantism. Jean-Alphonse Turretin (1671–1737) and Enlightened Orthodoxy at the Academy of Geneva, Cranbury, NJ 1994.

Kliefoth, Th[eodor]: Der Schriftbeweis des Dr. J. Chr. K. von Hofmann, Schwerin 1859.

Kölling, Wilhelm: Prolegomena zur Lehre von der Theopneustie, Breslau 1890.

Kölling, Wilhelm: Die Lehre von der Theopneustie, Breslau 1891.

König, Johann Friedrich: Theologia positiva acroamatica (Rostock 1664). Herausgegeben und übersetzt von Andreas Stegmann, Tübingen 2006.

Kraus, Hans-Joachim: Geschichte der historisch-kritischen Erforschung des Alten Testaments, Neukirchen-Vluyn ^{3}1982.

Kümmel, Werner Georg: Das Neue Testament. Geschichte der Erforschung seiner Probleme, Freiburg u. a. ^{2}1970 (Orbis academicus 3/3).

Kuyper, Abraham: Encyclopedia of Sacred Theology. Its Principles, New York 1898 (danach zitiert; ND Grand Rapids 1954).

Lange, Joachim: Oeconomia Salutis Evangelica, eaque Dogmatica, in justo articulorum nexu, methodo demonstrativa digesta, et uti acuendo spirituali judicio, juvandaeque memoriae, sic etiam Christianae praxi accommodata, Halle ^{3}1733.

Laplanche, François: Débats et combats autour de la Bible dans l'orthodoxie réformée, in: Armogathe 1989, 117–140.

Lauster, Jörg: Prinzip und Methode. Die Transformation des protestantischen Schriftprinzips durch die historische Kritik von Schleiermacher bis zur Gegenwart, Tübingen 2004 (Hermeneutische Untersuchungen zur Theologie 46).

Lee, William: The Inspiration of Holy Scripture, Its Nature and Proof. Eight Discourses, Preached Before the University of Dublin, New York 1852.

Leonhardt, Rochus: Skeptizismus und Protestantismus. Der philosophische Ansatz Odo Marquards als Herausforderung an die evangelische Theologie, Tübingen 2003 (Hermeneutische Untersuchungen zur Theologie 44).

Lessing, Eckhard: Geschichte der deutschsprachigen evangelischen Theologie von Albrecht Ritschl bis zur Gegenwart, bisher 3 Bände, Göttingen 2000–09.

Lindemann, Gerhard: Für Frömmigkeit in Freiheit. Die Geschichte der Evangelischen Allianz im Zeitalter des Liberalismus (1846–1879), Münster 2011 (Theologie: Forschung und Wissenschaft 24).

Lindsell, Harold: The Battle for the Bible, Grand Rapids, Mich. ^{13}1981.

Lobstein, Paul: Einleitung in die evangelische Dogmatik, Freiburg i. B. u. a. 1897.

Maier, Gerhard: Biblische Hermeneutik, Wuppertal ^{5}2005 (BWM 2).

Marsden, George M.: Everyone One's Own Interpreter? The Bible, Science, and Authority in Mid-Nineteenth-Century America, in: Hatch/Noll 1982, 79–100.

Marsden, George M.: Fundamentalism and American Culture, second ed., Oxford u. a. 2006.

Maurer, Ernstpeter: Art. Inspiration [2009], in: WiBiLex, online unter: URL <http://www.bibelwissenschaft.de/wibilex/das-bibellexikon/lexikon/sachwort/anzeigen/details/inspiration-3/ch/b84a296c0e6b53bb610128d19f50b9f3/ (12. 08. 13).

Meyenberg, A.: Ist die Bibel inspiriert? Orientierende Wanderungen durch die Gebiete der modernen Bibelfragen, Leipzig 1907.

Motta, Franco: Bellarmino. Una teologia politica della Controriforma, Brescia 2005 (Storia 12).
Mühling, Andreas/Opitz, Peter (Hgg.): Reformierte Bekenntnisschriften. Bd. II/2: 1562–1569, Neukirchen-Vluyn 2009.
Muller, Richard A.: Post-Reformation Reformed Dogmatics. The Rise and Development of Reformed Orthodoxy, ca. 1520 to ca. 1725. Bd. II: Holy Scripture. The Cognitive Foundation of Theology, second ed., Grand Rapids, Michigan 2003 (ND 2006).
Mützenberg, Gabriel: À l'écoute du Réveil. De Calvin à l'Alliance évangelique, St-Légier 1989.

Neil, W.: The Criticism and Theological Use of the Bible, 1700–1950, in: Greenslade 1976, 238–293.
Nellen, H. J. M.: Growing Tension between Church Doctrines and Critical Exegesis of the Old Testament, in: Sæbø 2008, 802–826.
Noll, Mark A.: Between Faith and Criticism. Evangelicals, Scholarship and the Bible in America, second ed., Grand Rapids, Mich. 1991 (Society of Biblical Literature Confessional Perspective Series).
Noll, Mark A.: Das Christentum in Nordamerika, Leipzig 2000 (KGE IV/5).
Noll, Mark A.: The Rise of Evangelicalism. The Age of Edwards, Whitefield and the Wesleys, Downers Grove, Illinois 2003 (A History of Evangelicalism 1).
Norton, David: A History of the Bible as Literature. 2 Bände, Cambridge u. a. 1993.

Pannenberg, Wolfhart: Die Krise des Schriftprinzips [1962], in: Grundfragen systematischer Theologie. Gesammelte Aufsätze, Göttingen ^{3}1979,11–21.
Pierson, Arthur T. (Hrsg.): The Inspired Word. A Series of Papers and Addresses Delivered at the Bible-Inspiration Conference, Philadelphia, 1887, New York 1888.
Pitassi, Maria-Cristina: Entre croire et savoir. Le problème de la méthode critique chez Jean Le Clerc, Leiden 1987.
Pitassi, Maria-Cristina: De l'orthodoxie aux lumières. Genève 1670–1737, Genf 1992.
Pöhlmann, Horst Georg: Abriss der Dogmatik. Ein Kompendium, Gütersloh ^{6}2002.
Preus, Robert D.: The Inspiration of Scripture. A Study of the Theology of the Seventeenth Century Lutheran Dogmaticians, Edinburgh/London ^{2}1957.
Preus, Robert D.: The Study of Post-Reformation Lutheranism. 2 Bände, Saint Louis, Mo. 1970/72.

Ratschow, Carl Heinz: Lutherische Dogmatik zwischen Reformation und Aufklärung. Bd. I, Gütersloh 1964.
Reventlow, Henning Graf/Sparn, Walter/Woodbridge, John (Hgg.): Historische Kritik und biblischer Kanon in der deutschen Aufklärung, Wiesbaden 1988 (Wolfenbütteler Symposion 18).
Reventlow, Henning Graf: Epochen der Bibelauslegung. Bd. IV: Von der Aufklärung bis zum 20. Jahrhundert, München 2001.
Rogers, Jack B./McKim, Donald K.: The Authority and Interpretation of the Bible. An Historical Approach, New York u. a. 1979.
Rogerson, John W.: Early Old Testament Critics in the Roman Catholic Church – Focussing on the Pentateuch, in: Sæbø 2008, 837–850.

Rohls, Jan: Protestantische Theologie der Neuzeit. 2 Bände, Tübingen 1997.
Rohnert, W[ilhelm]: Die Inspiration der Heiligen Schrift und ihre Bestreiter. Eine biblisch dogmengeschichtliche Studie, Leipzig 1889.
Rohnert, W[ilhelm]: Was lehren die derzeitigen deutschen Professoren der evang. Theologie über die h. Schrift und deren Inspiration? Bd. I: Konfessionelle Lutheraner und Vereinslutheraner, Leipzig 1892.
Roos, Magnus Friedrich: Beweis daß die ganze Bibel von Gott eingegeben und die darauf gegründete christliche Religion wahr sey, Tübingen 1791.
Rudelbach, A[ndreas] G[ottlob]: Die Lehre von der Inspiration der heiligen Schrift, mit Berücksichtigung der neuesten Untersuchungen darüber von *Schleiermacher, Twesten* und *Steudel*, historisch-apologetisch und dogmatisch entwickelt, Zeitschrift für die gesammte lutherische Theologie und Kirche 1/1 (1840), 1–59; 1/2 (1840), 1–66; 2/4 (1841), 1–39; 3/2 (1842), 1–51.

Sæbø, Magne (Hrsg.): Hebrew Bible/Old Testament – the History of Its Interpretation. Bd. II: From the Renaissance to the Enlightenment, Göttingen 2008.
Sæbø, Magne (Hrsg.): Hebrew Bible/Old Testament – the History of Its Interpretation. Bd. III: From Modernism to Post-Modernism (The Nineteenth and Twentieth Centuries), Part I: The Nineteenth Century – a Century of Modernism and Historicism, Göttingen 2013.
Sandys-Wunsch, John: Early Old Testament Critics on the Continent, in: Sæbø 2008, 971–984.
Savart, Claude/Aletti, Jean-Noël: Le monde contemporain et la Bible, Paris 1985 (Bible de tous les temps 8).
Sawyer, M. James: Inspiration, Authority and Criticism in the Thought of Charles Augustus Briggs, 2004; download unter URL: <https://bible.org/article/inspiration-authority-criticism-thought-charles-augustus-briggs> (08/09/2013).
Schäfer, Rolf: Die Bibelauslegung in der Geschichte der Kirche, Gütersloh 1980 (Studienbücher Theologie/Kirchen- und Dogmengeschichte).
Schirrmacher, Thomas: Bibeltreue in der Offensive. Die drei Chicagoerklärungen zur biblischen Irrtumslosigkeit, Hermeneutik und Anwendung, Bonn [3]2009 (Biblia et Symbiotica 2); download unter: URL <http://www.bucer.de/ressource/details/bibeltreue-in-der-offensive.html> (20/08/2013).
Schnabel, Eckhard: Inspiration und Offenbarung. Die Lehre vom Ursprung und Wesen der Bibel, Wuppertal 1986.
Schneemann, Gerhard: Controversiarum de divinae gratiae liberique arbitrii concordia initia et progressus, Freiburg im Breisgau 1881.
Scholder, Klaus: Ursprünge und Probleme der Bibelkritik im 17. Jahrhundert. Ein Beitrag zur Entstehung der historisch-kritischen Theologie, München 1966 (Forschungen zur Geschichte und Lehre des Protestantismus 10/33).
Schubert, Anselm: Das Ende der Sünde. Anthropologie und Erbsünde zwischen Reformation und Aufklärung, Göttingen 2002 (FKDG 84).
Schüssler, Hermann: Georg Calixt. Theologie und Kirchenpolitik. Eine Studie zur Ökumenizität des Luthertums, Wiesbaden 1961 (Veröffentlichungen des Instituts für Europäische Geschichte Mainz 25).

Shea, Victor/Whitla, William (Hgg.): Essays and Reviews. The 1860 Text and Its Reading, Charlottesville u. a. 2000.

[Simon, Richard]: Réponse au Livre intitulé Sentimens de quelques Theologiens de Hollande sur l'Histoire Critique du Vieux Testament. Par Le Prieur de Bolleville, Rotterdam 1686.

Simon, Richard: Histoire Critique du texte du Nouveau Testament. Où l'on établit la Verité des Actes sur lesquels la Religion Chrêtienne est fondée, Rotterdam 1689.

[Simon, Richard]: De l'inspiration des livres sacrez: Avec une reponse au livre intitulé, *Defense des Sentimens de quelques Théologiens de Hollande sur l'Histoire Critique du Vieux Testament:* par Le Prieur de Bolleville, Rotterdam 1699.

Slenczka, Reinhard: Geist und Buchstabe [1998], in: Ders., Neues und Altes. Ausgewählte Aufsätze, Vorträge und Gutachten, hrsg. von Albrecht Immanuel Herzog, Bd. I: Aufsätze zu dogmatischen Themen, Neuendettelsau 2000, 16–53.

Smend, Rudolf: A Conservative Approach in Opposition to a Historical-critical Interpretation: E. W. Hengstenberg and Franz Delitzsch, in: Sæbø 2013, 494–520.

Stadelmann, Helge: Grundlinien eines bibeltreuen Schriftverständnisses, Wuppertal 1985.

Stadelmann, Helge: Evangelikales Schriftverständnis. Die Bibel verstehen – der Bibel vertrauen – der Bibel folgen, Hammerbrücke 2005.

Stegmann, Andreas: Johann Friedrich König. Seine »Theologia Positiva Acroamatica« (1664) im Rahmen des frühneuzeitlichen Theologiestudiums, Tübingen 2006 (Beiträge zur historischen Theologie 127).

Steiger, Johann Anselm: Leonhard Hutters *Compendium Locorum Theologicorum* (1610). Zu Entstehung und Wirkung eines Bestsellers lutherischer Theologie. Mit der Vorstellung eines Editionsprojektes, Editio 17 (2003), 100–125.

Steiger, Johann Anselm: The Development of the Reformation Legacy: Hermeneutics and Interpretation of the Sacred Scripture in the Age of Orthodoxy, in: Sæbø 2008, 691–757.

Sull, Ch[arles] van: Léonard Lessius de la Compagnie de Jésus (1554–1623), Löwen/Paris 1930 (Museum Lessianum/Section théologique 21).

Tholuck, A[ugust]: Die Inspirationslehre, Deutsche Zeitschrift für christliche Wissenschaft und christliches Leben 1 (1850), 125–132, 139–142, 329–333, 341–348.

Tholuck, [August]: Art. Inspiration, in: RE, Bd. VI, ¹1856, 692–699.

Trembath, Kern Robert: Evangelical Theories of Biblical Inspiration. A Review and a Proposal, Oxford u. a. 1987.

Turretini, François: Institutio Theologiae Elencticae. Bd. I, Genf 1679.

Van den Belt, Henk: The Authority of Scripture in Reformed Theology. Truth and Trust, Leiden u. a. 2008 (Studies in Reformed Theology 17).

Van Houdt, Toon/Decock, Wim: Leonardus Lessius. Traditie en vernieuwing, Antwerpen 2005.

Van Til, Cornelius: The Protestant Doctrine of Scripture, Phillipsburg, New Jersey 1967 (In Defense of the Faith 1).

Vilmar, A[ugust] F[riedrich] C[hristian]: Dogmatik. Akademische Vorlesungen, hrsg. von K. W. Piderit. Bd. I, Gütersloh 1874.

Wallmann, Johannes: Scriptural Understanding and Interpretation in Pietism, in: Sæbø 2008, 902–925.

Ward, William Reginald: Kirchengeschichte Großbritanniens vom 17. bis zum 20. Jahrhundert, Leipzig 2000 (KGE III/7).

Warfield, Benjamin Breckinridge: The Inspiration and Authority of the Bible, hrsg. von Samuel G. Craig, Phillipsburg, N. J. 1948.

Wichelhaus, Johannes: Die Lehre von der Heiligen Schrift vom Worte Gottes, vom Wesen und Werken Gottes, vom Menschen und Gesetz Gottes, hrsg. von A. Zahn, Stuttgart ³1892.

Wicks, Jared: Catholic Old Testament Interpretation in the Reformation and Early Confessional Eras, in: Sæbø 2008, 617–648.

Woodbridge, John D.: Biblical Authority. A Critique of the Rogers/McKim Proposal, Grand Rapids, Michigan 1982.

Zaspel, Fred G.: The Theology of B. B. Warfield. A Systematic Summary, Wheaton, Illinois 2010.

Inspiration und Übersetzung

Historische Fragestellungen zur Autorität der Heiligen Schrift[1]

Respons zu dem Beitrag von Wolfram Kinzig

András Korányi

Die Autorität der Schrift in der Neuzeit – es ist ein breites Thema, das ganz unterschiedliche Interpretationen auch aus der Perspektive der kirchengeschichtlichen Forschung ermöglicht. Nehmen wir nur die theologiegeschichtliche Linie in Betracht, lassen sich verschiedene Auffassungen schon in diesem engeren Forschungsbereich skizzieren, die eine breite Variation von wissenschaftlichen, philosophischen, konfessionellen oder sogar kulturellen, sprachlichen und politischen Hintergründen zeigen. Auf der einen Seite kann man sich auf ausgewählte, spezifische Einzelaspekte konzentrieren, zu denen auch die Inspirationskonzeptionen im Zusammenhang mit den biblischen Texten gehören. Auf der anderen Seite soll man aber auch die wissenschaftlichen und akademischen Debatten in ihren Zusammenhängen in den Blick nehmen, um die neben- oder gegeneinander formulierten Argumente und die kontextuellen Motivationen in einer tieferen und komplexen Tönung analysieren zu können.

Deswegen habe ich mich entschieden, unser Thema nach dem ausführlichen und eindrucksvollen Panorama der Inspirationsfrage von Professor Kinzig in die Richtung weiterzuführen, die die Inspirationsfrage mit einer Reihe von diesen unterschiedlichen theologischen Aspekten und mitwirkenden Motivationen verbindet. Als ein symptomatisches Spannungsfeld bietet sich die Geschichte des biblischen Textes bzw. der Übersetzung der Schrift an, wo die ausgedruckte Bibel als Korpus in einem konkreten sprachlichen, grammatischen und theologischen Zustand vor Augen liegt und dadurch einen objektiven Gegenstand der wissenschaftlichen Debatte präsentiert. Als Beispiel für diese Darstellung nehme ich die ausgewählten Stufen der ungarischen Bibelausgaben und Übersetzungen als Basis, die gleichzeitig mit einer typisch ostmitteleuropäischen Geschichte aus der Neuzeit bekannt macht.

---

[1] Dieses Koreferat wurde auf der Tagung der Wissenschaftlichen Gesellschaft für Theologie und der Comenius-Universität gehalten; dieser Vortragsstil wurde auch in der schriftlichen Form beibehalten.

Die Károli-Bibel von Vizsoly (1590)

Das Jahrhundert der Reformation fand das Königreich Ungarn in einer dramatischen historischen Situation: Die bedrohende Nachbarschaft des Osmanischen Reiches führte zu einem militärischen Durchbruch durch die Schlacht zu Mohács 1526. Nach dieser katastrophalen Niederlage von Ungarn im Süden ist die ganze Struktur des Landes zusammengebrochen, und auch Buda, die Stadt des Königshofes im Zentrum von Ungarn, wurde von der osmanischen Armee schon 1541 erobert. Es begann also eine kritische Wendezeit in der ersten Hälfte des 16. Jahrhunderts, die die Szene bis zum Ende des 17. Jahrhunderts völlig und weitreichend verändert hat: Ungarn war in drei Teile – das zentrale Gebiet unter der osmanischen Herrschaft, das Fürstentum Siebenbürgen und die Habsburgische Herrschaft im Norden und Westen – zerfallen. Die Reformation erreichte das Land in einigen Gebieten sofort nach 1517, deren Intensität – trotz allen historischen Turbulenzen – demonstriert, dass wir mit einer Zweidrittelmehrheit der Protestanten bis zum Ende des Jahrhunderts rechnen dürfen. Heutzutage gibt es einen Konsens unter den Forschern, dass wir nur mit Vorbehalt von einer deutlichen, zur kirchlichen Spaltung führenden Konfessionalisierung unter den Protestanten sprechen können, zumindest nicht früher als in den letzten Jahren des 16. Jahrhunderts.

Eine Übersetzung der Heiligen Schrift stand im Programm der Reformation in Ungarn natürlich mit an erster Stelle. Obwohl die Anfänge tief in die vorreformatorischen Zeiten zurückgingen,[2] brach mit dem Humanismus und der Reformation eine neue Ära auch in dieser Arbeit an: mit der Ausgabe des Neuen Testaments von János Sylvester (1541), selbstverständlich aus der Originalsprache. »Durch Propheten hat Gott früher geredet, nun hat er endlich seinen Sohn, wie er versprochen hat, gegeben [...]. In dieser Schrift redet er auch zu dir [...]. Er sprach jüdisch und griechisch, sprach endlich lateinisch in den älteren Zeiten, spricht er hier ungarisch zu Dir [...]«, jubiliert Sylvester in seinem Vorwort.[3] Es gab aber ein enormes Hindernis auf dem Wege der Bibelausgabe in Ungarn: Ein Zurückbleiben zeigte sich in der Drucktechnik und Druckkapazität. Im Zusammenhang mit der Problematik, warum das Neue Testament von Sylvester nicht mit einer prägenden Kraft verbreitet wurde, kommt auch das Argument – neben

---

2 Vor allem denkt man an die sogenannten Hussitenbibel von Tamás Pécsi und Bálint Újlaki aus der ersten Hälfte des 15. Jahrhunderts (1416–1440), deren Text wir nur in einigen Fragmenten in der Hand haben. Weitere wichtige Textkörper von nicht vollständigen Übersetzungen kennen wir auch aus dem Kodex Jordánszky (1516–1519). Vgl. János Battyán, A magyar Biblia évszázadai.

3 Zuschrift des Neuen Testaments von János Sylvester, in: Jenő Sólyom, Hazai egyháztörténelem, 24 (Übersetzung durch A. K.).

anderen Aspekten – vor, dass dessen gotische Drucktype dabei ein negativer Faktor war.

Auf eine vollständige Bibelübersetzung und Bibelausgabe sollte man noch ein halbes Jahrhundert warten. Der reformierte Prediger zu Gönc – der Ort gehörte damals zum Fürstentum Siebenbürgen –, Gáspár Károlyi (1529–1591), und seine Mitarbeiter fingen mit der Übersetzung und der Vorbereitung der Ausgabe in den 1580er Jahren an und waren mit der Arbeit in wenigen Jahren schon fertig. Die sogenannte Károli-Bibel erschien mit ca. 800 Exemplaren (also in einer relativ niedrigen Zahl) 1590 in Vizsoly, einer Ortschaft in der Nähe von Gönc, wo die Druckerei der Familie Rákóczi wirkte. Die originalen hebräischen und griechischen Texte dienten als Basis für die Übersetzung auch mit Blick auf die lateinischen Versionen von Vatablus und Tremellius, das ungarische Sprachniveau des Textes war aber ein historischer Meilenstein. Dass die Wirkung dieser Bibel auf die ungarische Sprache nicht mit der Luther-Bibel im deutschen Bereich verglichen werden kann, hängt mit verschiedenen Faktoren zusammen: Politische Realien, konfessionelle Spaltungen, aber auch die begrenzte Druckkapazität muss man sich vor Augen halten. Das Ziel war aber eindeutig: die Heilige Schrift im Geist der Reformation und ins Ungarische übersetzt in die Hand zu geben.

Die Frage der Inspiration kam im Zusammenhang mit der Károli-Bibel zu dieser Zeit noch nicht vor – auch das Ziel war offensichtlich von anderen Motivationen geprägt. Trotz aller Schwierigkeiten und Begrenzungen in der Verbreitung und den Wirkungen dieser Bibel nach ihrem ersten Erscheinen war und blieb sie jahrhundertelang die maßgebende Version unter den protestantischen Bibeln. Deswegen haben die zahlreichen Fehler in diesem Bibeltext eine besondere Bedeutung auch für unsere Fragestellung nach der Zuverlässigkeit und Autorität dieser »Standardausgabe«. In der ungarischen Sprachgeschichte wurde natürlich mit dieser Übersetzung eine höhere Stufe in der »Orthographie« erreicht, die eine sehr wichtige Rolle für die Arbeit der Reformatoren in Ungarn spielte: Károlyi setzte neue Regeln und Formen fest, vermied die fremdsprachigen Worte und ersetzte sie mit älteren und neuen ungarischen Vokabeln, in der sprachlichen Struktur allerdings führte er z. B. viele Hebräismen ein. Neben der Sprachform zeigten sich aber weitere Fehler in der ersten Ausgabe: Es gab tausende (!) Verse im Text, wo Worte oder sogar auch Sätze ausblieben oder, ganz im Gegenteil, in einer doppelten Form im Text blieben. Es war also eine dringende Aufgabe, zumindest die Fehler in den folgenden Ausgaben zu korrigieren.

Gáspár Károlyi und sein Kreis waren theologisch eindeutig calvinistisch geprägt: Er studierte in Wittenberg nach Luthers Tod 1556 und später – wie man es auch noch heute annimmt – in Straßburg und in der Schweiz. Obwohl die Bibel von Vizsoly dem klassischen Kanon folgte, also zusammen mit den Apokryphen ausgedruckt wurde, generierten ihre (calvinistischen) theologischen Akzente aber immer mehr vehemente Debatten, besonders in der Nachwirkungsgeschichte – nämlich nach den späteren Revisionen im 17. Jahrhundert.

Revisionen der Károli-Bibel im 17. Jahrhundert

Die Aufgabe einer grundsätzlichen Revision der Bibel war schon für Károlyi selbst deutlich, er starb aber 1591, ein Jahr nach dem Erscheinen seines Werkes. Bei den Schwierigkeiten zu der Zeit in Ungarn verzögerte sich aber dieses Unternehmen noch weiter, erst fast zwei Jahrzehnte später entstand eine neue Möglichkeit, die alten Pläne mit der Unterstützung des Hessischen Landgrafen Moritz zu verwirklichen. Ein gelehrter Theologe, Albert Molnár (1574–1634) stand im Mittelpunkt dieser Arbeit, der viele Kontakte schon als Stipendiat/Peregrinus in reformatorischen Kreisen in Wittenberg, Straßburg, Genf, Heidelberg usw. aufbaute. Auf Einladung des Landgrafen Moritz verbrachte er fünf Jahre (1606–1611) unter dessen Patronat in Marburg. Zu dieser Zeit wollte er die Edition des Heidelberger Katechismus und eine Revision der Károli-Bibel durchführen – der Katechismus erschien 1607, und auch die Bibel kam in der Druckerei in Hanau schon ein Jahr später im Jahre 1608 heraus.

Molnár konnte die wichtigsten Erwartungen mit seiner »Hanauer Bibel« erfüllen. »Er holte die fehlenden Argumente, die Summa nach den einzelnen Kapiteln, die ausgebliebenen Verse, die Überschriften vor den Psalmen nach, korrigierte die Konkordanz vollständig, übernahm die Zeittafeln vor den historischen Büchern aus anderen Ausgaben, und ergänzte jedes biblisches Buch mit einem Abschlusssatz.«[4] Trotz aller nötigen und nutzvollen Änderungen und Ergänzungen behielt Molnár wesentlich den Text der Károli-Übersetzung bei und wollte möglichst wenig verändern: »Versionem primam studiose retinui«, schrieb er.[5] Was die Grammatik und Orthographie betrifft, verbesserte er die sprachliche Qualität mit der Sorgfalt eines überzeugten Philologen, was den allgemeinen Bestrebungen im Blick auf die neueren Ausgaben der Bibel zu dieser Epoche entsprach.

Eine nächste Stufe wurde in der Geschichte der Károli-Bibel mit ihrer 6. Ausgabe 1695 erreicht. »Die vergoldete Bibel« – wie man sie schon damals nannte – war eine prachtvolle Arbeit von Miklós Tótfalusi Kis (1650–1702), der – erstaunlicherweise – ganz ähnliche Vorhaben wie Molnár vor etwa 80 Jahren in seinem Vorwort formulierte.[6] Er schreibt wieder von tausenden fehlenden Ver-

---

4 Judit P. Vásárhelyi, Szenci Molnár, 82.

5 »Die erste Version habe ich mit Sorgen erhalten.« (Judit P. Vásárhelyi, Szenci Molnár, 81).

6 Vgl. Miklós M. Tótfalusi Kis, Aranyas Bibliája.

sen, unnötigen Einschaltungen, die laut nach einer Korrektur riefen, wie es in der Heiligen Schrift selbst zu lesen ist: »Alles was ich euch gebiete, das sollt ihr halten und danach tun. Ihr sollt nichts dazutun und nichts davontun« (Dtn 13,1). Diese Zielsetzung zeigt nicht nur, dass die Bibeleditionen seit 1608 unter vielfältigen Textverderbnissen litten, sondern spiegelt eine weitere und rapide Entwicklung der Sprache wider. Mit diesen Änderungen konnte Tótfalusi Kis wieder ein hohes Sprachniveau erreichen und damit die Autorität der Heiligen Schrift aus inhaltlicher Sicht verstärken.

Diese wiederholte Problematik der sprachlichen – und dadurch auch inhaltlichen – Zuverlässigkeit der Bibel führt also zu einer doppelten Konsequenz:

THESE 1

Wegen der ständigen Schwierigkeiten mit der Drucktechnik und den fehlenden Druckmöglichkeiten in Ungarn war die Qualität der Bibeleditionen – und dadurch auch die Zuverlässigkeit der biblischen Texte – etwas unsicher. Die Korrektur der Texte war in den fremden Ländern – wo man kaum ein ungarisches Wort in der Druckerei verstand – offensichtlich problematisch. Die ständige Notwendigkeit der wiederholten Revisionen erreichte ein beruhigendes Stadium erst am Ende des 17. Jahrhunderts.

THESE 2

Die zu verschiedenen Zeitpunkten herausgegebenen Stadien der Károli-Bibel spiegeln eine intensive Entwicklung der ungarischen Sprache zwischen 1590 und 1695 wider. Aus dieser Entwicklung folgte ein von Zeit zu Zeit erneuerter Anspruch an eine wieder überarbeitete Version.

Die akademische Debatte über die Verbalinspiration wurde also erneut mit praktischen Hindernissen konfrontiert, können wir provozierend formulieren – während für alle Bibelherausgeber von Gáspár Károlyi und Albert Molnár bis Miklós Tótfalusi Kis die Autorität der Heiligen Schrift als Wort Gottes selbstverständlich war.

Über die Textprobleme hinaus zeigt sich aber eine viel tiefere theologische Spannung. Die Károli-Bibel von Vizsoly und noch deutlicher die danach folgenden Revisionen trugen reformierte/calvinistische Charakterzüge. Dafür finden wir ein typisches Beispiel im Schicksal der Apokryphen. Die Lutheraner hielten es für selbstverständlich, dass diese Bücher zu einer vollständigen Bibelausgabe gehörten. Károlyi inkorporierte diese noch in die Sammlung der kanonischen Bücher, Molnár hingegen trennte sie von den kanonischen Schriften, Tótfalusi Kis ließ sie völlig weg. Letzteres könnte man wohl mit dem kleineren Format der Bibel erklären, Tótfalusi Kis bezieht sich aber auf »die Wissenschaftler« (also Theologen), und er folgt Molnár in dieser Frage, der auch direkt einen Hinweis auf Calvin gab, um seinen Standpunkt zu begründen. Man könnte noch weitere Beispiele für diese konfessionelle Umprägung geben, die sich aber nicht nur an den Texten, sondern auch an der Bestrebung der Lutheraner in Ungarn zeigt, die sich eine neue Bibelübersetzung als Ziel im Laufe des 18. Jahrhunderts setzten.

Lutherische Bibelübersetzungen im 18. Jahrhundert

Nach dem 350. Jubiläum der Károli-Bibel machte Professor Jenő Sólyom durch eine kritische Frage aus der evangelisch-lutherischen Perspektive auf einen Umstand aufmerksam. Man kennt Fragmente anderer Ausgaben dieser Bibel aus Bartfeld, Leutschau und Leipzig aus dem 17. Jahrhundert, die vielleicht in eine andere theologische – nämlich eine lutherische – Richtung eingeordnet werden können.[7] Da man diese Überlegung aus den Fragmenten leider nicht verifizieren kann, sollten wir uns auf das nächste Jahrhundert konzentrieren: Die Frage einer lutherischen Bibel kam auch im 18. Jahrhundert auf. Die in Weimar herausgegebene Zeitschrift *Acta Historico-Ecclesiastica* gab einen Bericht über die Basler ungarische Bibel 1752: »Diese Übersetzung benutzen die reformierten Gemeinden in Ungarn. Die Lutherischen Gemeinden haben eine andere Übersetzung, aber aus gewissen Gründen können wir hier nichts darüber sagen.«[8]

Mit diesen Bestrebungen der Lutheraner im Hintergrund überrascht uns nicht, dass die pietistische Bewegung, die programmatisch die Bibel in die Hand geben wollte, auch in Ungarn mit dem Anspruch auf eine neue Übersetzung in der lutherischen Kirche eng verbunden war. Endlich entstanden als Ergebnis zwei neue Ausgaben des Neuen Testaments: übersetzt von András Torkos (1669–1737) in Wittenberg 1736 und György Bárány (1682–1757) in Jauer 1758. Die Pläne von Bárány und seinem Sohn, eine neue Übersetzung und Ausgabe der ganzen Heiligen Schrift in die Druckerei zu geben, blieben aber offensichtlich unerfüllt.

Die ausgesprochenen Wünsche und die historischen Spuren einer parallelen lutherischen Linie in der Übersetzung und Edition der Heiligen Schrift, die teils zur Károli-Bibel-Tradition gehörte, teils ganz getrennt lief, deckten tiefere theologische Unterschiede und Spannungen im 16.–18. Jahrhundert auf. Diese Aspekte stellen auch die Autoritätsfrage im Zusammenhang mit der Heiligen Schrift in ein kritisches Licht.

---

[7] Jenő Sólyom, Tanuljunk újra Luthertől!, 126–132.

[8] Zoltán Csepregi, Evangélikus bibliafordítások, 174–175.

Die Revision der Károli-Bibel 1908

»Niemand kann den Schandfleck vom ungarischen Protestantismus des 19. Jahrhundert abwaschen, dass er eine Erneuerung seiner obsoleten Bibelübersetzung aus eigener Kraft nicht durchführen konnte«[9], schrieb die ungarische kirchliche Zeitschrift Protestáns Szemle 1908, als eine neue revidierte Version der Károli-Bibel erschien. Der archaische Stil, die altmodischen Worte und Redewendungen, die überholte theologische Atmosphäre riefen nach dieser Erneuerung der protestantischen Bibel nach gut 200 Jahren. Obwohl der allgemeine Anspruch eindeutig war, führten die Kriterien der Revision zu heftigen Auseinandersetzungen. Die Britische und Ausländische Bibelgesellschaft garantierte die finanziellen Quellen und bestimmte dadurch auch diese Kriterien in einer ganz ambivalenten Erwartungsliste. In erster Linie war diese Aufgabe eine sprachliche Modernisierung, aber streng begrenzt. Wo sich die alten Formulierungen tief in der Umgangssprache verwurzelten, sollten die Wissenschaftler die alte Version erhalten. Das Revisionskomitee zählte insgesamt 23 Theologen und Kirchenführer – mit Reformierten in einer Zweidrittelmehrheit –, die die biblischen Bücher untereinander aufteilten, und jeder arbeitete an der Überarbeitung von einem Buch bis vier Büchern. Erstaunlich war die vorgeschriebene Erwartung der Bibelgesellschaft, dass sie ausschließlich eine uralte Version der originalen hebräischen und griechischen Texte benutzen durften, die nahe der von Károli benutzten Version war. Es war nicht erlaubt, die kritischen Bibelausgaben hinzuzuziehen.

Trotz aller Bemühungen mit der Károli-Bibel 1908, mit denen die Revisoren große Schritte in die Richtung eines im liturgischen und alltäglichen Gebrauch benutzbaren Textniveaus machten, konservierten sie eine »kanaanäische« Konzeption und anachronistische Prinzipien angesichts der Ergebnisse der Quellen- und Textkritik.

Diese Ausgabe der Károli-Bibel machte eine ambivalente Karriere im Laufe des 20. Jahrhunderts, insoweit sie den Rang der (verbal)inspirierten Bibel in einigen Kreisen innerhalb der protestantischen Kirchen, aber noch intensiver unter den Freikirchen und Sekten erreichte.

Eine spezielle theologische Problematik ist noch in diesem Zusammenhang zu beobachten. Unter der reformierten Mehrheit des Revisionskomitees wurde eine starke Reform im Bibeltext in die calvinistische Richtung, nämlich der Prädestinationslehre, durchgeführt. In 15 kritischen Bibelversen wurde der Text in diesem Sinn verändert, wo früher – zum Beispiel bei Károlyi und Tótfalusi Kis – noch kein Bezug auf das Prädestinationskonzept stand. Dieser massive calvinistische Einfluss brachte auch die älteren theologischen Zwiespalte an die Oberfläche.

---

[9] Protestáns Szemle (XX), Budapest 1908, 538 (Übersetzung durch A. K.).

THESE 3
Obwohl die Károli-Bibel eine zentrale Rolle in der Geschichte und Kultur des Protestantismus in Ungarn spielte, wurde ihre Autorität wegen der calvinistischen Einflüsse in der kanonischen Ordnung der Bücher und theologischen Formulierungen in den nicht-reformierten Kirchen, Gemeinden und Kreisen erneut in Frage gestellt. Diese Aspekte spielten eine sehr wichtige Rolle in der Tatsache, dass die Károli-Bibel nie eine umfassende Autorität unter Protestanten in Ungarn erreichen konnte.

Wollen wir die Autorität der Schrift – im Zusammenhang mit der Inspirationsfrage oder anderen Aspekten – untersuchen, können wir diese Analyse auch in einen breiteren historischen Kontext setzen. Die Zusammenhänge von Autorität und Übersetzung(en) der Schrift werfen besonders relevante Fragen und Aspekte auf. Diese Beobachtungen können unsere Forschung mit solchen theologischen, kulturellen, konfessionellen, politischen und sozialen Faktoren ergänzen, die unsere Ergebnisse nicht nur bereichern, sondern auch präzisieren oder sogar klären können.

Literatur

Barcza, József (Hrsg.): Emlékkönyv a Vizsolyi Biblia megjelenésének 400. évfordulójára. Református Sajtóosztály, Budapest 1990.

Bottyán, János: A magyar Biblia évszázadai. Kálvin Kiadó, Budapest 2009.

Csepregi, Zoltán: Evangélikus Bibliafordítások a XVIII. században, in: Biblia Hungarica Philologica – magyarországi bibliák a filológiai tudományokban (A Magyar Könyvszemle és a Mokka-R Egyesület füzetei 3). Argumentum Kiadó, 2009.

Sólyom, Jenő: A vizsolyi Biblia jubileumi irodalmához, in: Sólyom Jenő: Tanuljunk újra Luthertől! Dr. Sólyom Jenő (1904–1976) válogatott írásai. Budapest 2004, 126–132.

Sólyom, Jenő: Hazai egyháztörténelem. Evangélikus Sajtóosztály, Budapest 1990.

Tótfalusi Kis, Miklós M.: Aranyas Bibliája. Európa Kiadó, Budapest 1989.

Tóth, Kálmán: Bibliafordítás – Bibliamagyarázás. Kálvin Kiadó, Budapest 1994.

Vásárhelyi, Judit P.: Szenci Molnár Albert és a Vizsolyi Biblia új kiadásai (Historia Litteraria 21). Universitas Kiadó, Budapest 2006.

Schriftautorität als Kommunikationsbegriff und hermeneutische Kategorie

Anmerkungen zum Umgang mit der Bibel im Gottesdienst[1]

Wilfried Engemann

Ein handwerklich gekonnter Umgang mit biblischen Texten, der der Autorität ihrer Überlieferung sowie der Freiheit und »Glaubenskultur«[2] der Zeitgenossen gleichermaßen gerecht wird, gehört zu den größten *Herausforderungen theologischer Hermeneutik.* »Handwerklich gekonnt« bedeutet im Kontext von Liturgie und Predigt unter anderem: Aufmerksamkeit weckend, gedanklich nachvollziehbar, im Gegenwartsbezug relevant, also zeitgenössisch, ansprechend, aber im Anspruch menschlich, Freiheit wahrend und fördernd, die Würde des Menschen nicht verletzend, unzweifelhaft lebensdienlich – also im besten Wortsinn »erbaulich« und »bildend«.

Ob solch eine menschengerechte, d. h. *Menschen gerecht werdende Art des Umgangs mit den Texten* der jüdisch-christlichen Tradition im Gottesdienst gelingt oder nicht, ist nicht nur ein entscheidender Indikator für die Qualität theologischen Urteilens und religiösen Wirkens. Sie ist von konstitutiver Bedeutung auch für die den biblischen Texten je und je zuerkannte Autorität selbst, denn Autorität ist etwas, was sich im Rahmen konkreter Kommunikationssituationen anbahnt und erweist – oder eben nicht einstellt. Das gilt für alle Formen bibelbezogener Kommunikation im Gottesdienst, also – im Duktus von Alexander Deeg formuliert – für das gelesene, gepredigte, gesungene, gebetete oder ritualstiftende Wort.[3] Wo sich Autorität nicht im Kommunikationsgeschehen bildet

---

1 Vortrag auf der Tagung der *Wissenschaftlichen Gesellschaft für Theologie* an der Comenius-Universität Bratislava vom 9.–11. September 2013 zum Thema: »Säkularität und Autorität der Schrift«, gehalten am 10. September 2013. Wiederabdruck des leicht bearbeiteten Beitrags *Worin besteht die Autorität der »Heiligen Schrift«? Anmerkungen zum Umgang mit der Bibel im Gottesdienst*, erschienen in: ZThK, Jg. 111, H. 1 (2014), 103–126.

2 Wilfried Engemann, Lebensgefühl und Glaubenskultur. Menschsein als Vorgabe und Zweck der religiösen Praxis des Christentums, in: WzM, 65. Jg., H. 3 (2013), 218–237.

3 Vgl. die von Alexander Deeg skizzierte Systematik zum Verständnis des Gottesdienstes als »WortKult« in: Alexander Deeg, Das äußere Wort und seine liturgische Gestalt. Überlegungen zu einer evangelischen Fundamentalliturgik, Göttingen 2012, 496–532.

(auch der Überlieferungsprozess ist als Kommunikationsprozess beschreibbar), wird Autorität umso mehr proklamiert, gefordert oder versuchsweise erzwungen – wobei freilich nicht *Autorität* erzwungen wird, sondern nur eine Geste scheinbaren Gehorsams. Außerdem verliert Autorität unter Zwang oder Druck ihren *eigentlichen Charakter: das allgemein anerkannte Ergebnis ihrer Wirkung zu sein.*

Der innere Zusammenhang zwischen der Art des Umgangs mit biblischen Texten im Rahmen von Gottesdienst und Predigt einerseits und der faktischen, kommunikativ wirksamen Autorität dieser Texte andererseits ist sehr sensibel und für Störungen entsprechend anfällig. Darunter leidet übrigens nicht nur die Autorität der Schrift, sondern dadurch verblasst auch ihre »Heiligkeit«. Wir kommen darauf zurück.

Aus diesen Vorbemerkungen ergibt sich, dass wir uns (1.) mit spezifischen Problemen einschlägiger, in Praxis und Theorie anzutreffender Verständnisweisen von Schriftautorität befassen müssen. Das erfordert (2.) eine Erörterung der »Autorität der Schrift« als Kommunikationsbegriff und hermeneutischer Kategorie. Vor diesem Hintergrund kommt es (3.) zu einer Auseinandersetzung mit verschiedenen Autoritätsmodellen und ihrer Bedeutung für die Beurteilung der Autorität biblischer Texte.

1 Wechselbeziehung zwischen dem Umgang mit der Schrift und der ihr zugeschriebenen Autorität. Beobachtungen und Problemanzeigen

Ich beginne mit Beobachtungen aus meiner Arbeit mit Theologie-Studierenden. Viele von ihnen sind sich zumindest grundsätzlich darüber im Klaren, dass sie es mit Literatur zu tun haben, wenn sie sich im homiletischen Seminar mit biblischen Texten befassen. Das heißt, sie wissen im Grunde, dass biblische Texte *im Prinzip* unter denselben Bedingungen entstanden sind, wie Texte heute entstehen, wenn Menschen schreiben und damit zu erkennen geben wollen, was sie unter einem Leben aus Glauben verstehen. *Biblische Texte als Literatur verstehen* zu können, bedeutet ferner, gelten zu lassen, dass sie weder als Predigttext gedacht noch überhaupt für uns heute geschrieben worden sind. Deshalb werden die meisten biblischen Texte – wie andere antike Texte auch – in der Regel falsch verstanden, wenn man sie nicht interpretiert, wenn man sie wörtlich nimmt, *ohne* sich als Leser einem – auf verstehende Lektüre zielenden – exegetisch-hermeneutischen Verfremdungs- und Aneignungsprozess auszusetzen.

Weil derartige Prämissen so wichtig sind, werden in exegetischen Seminaren gleich mehrere methodische Verfahren und ein entsprechend umfangreiches Spezialwissen vermittelt, das man sich angeeignet haben muss, bevor man – meist im letzten Drittel des Studiums – mit der praktisch-theologischen Fortsetzung des Umgangs mit Texten konfrontiert wird. Fortsetzung hieße aber, an erworbenes Wissen anzuschließen, es zu vertiefen und sich dadurch die Arbeit an einem eigenen Text – in diesem Fall der Predigt – gleichzeitig zu erschweren und zu erleichtern. Einfach zu sagen, was dasteht, ist leicht; zu sagen, inwiefern sich eine Predigt darauf beziehen sollte – und was dann bedeutet, was da steht –, ist schwierig. Andererseits weisen die Texte in ihrer Widerständigkeit, Impulssetzung und je eigenen Wahrheit Wege des Verstehens, die die Predigtarbeit erleichtern.

In den hermeneutischen Debatten homiletischer Seminare, in den späteren Ausarbeitungen, in den Predigten selbst sowie – in einer eigentümlichen Parallelität – teilweise auch im gottesdiensttheoretischen Diskurs der Gegenwart zeigt sich jedoch immer wieder, dass die erworbenen exegetischen Grundlagen der Interpretation kaum hermeneutische Konsequenzen haben.[4] Einer scheinbaren Aufgeklärtheit über die Entstehungsgeschichte eines Briefes, Liedes, Gleichnisses oder einer Jesuserzählung steht später in der Predigt oftmals eine unvermittelte, hermeneutisch ungebrochene, direkte »Verkündigung« von Einzelsätzen des Textes als »Wort Gottes« gegenüber, denen man sich beugen zu müssen glaubt. Ein solcher Kontinuitätsbruch zwischen theologischer und religiöser Praxis wird nun aber interessanterweise nicht als *Verletzung* der Autorität der Schrift empfunden – was man ja durchaus erwarten könnte. Vielmehr beherrscht das Bewusstsein, im Gehorsam gegenüber der Schrift »ungeschminkt weitersagen« zu müssen, »was dasteht«, die Arbeit mit dem Text. Diese Gefolgschaft wird häufig mit psychologischen und kommunikationstheoretischen Gründen gerechtfertigt bzw. mit menschlichen Defekten begründet: »Ich darf doch nicht nur die Dinge sagen, die mir persönlich gefallen.« »Es ist doch falsch, sich aus Gottes Wort das Angenehme herauszupicken und das Unangenehme zu verschweigen.« »Der Glaube ist nicht zum Wohlfühlen da.« »Wo, wenn nicht im Gottesdienst, muss man mit dem Menschen auch mal Tacheles reden.«

---

[4] Vgl. exemplarisch für viele andere Texte Egbert Ballhorn, Die Bibel – das performative Buch. Das fruchtbare Spannungsfeld vom Bibel und Liturgie, in: Bibel und Liturgie, 80. Jg., 2007, H. 4, 243–251. So werden zum Beispiel in einem Essay über performative Aspekte des Umgangs mit biblischen Texten historisch-kritische Einsichten mit unmittelbar religiösen Aussagen vermischt. Wie selbstverständlich wird von der Bibel als Subjekt gesprochen: »Die Bibel in allen ihren Texten […] will die Menschen ergreifen« (244). Die »Bibel in gerechter Sprache« wird deswegen gerühmt, weil sie, »ohne Wortlaut und Bedeutung des griechischen Textes zu verlassen,« deutlich mache, »dass jeder heutige Mensch, jede Frau, jeder Mann, vom Text her gemeint« sei (245) – was weder historisch noch literaturwissenschaftlich noch hermeneutisch zutrifft. Außerdem wird die »Bibel« mit »Gottes Wort« gleichgesetzt (248), wird im Lesen eines biblischen Textes die Herausforderung gesehen, dem Wort Gottes durch die eigene Stimme die Möglichkeit zu geben, seine Wirkung zu entfalten usw. (249).

In der hier angedeuteten Auslegungspraxis richtet sich die Autorität der Schrift fast durchgängig *gegen das Menschsein des Menschen*, insbesondere gegen eine ihm unterstellte, antiautoritäre Natur. Dank der Autorität der Schrift – so eine der typischen Konstruktionen – kann er Gott nicht mehr ausweichen. Vor *ihr* steht der Einzelne unversehens mit dem Rücken zur Wand. (Der Gedanke, dass eine verkürzte Weitergabe des Textes darauf hinauslaufen könnte, den Anwesenden *etwas vorzuenthalten*, worüber sie sich unmittelbar freuten, oder dass die Autorität der Schrift dazu führen könnte, *Gutes* an sich heranzulassen, gar den *Freiraum eines Menschen zu* vergrößern, statt ihn zu beschränken, findet sich kaum.) Die Kommentierungen der Textautorität haben durchweg eine den Menschen in die Schranken weisende Note, sie haben primär mit Infragestellung, Vorwurf und Gehorsamsforderung zu tun – kurz, mit Situationen, in denen ein Machtwort gesprochen werden muss.[5] Sind aber Machtworte, für die die Bedingungen der Evidenz und Relevanz erklärtermaßen *nicht* gelten und die *keiner* Begründung bedürfen, überhaupt geeignet, um das Glauben-Können von Menschen zu fördern?

Die Spannungen und Widersprüchlichkeiten bei der expliziten und impliziten Berufung auf Textautorität sind durch ein im engeren Sinne methodisch-hermeneutisches Missverständnis mitbedingt: Verschiedene dogmatische Aussagen über die Autorität und Bedeutung der Heiligen Schrift werden – keineswegs nur von Studierenden, sondern im Diskurs über biblische Texte allgemein – dahingehend missverstanden, dass die eigentliche Herausforderung im Umgang mit biblischen Texten in deren *Aktualisierung* liege, als müssten historische Aussagen historischer Texte gleichsam in aktuelle verwandelt werden, um deren Autorität entfalten zu können. Aus literaturwissenschaftlicher Sicht ist das keineswegs zwingend: Wer unter Bezugnahme auf Texte der Vergangenheit, gleich welcher geistes- oder kirchengeschichtlichen Epoche, einen neuen Text erstellt, muss sich vielmehr darauf verstehen, *Texte historisch werden zu lassen*,[6] die – gerade dann, *wenn* man sie respektiert – teilweise gar nicht aktualisiert werden können. Das hat nichts mit Historisierung zu tun, sondern bedeutet im Gegenteil, *die Herausforderung anzunehmen, einem historischen Text* –

---

5 Wie die Geschichte des Autoritätsbegriffs zeigt, sind Autorität beanspruchende Machtworte immer dann fällig, wenn Einsicht und Argumente nicht mehr tragen; Autorität wird in diesen Fällen gerade aus einem Mangel an Evidenz, also gewissermaßen als »Ersatzbeweis« für die Legitimität des jeweils erhobenen Anspruchs, einer Behauptung etc. geltend gemacht. Aussagen, die jedermann einleuchten, die also mehr als »nur wahrscheinlich« sind, bedürfen in der Regel keiner zusätzlichen Autorität, um auf Zustimmung zu stoßen. Vgl. die Artikel »Autorität« I–III im HWPh 1, 1971, 723–734.

6 Vgl. zu dieser Frage WILFRIED ENGEMANN, Einführung in die Homiletik, Tübingen/Basel [2]2011, 123–137.

nachdem man ihn ausreden lassen und verstanden hat - bei Bedarf einen neuen, zeitgenössischen Text (z. B. eine Predigt) folgen zu lassen, der ganz in die Gegenwart gehört. Diese Aufgabe anzunehmen, ist eine ebenso anspruchsvolle wie respektvolle Reaktion auf die Autorität des Textes. Ihn nur oberflächlich zu paraphrasieren und dessen Aktualität zu beteuern, wäre hingegen eine Form der Autoritätsverletzung.

Warum sollte man zum Beispiel eine Bitte in einem Brief an einen Freund vor 200 Jahren »aktualisieren«? Warum sollte man es mit der Aktualisierung eines etwa 3000 Jahre alten Hymnus - gedichtet und komponiert nach dem erfolgreichen Sieg über die Feinde (vgl. das Deborahlied Ri 5,1-31) - so weit bringen, dass man am Ende der Predigt den Eindruck hat, als sei dieser Text wie für heute geschrieben und verdiene *deshalb* Respekt? Warum sollte man die Geschichte von der gerade noch abgewendeten Opferung Isaaks (Gen 22,1-19) oder die Erzählung über die erste Leidensankündigung (Lk 9,18-22) als immer noch aktuell erscheinen lassen? Entscheidender ist es, von der Gestalt und der Pointe sowie von der Intention und Wirkung eines Textes ein so deutliches Bild zu gewinnen, dass *analoge* Themen, Kontexte und Herausforderungen in den Blick kommen, die sich in einer neuen, *unmittelbar verständlichen* Erzählung konstituieren können.

Die Relevanz eines Textes liegt nicht darin, dass sein früherer Sinn wiederum aktuell werden müsste. Hermeneutische Verfahren - wie etwa die Analogiebildung - sind viel komplexer. Die Pointe einer biblischen Erzählung verstanden zu haben, heißt demnach auch nicht, sie zu bejahen oder es nun einfach auch »so« zu machen, auch »so« zu denken oder sich mit dem Helden bzw. der Heldin der Geschichte - gar mit Gott - zu identifizieren. Ausschlaggebend ist, dass ein Prediger seinem Text so weit auf den Grund gekommen ist, dass er ihn mit einer veränderten Sicht der Dinge gleichsam wieder »verlassen«, über ihn hinausgehen kann, und mit dem Wissen, das er der Auseinandersetzung mit dem Text verdankt, auf gegenwärtige Fragen eines Lebens aus Glauben zu sprechen kommen kann. Das ist etwas grundsätzlich Anderes als die »Aktualisierung eines Textes«.

Die Auffassung Peter Cornehls, die Aufgabe des Gottesdienstes bestehe darin, Menschen in den Lebensraum der Bibel einzuführen und ihnen zu helfen, darin zu wohnen,[7] hat nur die Anfangssequenz des Umgangs mit biblischen Texten im Blick. Entscheidend ist letztlich nicht, ob Menschen von ihrem Leben her endlich die Bibel verstehen, sondern ob sie sich mit der gewonnenen bib-

---

7 »Der Gottesdienst dient den Menschen dadurch, dass er sie einführt in den Lebensraum der Bibel und hilft, darin zu wohnen.« PETER CORNEHL, Der Evangelische Gottesdienst - Biblische Kontur und neuzeitliche Wirklichkeit. Band 1: Theologischer Rahmen und biblische Grundlagen, Stuttgart 2006, 298.

lischen Kompetenz *auf ihr Leben verstehen*, ob sie also mit den Heiligen Texten etwas in dem Lebensraum anfangen können, der *nicht* die Bibel ist.

Einen biblischen Text zu verstehen, heißt, etwas genereller formuliert, ihn als Zeugnis eines bestimmten Lebens- und Glaubenskonzepts in den Blick zu bekommen – und in diesem Sinne natürlich auch als eigensinnige Autorität. Ob eine solche Annäherung an den Text auf eine heilsame Verunsicherung und Infragestellung, auf eine notwendige Distanzierung, überraschende Bestätigung oder worauf auch immer hinausläuft, muss sich je und je herausstellen. Ein Text verliert jedenfalls nicht an Autorität, wenn wir in einen Dissens zu ihm geraten bzw. wenn er uns eine Art der Daseinsbewältigung vor Augen stellt, die wir uns heute nicht mehr zu eigen machen wollen.[8]

Grobe Applikationen von als »Wort Gottes« ausgegebenen Textzitaten auf die Gegenwart gehen meist mit ebenso groben Situationsverständnissen einher. Eine entsprechende Analyse homiletischer Vorarbeiten Studierender legt die Vermutung nahe, dass eine Ursache für dieses Vorgehen im jeweils vorherrschenden Textverständnis liegt: Wenn Bibeltexte in ihrem Wesen nicht als Glaubenszeugnisse menschlicher Daseinsbewältigung, sondern als uns von außen erreichende Gottesworte verstanden werden, ist es schwierig, ihre *Autorität in der Glaubwürdigkeit ihres Zeugnisses zu sehen*. Biblische Texte können aber *gar keine theologische Bedeutung*, geschweige denn eine religiöse Autorität gewinnen, wenn sie nicht zuvor *als Menschentexte, als Zeugnis* plausibel geworden sind, so dass ersichtlich ist, wofür sie geschrieben und gebraucht wurden – und welcher Erfahrungskern sie bestimmt. Der Autorität eines biblischen Textes wird keineswegs das Wasser abgegraben, wenn der Glaube eines Menschen sein Entstehen, seinen Gehalt und seine Intention bestimmt. Im Gegenteil: Die Erfahrung bzw. der Akt des Glaubens ist eine ausgesprochen intensive, markante Form der Anerkennung der Autorität Gottes, eine Kategorie, die wir beim Thema »Schriftautorität« implizit mitbearbeiten. »Autorität Gottes« wird nirgends so unbedingt – wenn auch indirekt – greifbar wie im Glaubenszeugnis, mit dem sich ein Mensch in Freiheit aus für ihn zwingenden Gründen auf eine Haltung oder Aussage festlegt, zu einer Entscheidung kommt und sagt: »Hier stehe ich, ich kann nicht anders.« Anders gesagt: Die Erfahrung der »Autorität Gottes«, die sich *im Akt des Glaubens* manifestiert, ist gewissermaßen der äußerste Bezugspunkt für die Erörterung dieses Begriffs überhaupt.

Die unkommentierte, nicht metaphorisch gemeinte, sondern tatsächlich so gedachte Gleichsetzung der Bibel mit Gottes Wort wird meist mit fragwürdigen Alternativen gerechtfertigt – die natürlich zum Verständnis des Genus der Hei-

---

8 Ich denke dabei z. B. an die Aufforderung zu einer Praxis radikaler bzw. rigoroser Nachfolge, an das Prinzip Jesu, die Wiederverheiratung Geschiedener für Ehebruch zu halten und sie daher abzulehnen u. a. m.

ligen Schrift ausscheiden. So kann man zwar z. B. immer wieder lesen, dass die Bibel eben »kein Geschichtsbuch«, »kein unterhaltsamer Groschenroman« und »kein Heilsfahrplan« sei. Aber was ist sie dann?! Obwohl in fast allen Fällen ein anspruchsvolles exegetisches Wissen dokumentiert wird, bleibt es am Ende meist bei der Feststellung, »dass die Bibel Gottes Wort an uns enthält, und nicht bloß ein religionsgeschichtliches Dokument«[9] darstelle. Es gibt dagegen nur wenige Beiträge – wie etwa von Michael Meyer-Blank – die sich explizit mit der »Metaphorizität«[10] der Rede vom »Wort Gottes« auseinandersetzen und plausible Argumente für diesen Topos finden, ohne dabei die Prinzipien menschlicher Kommunikation vergessen zu machen.

Die Störanfälligkeit des Zusammenwirkens von respektvollem Verstehen, beigemessener Bedeutung und empfundener Autorität zeigt sich natürlich nicht nur in homiletischen Seminaren, sondern auch in anderen Zusammenhängen, in denen Menschen im Gottesdienst bzw. in der Vorbereitung darauf mit der Bibel zu tun haben.

Ich denke dabei u. a. an eine bestimmte Predigtroutine, durch die Pfarrer für alles, was sie der Gemeinde zu sagen haben, ein scheinbar unabweisbares Schriftwort zur Hand haben, um sich die nötige Autorität zu verschaffen. Dabei spielt es keine Rolle, dass der Text, aus dem sie zitieren, etwas völlig anderes bezeugt als das, wofür er plötzlich Zeuge sein soll. Wo bleibt da der Respekt? Zitate dieser Art sind nicht selten die Kehrseite einer von den Predigern selbst empfundenen, mangelnden Schlüssigkeit der eigenen Rede, der man eine stärkere Wirkung verschaffen möchte, als sie sie von sich aus hat. Für einen auf Reden, Hören und Verstehen abgestellten Kommunikationsprozess ist es natürlich ein Desaster, Aussagen, die man selbst nicht versteht, durch das Zitieren von Schriftautorität plausibel erscheinen zu lassen.

---

9 Achim Behrens, Verstehen des Glaubens. Eine Einführung in die Fragestellung evangelischer Hermeneutik, Neukirchen-Vluyn 2005, 185.

10 Vgl. Michael Meyer-Blanck, Die Dramaturgie von Wort und Sakrament. Homiletisch-liturgische Grenzgänge im ökumenischen Horizont, in: PTh, 96. Jg. (2007), 160–171. Dort finden sich v. a. zwei Aspekte, die zur Annäherung an die Rede von Gottes Wort herangezogen werden können: (1.) »Das Wort [Gottes] ist das Geschehen, in dem sich der Mensch in seiner Abhängigkeit, Freiheit und Gebundenheit bewusst wird und sich gerade so als Person angesprochen weiß. […] Die gottesdienstliche Dramaturgie erschließt die Zeichen (Worte, Musik u. a.) als religiöse Zeichen, als in diesem Sinne ansprechendes Wort.« (2.) Nach Meyer-Blanck steht »Wort Gottes« »nicht zuletzt für die Tatsache, dass die christliche Erfahrung weder objektiv vorgegeben ist […] noch individueller Eingebung unterliegt, sondern dass sich der Glaube jeweils neu aufgrund des Hörens einstellt. […] das Wort Gottes ist also weder mit dem Wortlaut der Bibel noch mit dem der Predigt identisch. Gemeint ist vielmehr die Erfahrung der Christuswirklichkeit insgesamt« (a. a. O., 168 f.).

Ich habe ferner den einen oder anderen Lektor vor Augen, der ein so starkes Bewusstsein von der Autorität der von ihm im Gottesdienst zu verlesenden Texte hat, dass er völlig darauf verzichtet, durch Betonungen im Vortrag interpretatorische Akzente zu setzen. Dadurch könnte er den Hörenden immerhin zu verstehen geben, was er da eigentlich liest, worum es eigentlich geht. Weil er aber nicht entscheiden kann oder will, *was* am Text wichtig, *wie* er also zu lesen ist, betont er möglichst *jedes Wort*, was wiederum das Verstehen der Texte und ihrer Pointen behindert. Hier begegnet uns ein Verständnis von Autorität, das Unterordnung und Selbstzurücknahme impliziert. Angesichts der Autorität der Schrift sehen sich viele Lektoren vor der Aufgabe, vor allem nichts falsch zu machen, als hätten sie sich nicht darum zu kümmern, was die von ihnen verlesenen Texte beinhalteten, wenn sie sie nur vernehmbar und korrekt präsentierten. Ein solches Autoritätsverständnis entspricht zwar ganz und gar dem des antiken Boten, des Herolds, des Keryx und der Grundidee kerygmatischer Schriftauslegung, es widerspricht aber der kommunikationspraktischen Tatsache, dass Autorität an verständlichen Inhalten haften muss, um nachhaltig zu wirken. Pathos ist kein Ersatz für Pointen.

> Last but not least verfügt die Gemeinde ihrerseits über eine Fülle von Zeichen, im gottesdienstlichen Umgang mit der Heiligen Schrift auch ihr Verständnis von deren Autorität auszudrücken. Besonders signifikant dafür ist das Sich-Erheben der Gemeinde grundsätzlich dann, wenn sie im Verlauf des Gottesdienstes explizit der Schrift begegnet. Sie »stellt sich« gewissermaßen der Autorität der Texte.[11] In dem Respekt, der sich im »Aufstehen vor der Schrift« niederschlägt, schwingt zweifellos mehr mit als in angelernten Kommunikationsmustern für den Umgang mit sonstigen Autoritäten: Die Wertschätzung der Tradition ist auch ein selbstvergewissernder Akt – soweit man an dieser Tradition partizipiert: »So haben wir es immer schon gehalten. Das war gut so und so soll es bleiben.«

Diese Überlegungen lassen zusammengenommen erkennen, in welch hohem Maße »Autorität der Schrift« als Kommunikationsbegriff mit dem Kompetenzbegriff – bezogen auf die Kompetenz derer, die mit der Bibel im Gottesdienst agieren – verknüpft ist. Sobald die biblischen Texte in den gottesdienstlichen Prozess eingebunden werden, hängt das faktische Ausmaß ihrer Autorität mit dem Maß der theologischen, hermeneutischen und kommunikativen Kompetenz

---

[11] Je nach regionalen Gewohnheiten geschieht das nicht nur bei Epistel und Evangelium. Es gibt auch den Brauch, dass die Gemeinde zu Beginn der Predigt stehend das Verlesen des Predigttextes erwartet, was wiederum ein Zeichen für die Erwartung ist, dass die sich anschließende Predigt v.a. die Aufgabe hat, den eben vernommenen Text zu vergegenwärtigen.

von Liturg, Prediger und Gemeinde zusammen.[12] Im Interesse einer Steigerung dieser Kompetenz folgen nun ein paar Überlegungen zum Verständnis von Schriftautorität.

2 Voraussetzungen und Faktoren der Autorität der Schrift

Was macht die Autorität der biblischen Texte aus? Vom Ursprung des Begriffs *auctoritas* her gesehen haben die Texte der Bibel *Autorität*, weil sie von *Autoren* stammen, die sich als glaubwürdig, relevant und richtungsweisend erwiesen haben. *Auctor* und *auctoritas, Autor* und *Autorität* haben nicht nur sprachlich dieselbe Wurzel, sie sind auch in der Sache zutiefst miteinander verschränkt: Der Begriff der Autorität wird ursprünglich, d.h. in der römischen Antike, auf einen zitierbaren literarischen Autor bezogen, auf den man aus argumentativen Gründen zurückgreift, um einer schon begründeten, wahrscheinlichen Aussage – häufig der Interpretation eines anderen Textes – ein noch größeres Gewicht zu geben. Gebraucht wurden solche Autoritäten vor allem in politischen und gerichtlichen Auseinandersetzungen, in denen es in Rede und Gegenrede um Begründungen *ex auctoritate*[13] ging.

> Nach Cicero kommen als solche Autoritäten vor allem angesehene Redner, Philosophen, Dichter und Geschichtsschreiber in Betracht, »aus deren Aussprüchen und Schriften man oft eine Gewähr (auctoritas) für das schöpft, was man geglaubt wissen will«[14]. Besondere Relevanz hat Autorität als »patrum auctoritatis« im juristischen bzw. im Rechtskontext, wo sie als »Macht zu authentischer Urheberschaft der Gesetze« und ihrer Interpretation verstanden wurde. Merkmale solcher Autorität sind *iura, potestas, dignitas.* In entsprechenden Kommunikationssituationen Autorität zu haben, heißt also, offenkundig im *Recht* zu sein, die *Macht* zu haben, entsprechend zu agieren, was zusammengenommen *Würde* verleiht.[15]

---

12 Vgl. Kurt Röttgers, Artikel Autorität III, in: HWPh 1, 1971, 729–733. Röttgers bezieht sich hier auf die Arbeiten zum »kollektiven« bzw. »wissenschaftlichen Anarchismus« von Michail Alexandrowitsch Bakunin (733).

13 Vgl. Heinrich Lausberg, Handbuch der literarischen Rhetorik, München 1960, 102, 234–235. In dieser Sprachform sind die Begriffe »Autor« und »Autorität« sinnenfällig verschmolzen: *Ex auctoritate* heißt sowohl »auf Basis einer Autorität« als auch »von einem angesehenen Autor bezeugt«.

14 Cicero, Topik, Lateinisch-Deutsche Ausgabe, hrsg. v. Hans Günter Zekl (= Philosophische Bibliothek 356), Hamburg 1983, 20.

15 Vgl. Hanna Rabe, Artikel Autorität II, in: HWPh 1, 1971, 727–729.

Als erwünschte Bekräftigung wirkt die Autorität des Zitierten jedoch nur, wenn sich die Stimme des jeweiligen Autors in vorausliegenden Kommunikationssituationen bereits als glaubwürdig, belangvoll und gut begründet erwiesen hat. *Autorität ist also im Kern ein Kommunikationsphänomen und damit eine hermeneutische Kategorie.* Sie ist ein Gut, das in Kommunikationsprozessen »gewonnen« wird. Sie basiert auf Hören oder Lesen und Verstehen – und, daraus resultierend, auf wertschätzendem Respekt. Einmal erworben, wird sie den betreffenden Personen gern auch von anderen »verliehen«. Gleichwohl muss sie sich immer wieder bewähren, sonst »verliert sich« Autorität, sie »geht verloren«, »schwindet« und wird nicht mehr als Autorität empfunden.

Ins Feld geführt wird Autorität klassischerweise als zitiertes Zeugnis konkreter Personen, als erfahrungs- und weisheitsgesättigte Aussage, die – so ist zu erwarten – prüfender Nachfrage, skeptischen Einwänden und rationalen Gegenargumenten standhalten kann. So gesehen ist Autorität ein nicht erzwingbarer Widerhall von Kommunikationsprozessen. Sie bildet sich als Nachklang der Erfahrung von Respekt. *Autorität ist also phänomenologisch im Grunde eine Nachwirkung vorausliegender Kommunikationserfahrungen und damit Nebenprodukt gelingender Kommunikation.*

Diese Tatsache hat ihre Spuren auch im Sprachgebrauch hinterlassen: Bemerkenswerterweise gibt es kein positiv konnotiertes Adjektiv oder Adverb zum Begriff der Autorität. Wenn man von einem Pfarrer, Politiker oder Lehrer – von Personen also, denen Autorität zuerkannt werden sollte – sagt, sie seien »autoritär«, wird meist ein unpassendes (anmaßendes, diktatorisches, gebieterisches) und, weil die Autorität fehlt, im Grunde lächerliches Kommunikationsverhalten unterstellt. Wer – von juristischen Kommunikationszielen abgesehen – auf seine Autorität pochen muss, hat seine Wirkung als Autorität offenbar verfehlt. Wem Autorität zugestanden wird, der braucht nicht darauf zu pochen. Selbst der in der modernen Pädagogik ernsthaft diskutierte autoritative Stil[16] bleibt trotz positiver Forschungsevaluationen aufgrund der mit ihm verbundenen Kommunikationsrisiken nach wie vor der Kritik ausgesetzt.[17]

Vor dem Hintergrund dieser kleinen Spurensicherung zum Autoritätsbegriff wäre im Blick auf die Autorität Schrift skizzenartig festzuhalten:

- Auch die Autorität der biblischen Texte ist das Ergebnis eines hermeneutischen Prozesses. Bevor ihr Zeugnis als solches nicht als glaubwürdig empfunden, verstanden und infolgedessen als bedeutsam erkannt wird, kann es niemandem zur Autorität werden.

---

16 JAKOB R. SCHMID, Antiautoritäre, autoritäre oder autoritative Erziehung? Eine grundsätzliche Abklärung, Bern ^{2}1975.

17 Vgl. RUTH K. CHAO, Interpretations of parental control by Asian immigrant and European American youth, in: Journal of Family Psychology, 23/2009, Heft 3, 342–354.

- Ihre Autorität konstituierende Überzeugungskraft und Wertschätzung gewinnen biblische Texte gerade dadurch, dass sie als existenzrelevante Lebens- und Glaubenszeugnisse von Menschen nachvollziehbar sind und keine Maßstäbe oder Maximen vorgeben, die sich Menschen schlechterdings nicht zu eigen machen können.
- Auch die Autorität *der Überlieferung* dieser Texte ist das Ergebnis eines hermeneutischen Prozesses. Schließlich sind die Texte selbst Tradition. Ihre faktische Autorität ist das nicht erzwingbare, weithin vernehmbare Echo auf vorausliegende Kommunikationserfahrungen mit den überlieferten Texten.
- Glaubende rezipieren Texte der Tradition und geben sie weiter, weil sie Gründe haben, ihnen mit einem Vertrauensvorschuss zu begegnen und sie als Autorität anzuerkennen. So setzen sie die Tradition fort und sind damit potentiell selbst »Autorität«.
- Es liegt auf der Hand, dass der Autorität der biblischen Texte nicht durch Bejahung, Zustimmung oder Für-wahr-Halten entsprochen wird. Sie erheben den Anspruch, als glaubwürdiges Zeugnis anerkannt zu werden und damit ein gültiges Muster für ein Leben aus Glauben zu sein. Als Glaubenszeugnissen kommt den biblischen Texten, wie oben erläutert, die höchstmögliche Autoritätskategorie zu. Sie ringen heutigen Lesern und Hörern noch immer eine Stellungnahme ab. Dieser Prozess schließt nicht aus, sondern ein, zu einem eigenen Urteil, in der Sprache der Tradition: zu einem Bekenntnis im Blick auf das eigene Verständnis eines eigenen Lebens aus Glauben zu gelangen.

Unter den protestantischen Theologen des 20. Jahrhunderts ist Gerhard Ebeling dieser hermeneutischen Annäherung an das *Sola scriptura* besonders nahegekommen: Er hat die Autorität der Texte seinerseits auf die »Autorschaft« im Formulieren von Glaubenszeugnissen bezogen, ohne die die Tradition ersticken und die Gemeinde zugrunde gehen würde.[18]

Das heißt für das Verständnis des Sola-scriptura-Prinzips: Auch die in der Bibel verschrifteten Zeugnisse sind eine »Zwischenstation« im Überliefern des Glaubens. Sie sind Teil einer Kette von Zeugnissen, die daraus resultieren, dass Menschen sich »nach hinten« auf die Tradition beziehen und sie interpretieren und dabei gleichzeitig – in dem sie das tun – in die Glaubenskultur der Christenheit ein neues Zeugnis hineintragen. Im Hinblick auf das Verständnis des Glaubens gibt es also eine Art »hermeneutischen Sukzessivs«[19], die z.B.

---

[18] Gerhard Ebeling spricht explizit von »Autorität im Sinne von Autorschaft, Urheberschaft« [des Glaubens] im Sinne von Zeugnissen. Das heißt für ihn u.a.: »Die Bibel hat ihren eigentlichen Ort nicht da, wo über den Glauben geurteilt wird, sondern da, wo der Glaube hervorgerufen wird« (vgl. Gerhard Ebeling: Das Wesen des christlichen Glaubens, Stuttgart 1959, 33–35).

auch bei der Vorbereitung einer jeden Predigt greift: Nachdem ein Erzähler erzählt (vorbiblische Tradition), ein Autor geschrieben (biblische Tradition) und jemand eine Interpretation (homiletische Tradition) dazu geliefert hat, sind jetzt die Hörer an der Reihe, *ihren* Part zu übernehmen. *Weil es um sie geht, können sie die Deutung anderer nicht übernehmen, ohne sie in eigener Person zu spezifizieren.*

> In dieser Hinsicht ist der weit ausholenden Kommentierung des Schriftprinzips durch Joseph Ratzinger zuzustimmen: »Zum Begriff ›Offenbarung‹ [gehört] immer auch das empfangende Subjekt: Wo niemand ›Offenbarung‹ wahrnimmt, da ist eben keine Offenbarung geschehen, denn da ist nichts offen geworden. Zur Offenbarung gehört vom Begriff selbst her ein Jemand, der ihrer inne wird.« Daher »liegt Offenbarung der Schrift voraus und schlägt sich in ihr nieder, ist aber nicht einfach mit ihr identisch. Das aber heißt dann, dass Offenbarung immer größer ist als das bloß Geschriebene. Und das wieder bedeutet, dass es ein reines ›sola scriptura‹ [...] nicht geben kann, dass zur Schrift das verstehende Subjekt Kirche gehört, womit auch schon der wesentliche Sinn von Überlieferung gegeben ist.«[20]

Auf derselben Ebene ist – kommunikationswissenschaftlich und hermeneutisch gesehen – auch die Apostrophierung der Bibel als »heilige Schrift« zu vergegenwärtigen. »Heiligkeit« ist, genau wie »Autorität«, ein relationaler Begriff. Das Prädikat »heilig« ist eine Bilanz von Kommunikations- bzw. Rezeptionserfahrungen, in denen Texte, Orte und Gegenstände *durch ihren Gebrauch* zu heiligen Texten, heiligen Orten und heiligen Gegenständen werden. Sie verkörpern eben genau den Glauben, den man sich mit ihrer Hilfe angeeignet hat und sind auf diese Weise Bestandteil kollektiver und persönlicher Identität geworden, was sie zu heiligen Texten, Orten und Gegenständen werden lässt. Glaubende interpretieren sich mit ihnen. Sie können mit Bezug auf das, was ihnen heilig geworden ist, sagen, wer sie sind.[21]

---

[19] Vgl. WILFRIED ENGEMANN, Der Spielraum der Predigt und der Ernst der Verkündigung, zuletzt in: DERS., Personen, Zeichen und das Evangelium. Argumentationsmuster der Praktischen Theologie (= APrTh 23), Leipzig 2003, 141–166, bes. 145–154.

[20] JOSEPH RATZINGER, Aus meinem Leben. Erinnerungen (1927–1977), Stuttgart 1998, 84. Der Fixierung Ratzingers auf das Subjekt Kirche ist allerdings zu widersprechen, sofern deren institutionelle Subjekthaftigkeit immer nur die Folge einer Verständigung individueller Subjekte sein kann.

[21] In gewisser Hinsicht verhält es sich mit der Heiligkeit der Schrift wie mit der Würde des Menschen. Heiligkeit und Würde kommen jeweils *sub communicatione* zur Geltung. Für ihre faktische Wirkung hängt alles davon ab, dass sie wahrgenommen und respektiert werden, unabhängig davon, ob und wie sie in dogmatischen und anthropologischen Konzepten auch als ontologische Gegebenheiten definiert werden.

Was die Texte angeht: Natürlich sind sie *im Prinzip* durch andere Texte, neue Glaubenszeugnisse ersetzbar bzw. ergänzbar.[22] Was diesen jedoch (zunächst) fehlt, ist eine in Tausenden von Jahren geschwollene Bedeutungs-Schwere, das Ansehens-Gewicht, der erwiesene Gebrauchswert, der dazu führte, dass die Ekklesia sich diese Texte zu eigen machte und zu einem »Buch der Kirche«[23] vereinte, wie Willi Marxsen die Autorität der Schrift treffend apostrophierte.

Die noch in den neuesten Erläuterungen zum Bibelgebrauch im Gottesdienst anzutreffende Überhöhung des Buchs der Kirche zum Buch bzw. Wort Gottes hat die faktische Autorität der Bibel keineswegs nur gestärkt, sondern ihr bisweilen auch das Grundwasser abgegraben, das ihr aus glaubwürdigen menschlichen Glaubens-Zeugnissen zufließt. Es hat nichts damit zu tun, die Autorität Gottes in Frage zu stellen, wenn man die Zeugnisse, die von ihm künden, als eine literarische Spurensicherung der Glaubens- und Freiheitskultur des Christentums versteht, die die Bibel zu einem einzigartigen Vademecum für ein Leben aus Glauben macht. Aber das rechtfertigt nicht, den Gottesdienst von seinem Wesen her faktisch als Bibelkult zu verstehen. Das Christentum ist ein Glaubens- und Freiheitskult. Zu diesem Kult gehört es, sich auf Einsichten, Überzeugungen und Probleme derer zu beziehen, die diesen Kult mitgeprägt und uns dafür entsprechende Urkunden zur Verfügung gestellt haben.

Martin Nicols leidenschaftliches Plädoyer für die Wiedergewinnung der Bibel als »Kultbuch« geht von Prämissen aus, die einige seiner Hinweise in Richtung einer Stärkung der »Ritualität des Wortes«[24] fragwürdig erscheinen lassen. Dazu gehört das einseitige Interesse an einer rituellen Einbettung der *Wortgestalt* der Überlieferung, die damit verbundene Fixierung auf »das Wort« als Element an der Oberfläche der Welten eines Textes sowie die faktische Inanspruchnahme Gottes als Subjekt dieses Wortes.[25]

Die offenbarungstheologische Argumentation Karl Barths wird unhinterfragt zur Basis der »liturgischen Aufgabe, die drei Gestalten [des Wortes Gottes] im Wechselspiel zu halten«[26]. Die Gestalten der biblischen Texte stehen aber für etwas und wei-

---

[22] Es gibt eine Fülle von anerkanntermaßen gewichtigen Texten der Glaubensgeschichte der Christenheit – stellvertretend sei an die Gebete und Briefe Dietrich Bonhoeffers erinnert –, die als zutiefst menschliche Zeugnisse unzweifelhaft Autorität gewonnen haben, ohne dass jemand bedauern würde, dass sie »nicht von Gott stammten«, weil ihnen das noch mehr Autorität verschaffte.

[23] Vgl. Willi Marxsen, Das neue Testament als Buch der Kirche, Berlin 1967.

[24] Martin Nicol, Kultbuch Bibel. Für die Ritualität des Wortes, in: Ders., Weg im Geheimnis. Plädoyer für den Evangelischen Gottesdienst, Göttingen 2009, 135–163, vgl. bes. 141–144.

[25] Bei der Bibel handelt es sich »um Gotteswort in Gestalt der Worte, Bilder und Geschichten der Bibel« (a. a. O., 144).

[26] A. a. O., 140.

sen auf etwas, was sie nicht selbst sind oder bieten. Sie sind, hermeneutisch formuliert, Vehikel. Sie konfrontieren in Form von Bildern, Symbolen und Gleichnissen mit Lebens- und Glaubensgeschichten, die samt und sonders der Übersetzung und Aneignung bedürfen. Damit sind diese Texte jedoch (hermeneutisch in Bezug auf Leser und Hörer formuliert) auch Medium für Erfahrungen, Visionen, Fragen, Gewissheiten und Gefühle jetzt und hier. Nach meiner Überzeugung funktioniert diese Praxis. Die ihr entsprechende Gottesdienstkultur ist ein Erfolgsmodell. Martin Nicol beklagt demgegenüber, dass sich bei den Protestanten durch »das Postulat der Verstehbarkeit« – also durch die Aufklärung – und eine entsprechende historisch-kritische Hermeneutik die »Ritualität des Bibelbuches« als Gottes Wort »verflüchtigt« habe,[27] wofür es aus meiner Sicht keine stichhaltigen Indizien gibt. Gleichwohl kommt ihm das Verdienst zu, auf die möglichen Auswirkungen liturgischer Nachlässigkeit im Umgang mit biblischen Texten aufmerksam gemacht und daran erinnert zu haben, dass ein in ritueller Hinsicht stärker reflektierter Umgang mit der Bibel im Gottesdienst eine wirksame Form der Stärkung ihrer Autorität ist.

Fragt man nun, welcher ganz andere rituelle Umgang mit der Bibel in den protestantischen Gottesdiensten Praxis werden sollte, wenn doch – so Martin Nicol – der jetzige alles andere als ermutigend sei,[28] so lautet die Antwort: »Was eine Ritualität des Wortes wesentlich ausmacht, [ist] das liturgische Urvertrauen, dass das Wort der Bibel in Lesungen, Liedern, Gebeten und biblisch verwurzelten Sprachakten die Gemeinde auf dem gottesdienstlichen Weg im Geheimnis auch ohne Predigt verlässlich leitet.«[29] Hängt aber ein angemessener Umgang mit biblischen Texten wirklich davon ab, ob ich als Teilhaber der Glaubenskultur des Christentums zusammen mit dem Pastor und der Gemeinde den Level eines »liturgischen Urvertrauens« erreiche? Und sollte ich dieses Vertrauen *jeglichen* Texten der Bibel gegenüber aufbringen, nur weil sie ins Bibelbuch gekommen sind? Das faktische Ausspielen des Vertrauens in die Textgestalt gegen das Verstehen ihres Inhalts führt unter Umständen in Aporien[30] – zumal die Möglichkeit

---

27 Vgl. A. a. O., 135 u. öfters.

28 Vgl. A. a. O., 148. Eine nachvollziehbare Begründung für diese, m. E. nicht ganz ohne mystische Prämissen auskommende These findet sich bei Nicol m. W. nicht. Immerhin ist die Bibel, wie von seinem Schüler Alexander Deeg (s. o., Anm. 3) völlig richtig beobachtet, in Lesungen, Liedern, Gebeten und in der Mahlfeier auch außerhalb der Predigt durchaus präsent, und zwar nicht nur als geduldeter, unverständlicher Fremdkörper, sondern als willkommene Sprachhilfe, religiöse Vertiefung usw. Zu begrüßen ist, dass Nicol durch seine Sensibilisierung für angemessene Umgangsformen mit der Textgestalt bzw. dem Bibelbuch einer nassforschen Inbeziehung-Setzung von Tradition und Situation entgegengewirkt hat.

29 A. a. O., 144.

30 Diese Aporien können m. E. auch nicht mit dem wiederholten Hinweis auf einen »Weg im Geheimnis« aufgefangen werden (vgl. das Zitat zu Anm. 24), weil weder das Geheimnis Gottes noch das Geheimnis des Menschen oder die Substanz des Glaubens in einem unmit-

besteht, dem Inhalt eines Textes gerade *deshalb* nicht vertrauen zu wollen, *weil* man ihn versteht.

Damit kommen einige Probleme mit der Autorität der Schrift in den Blick, die aus verschiedenen, latent wirkenden, Autoritätsmodellen resultieren und auch die Gottesdienstkultur mitbestimmen.

3 Diskussionspunkte der Autoritätsfrage und ihre Konsequenzen für das Agieren mit biblischen Texten im Gottesdienst

3.1 Zum Verhältnis von Autorität und Freiheit

Der Prozess, den wir im Fachjargon »Kommunikation des Evangeliums« nennen, hat Subjekte im Blick, die durch die Kraft des Glaubens unter anderem zu einem Leben in Freiheit befähigt werden sollen. Somit kommen für eine christliche, bibeltext-bezogene religiöse Praxis in Liturgie, Predigt, Seelsorge, Unterricht usw. nur solche Autoritätskonzepte in Betracht, die auf jegliche Elemente der Unterwerfung, Bevormundung und sonstige, subalternem Denken geschuldete Prinzipien verzichten.

In juristischer Hinsicht, für die Praxis des Rechts, ist es bis zu einem gewissen Grade legitim, bei der Definition von Autorität – *Modell A – beim Machtsubjekt anzusetzen*. Dessen Autorität wird gesetzlich festgestellt. Vom Machtsubjekt wird verlangt, ordnend in die soziale Wirklichkeit einzugreifen, zu befehlen, zu verbieten und Ungehorsam zu strafen.[31]

Wenn man an der Kategorie einer zuerkannten, verliehenen, zwischen zwei souveränen Subjekten gewährten, also eingeräumten Autorität festhalten will, kommt man nicht umhin, das Verhältnis zwischen Autorität und Freiheit genauer zu bestimmen. So kann man es durchaus – *Modell B* – als Ausdruck von Freiheit betrachten, sich an bestimmte Gründe zu binden. Das kann sich in der Bildung von Autoritätsstrukturen äußern, die eine bestimmte Argumentation und ihre Gründe schützen.

---

telbaren Zusammenhang mit der Gestalt biblischer Texte stehen. Vgl. Martin Nicol: Weg im Geheimnis. Plädoyer für den Evangelischen Gottesdienst (a. a. O., s. Anm. 24), bes. 19–42.

[31] Es war unter anderem die verräterische, synonyme Ineinssetzung von »Autoritäten« und »Machthabern«, die Max Weber zu einer umfassenden Autoritätskritik veranlasste. Er nahm Autorität, auf die gewohnheitsmäßig machtvoll gepocht wird, nicht nur als etwas Irrationales und Charismatisches, sondern auch als eine »gewaltmäßige« Überlegenheitskategorie wahr, die auch dann, wenn sie durch Gehorsam legitimiert sei, aus sich heraus Ordnung definiere und bei anderen »Unterordnungstriebe« auslöse. Vgl. Max Weber, Wirtschaft und Gesellschaft. Grundriss der verstehenden Soziologie (2 Bde.), Tübingen ^{4}1956, 157–160. 692–695. 739–742. 837–841.

Persönlich formuliert: Jemand wird eine Autorität für mich, weil ich seine Art, die Welt und den Menschen zu betrachten und mich mir zu verstehen zu geben, schätzen gelernt habe und davon durch einen Zuwachs an Freiheit profitiere. Die Freiheit, sich an bestimmte Gründe zu binden und sich in seinem eigenen Urteil von einer Autorität – wie der eines biblischen Textes – *bedingen zu lassen* und *deshalb* »nicht anders zu können«, kann schließlich zur Basis eines auf kommunikative Resonanz bezogenen Autoritätsverständnisses werden.[32]

Von solch einem relationalen Verständnis von Autorität ausgehend,[33] ließe sich auch ein *Modell C* konturieren, nach dem Autorität als ein Ensemble von Konventionen verstanden werden kann, dessen Werte und Prinzipien den sogenannten großen Erzählungen entstammen, die – indem sie zirkulieren – gewissermaßen ihre eigene Geltung stabilisieren. Es wäre verlockend, die Autorität der Heiligen Schrift einmal in dieser Richtung zu entfalten – der These spottend, dass die großen Erzählungen an ihr Ende gekommen seien sowie jegliche Plausibilität verloren und ihre einstige Autorität verspielt hätten.[34] Diesem Mythos kann man mit Peter Sloterdijk nur entgegnen, dass die großen Erzählungen – als Versuche, sich der Weltkomplexität zu bemächtigen – eben »nicht groß genug«[35] waren. Das Interesse am Gesamtzusammenhang des eigenen Daseins ist

---

32 Der Versuch seitens der Theologie, Autorität im Kontext von Partnerschaft als »Vorschusskredit« (so Helmut Thielicke) oder »einsichtige Gefolgschaft« (Cornelius A. von Heyl) zu apostrophieren, zeichnet sich als Differenzierungsbemühung geraume Zeit vor der massiven Autoritätskritik der späten 60er Jahre ab. Vgl. entsprechende Anregungen bei Helmut Thielicke, Artikel Autorität, in: RGG, Bd. I, Tübingen ^{3}1957, 792–794, sowie bei Cornelius Adalbert von Heyl, Art. »Autorität«, in: Friedrich Karrenberg (Hrsg.), Evangelisches Soziallexikon, Stuttgart ^{4}1963, 129–133. In ähnlicher Weise erläutert Max Horkheimer das Zusammenspiel von Freiheit und Autorität in der Gesellschaft. In der befreiten Gesellschaft widerspreche die Autorität nicht der Freiheit, sondern »sie besorgt nur ihre eigenen zum Beschluss erhobenen Pläne, die freilich [anders als im Subalternitäts-Konzept Gadamers] keine Resultante divergierender Klasseninteressen sind« (Max Horkheimer, Kritische Theorie der Gesellschaft, Bd. I, Frankfurt 1968, 301).

33 Zu den Prämissen vgl. bereits Robert Morrison MacIver, The Web of Government, New York ^{2}1965, 63, sowie aus der jüngeren Vergangenheit: Tom Tyler/E. Allan Lind, A Relational Model of Authority in Groups, in: Mark Zanna (Hrsg.), Advances in Experimental Social Psychology, Bd. 25, Amsterdam 1992, 115–191.

34 Vgl. Jean-François Lyotard, Das postmoderne Wissen, Wien 1994.

35 »Wenn die bisher bekannt gewordenen großen Erzählungen – die christliche, die liberal-progressive, die Hegelsche, die marxistische, die faschistische – durchschaut sind als ungeeignete Versuche, sich der Weltkomplexität zu bemächtigen, so delegitimiert diese kritische Erkenntnis weder das Erzählen von gewesenen Dingen noch dispensiert es das Denken von der Bemühung um eine lichtstarke Optik für die fassbaren Einzelheiten des ausweichenden Ganzen. [...] Das Elend der großen Erzählungen herkömmlicher Machart liegt keineswegs darin, dass sie zu groß waren, sondern darin, dass sie nicht groß genug waren.«

durch den Missbrauch politischer und religiöser Autorität nicht verloren gegangen. Aber für diese Entfaltung ist hier nicht der Raum. Bleiben wir also aus pragmatischen Gründen bei Modell B: Autorität im Sinne eines Zeugnisses, von dem man sich bedingen lässt, weil man es verstanden und als lebensdienlich und freiheitsfördernd erkannt hat.

Solche Autorität – da helfen alle Macht und alles Pochen auf Autorität nicht weiter – verliert ihre kommunikative Kraft, wenn sie nur behauptet bzw. »durchgesetzt« wird. Es gehört zwar zum Wesen von Autorität, dass Sätze mit dem Anspruch von Autorität nicht beweisbar sind. (Andernfalls bedürfte es keiner Autorität, die ja anstelle eines Beweises Zustimmung bewirken soll.) Gleichwohl darf sich von Mensch zu Mensch Gesprochenes nicht des Anspruchs der Begründbarkeit und damit der Plausibilität entziehen.[36] Damit kommen wir zu einem weiteren Zusammenhang, der bedacht sein will, wenn man am Postulat der Schriftautorität festhält.

3.2 Zum Verhältnis von Autorität, Rationalität und Ideologie

Weil faktisch wirksame Autorität aus ergebnisoffenen Verständigungsprozessen hervorgeht und in der kommunikativen Praxis als Vertrauensvorschuss gewährt wird, war man sich schon früh der Gefahr ideologischen Argumentierens mit Autoritäten bewusst. Nicht erst in der Aufklärung, schon in der Antike wurde auf die Gefahr hingewiesen, beim Argumentieren »ex auctoritate« das Rationalitätsprinzip zu verletzen und den Autoritätsbonus zu missbrauchen.[37] Folgt man Augustin, ist die Verletzung und Infragestellung des Rationalitäts- durch das Autoritätsprinzip unvermeidlich und sogar notwendig, denn anders als durch Autorität, so Augustin, habe das einfache Volk gar nicht die Chance, zur Wahrheit zu gelangen; es müsse zumindest durch eine gewisse Portion »Autoritätsgläubigkeit« zur Wahrheit geführt werden.[38]

(vgl. PETER SLOTERDIJK, Im Weltinnenraum des Kapitals. Für eine philosophische Theorie der Globalisierung, Frankfurt/M. 2005, 12–14).

[36] Vgl. auch KURT RÖTTGERS, a. a. O. (s. Anm. 12), 732.

[37] Vgl. WALTER VEIT, Artikel Autorität I, in: HWPh 1, 1971, 724–727.

[38] »Auctoritas fidem flagitat et rationi praeparat hominem. Ratio ad intellectum cognitionemque perducit, quamquam neque auctoritatem ratio penitus deserit, cum consideratur cui credendum sit, et certe summa est ipsius iam cognitae atque perspicuae veritatis auctoritas.« (Deutsch:) »Die Autorität verlangt Glauben und macht den Menschen bereit für dessen rationale Durchdringung. Das rationale Denken führt den Menschen zur Einsicht und Erkenntnis, obgleich sie sich nicht ganz von der Autorität absetzt, wenn man überlegt, wem zu glauben ist. Höchste Autorität ist freilich der bereits erkannten offensichtlichen Wahrheit zu eigen« (AUGUSTIN, De vera religione, 24. 45).

> Von der Neuzeit an über die Aufklärung bis zum Ende des 20. Jahrhunderts wird Autorität unter verschiedensten Gesichtspunkten als Problem diskutiert und gilt vielen Autoren – jenseits von Erfahrung und Vernunft – im doppelten Sinne als »das Letzte«, wovon sich die Erkenntnis des Menschen leiten lassen sollte. Die Berufung auf Autoritäten gerät überhaupt unter den Verdacht, Rationalität erübrigen zu sollen. »Autoritätsgläubigkeit« wird somit mehr und mehr zu einem Tabu, weil sie *argumente ex ratione* nicht gelten lässt und eine Rechtfertigung der Vernunft vor der Autorität fordert, was jedoch nach der Aufklärung nicht mehr plausibel gemacht werden kann.

Im Rahmen von Gottesdienst und Predigt dürfte freilich »Autoritätsgläubigkeit« weder ein erstrebenswerter noch überhaupt ein geeigneter Rezeptionsmodus für biblische Texte sein. Sofern nämlich die Autorität der biblischen Zeugnisse in dem Inhalt liegt, den sie bezeugen, sofern sie also – wie die Ex-auctoritate-Referenzen der Antike – grundsätzlich aufgrund ihrer unzweifelhaften, durchaus verständlichen Bedeutung Autorität erlangen, kann diese unmöglich gegen das Erkenntnisprinzip, also gegen das Verstehen-Müssen der Texte als Voraussetzung ihrer Wirkung, ausgespielt werden.

Die Gefahr ihres Zerfalls erwächst der Autorität demnach nicht aus der Rationalität, sondern aus der Ideologie, deren Kennzeichen u. a. schwammige Inhalte, diffuse Begriffe, unüberprüfbare Verallgemeinerungen, pathetische Behauptungen und in der Regel latente Drohungen sind, zu denen man sich als Hörer aufgrund des Fehlens von Begründungen nicht verhalten kann (Liturgische Gebete und Predigten liefern hierfür ein unerschöpfliches Illustrationspotential). Hingegen gewinnen biblische Texte dadurch an Autorität, dass sie Eingang finden in die Kommunikation des Evangeliums, deren Indikator ein Geschehen klaren, unverwechselbaren Inhalts ist: Es dient der Zueignung und Aneignung von Freiheit, es fördert das Empfangen- und Gewähren-Können von Liebe, es bahnt die Erfahrung der Gelassenheit des Glaubens an. Wenn der Bezug auf die biblischen Texte nicht dazu taugt, den Prozess der Kommunikation des Evangeliums in diesem Sinne *inhaltlich* zu stärken und Verstehen zu evozieren, verlieren sie an Autorität.

3.3 Zur Legitimierung der Autorität der Schrift

Als Folge des in der Neuzeit ansetzenden Säkularisierungsprozesses wird in den Diskursen um Herrschaft und Autorität grundsätzlich die Frage nach einer entsprechenden Legitimität gestellt. Herrschaft wird nicht mehr – wie in der Antike – als etwas immer schon Vorhandenes oder gar – wie im Feudalismus – als etwas Gottgewolltes angesehen, sondern als etwas durch Menschen in Szene Gesetztes, zu Hinterfragendes, das einer Legitimierung bedarf. Entsprechendes gilt im Kontext von Autoritätserfahrungen.

Für den Gebrauch der Bibel im Gottesdienst hat Klaus-Peter Hertzsch auf die Notwendigkeit eines sich im Vollzug legitimierenden Bibelbezugs hingewiesen, denn, so Hertzsch, man könne nicht mehr unterstellen, dass ein biblischer Text für die Gemeinde schon deshalb relevant sei, weil er aus der Bibel stamme. Für zeitgenössische Predigthörer »ist es keineswegs mehr eine selbstverständliche Voraussetzung, dass es gut und nützlich ist, biblische Texte ausgelegt und erklärt zu bekommen.« Sie fragen: »Warum sollte mich das interessieren? [...] Da hilft keine grundsätzliche Belehrung [...] über die Autorität der Bibel. Da hilft nur die gemachte Erfahrung: Das war für mich gut. Das habe ich wirklich gebraucht.«[39] Wer einen biblischen Text überwiegend in seiner »autoritativen Funktion«[40] bemüht, läuft Gefahr, in Beschwörungen der Autorität des Textes abzugleiten, statt diese Autorität – zusammen mit den Hörern – selbst als Vergewisserung zu erfahren.

Das Postulat einer von sich aus legitimen Autorität der Schrift wird in der gottesdiensttheoretischen Debatte vor allem aus drei Gründen ins Feld geführt: Um der Wahrheit, der Verbindlichkeit und der Verlässlichkeit des Wortes Gottes willen:[41] Das Wahrheitsargument bezieht sich auf den Inhalt des Textes bzw. der Botschaft. Es wird für die durch den Text gewonnene Objektivität der Predigt in Anspruch genommen. Das Verbindlichkeitsargument wird aus der Bedeutung des Textes für die Adressaten abgeleitet; es wird im Blick auf die Relevanz der Predigt für das Glauben, Denken und Handeln der Hörer geltend gemacht. Schließlich wird die Schriftautorität in den Zusammenhang der Glaubwürdigkeit des Predigers gestellt. Sie soll die Botschaft der Predigt als verlässlich erscheinen lassen.

Ein Problem entsprechender homiletischer und liturgischer Konzeptionen liegt darin, den Legitimierungsbedarf der biblischen Texte nicht zu sehen bzw. zu bestreiten. So mangelt es nicht an Vorschlägen dafür, was alles zu lassen ist, um die sich selbst entfaltende Autorität der Schrift nicht einzuengen. Weil die Texte dabei als menschliches Zeugnis zu kurz kommen, wird zugleich ihre Autorität unterwandert.

So wird (1.) das Postulat der Wahrheit des Textes ausgerechnet gegen die Subjektivität des Predigers ins Feld geführt.[42] Die Autorität der Schrift wird – in

---

[39] KLAUS-PETER HERTZSCH, Predigtlehre. Erwartungen und Möglichkeiten, in: KARL-HEINRICH BIERITZ/CHRISTIAN BUNNERS u. a. (Hrsg.), Handbuch der Predigt, Berlin 1990, 16.

[40] Vgl. MANFRED JOSUTTIS, Die Bibel als Basis der Predigt, in: Hans-Georg Geyer u. a. (Hrsg.), Wenn nicht jetzt, wann dann? FS für Hans-Joachim Kraus, Neukirchen-Vluyn 1983, 385–393, 387–389.

[41] Vgl. ausführlicher die entsprechende Analyse bei WILFRIED ENGEMANN (a. a. O.), s. Anm. 6, 104–113.

[42] Hans-Joachim Iwand sieht die eigentliche Gefahr der Verletzung der Autorität der Schrift darin, dass ein Prediger durch das, was er mitbringt, der Wahrheit des Textes im Wege steht. Vgl. HANS-JOACHIM IWAND, Briefe, Vorträge, Predigtmeditationen. Eine Auswahl, hrsg. v. P. Sänger, Berlin 1979, 489–493.

Verkennung der Relevanz seines Zeugnisses – als Garant der Objektivität und Wahrheit des Textes und als Schutz gegen alles Subjektive und Persönliche aufgerufen. Der Prediger möge dem Text Platz machen. Aber so funktioniert Autorität nicht. Der Prediger kann sich als »ultimativer Zeuge« des Evangeliums nicht erübrigen. Ähnlich steht es (2.) mit dem Postulat der Verbindlichkeit der Heiligen Schrift. Als verstehe sich die Schriftgebundenheit von Gottesdienst und Predigt von selbst, wird immer wieder betont, dass nur die unbedingte, gehorsame Beschränkung auf das »Urwort« als Gottes Wort davor bewahre, die Gemeinde mit unverbindlichen Meinungen, Wünschen und Gedanken zu konfrontieren.[43] Dabei wird erstens übersehen, dass die Verbindlichkeit der Heiligen Schrift im Predigtprozess gerade dadurch zur Geltung kommt, dass sich ein Prediger dazu genötigt sieht, sich selbst im Zeugnis der Schrift zu exponieren, und dass zweitens dann auch die Hörer (durch das Zeugnis des Predigers) in eine entsprechende Auseinandersetzung über Grundfragen eines Lebens aus Glauben verwickelt werden. Der Bibeltext wird dabei in dem Maße verbindlich, wie er historisch wird und das Zeugnis des Predigers und Hörers gleichermaßen nach sich zieht.

Zur Verbindlichkeit als Facette der Autorität der Schrift gehört aus hermeneutischer Sicht natürlich auch, ihre Aussageform, ihre Struktur und eigenwillige Ausdrucksweise als Verstehensbedingungen gelten zu lassen. Der Respekt vor der Textgestalt ist die notwendige Entsprechung zur Übernahme der eigenen Rolle als Interpret. Wie immer ich mit einem Text verfahre, ich verlange nicht von ihm, ein anderer Text zu sein. Das heißt, so entschlossen ich von der Freiheit Gebrauch mache, einen Text zu *deuten* und mich *auf eine Pointe festzulegen*, so entschlossen akzeptiere ich dabei die vorgegebenen Bedingungen des Textes, also seine Gestalt samt ihren Ausdrucksweisen, Behauptungen und offenkundigen Prämissen. Diese Bindung ist eine entscheidende Legitimation für einen hermeneutisch offenen, zeitgenössischen Umgang mit dem Text. Vor diesem Hintergrund halte ich den Versuch, die Gestalt der biblischen Texte bis in ihre Diktion hinein abzuändern und sie dazu zu zwingen, Dinge zu sagen, von denen

---

[43] Weil »alles vorgegeben ist, was gesagt werden soll«, fordert Karl Barth, beim Predigen »den Gehorsam dem Text gegenüber zu wahren«. »Die Schrift soll alles von eigenen Meinungen, Wünschen und Gedanken säubern; es gilt, in strenger Disziplin am Wort zu bleiben und nur das hören zu wollen, was das Wort sagt, nicht, was die große Öffentlichkeit, die engere Gemeinde oder das eigene Herz hören möchten. [...] Ich habe nicht etwas zu sagen, sondern nur etwas nachzusagen. Wenn Gott allein in der Predigt sprechen will, so darf weder Thema noch Skopus dazwischentreten. [...] Wir haben die dem Text eigentümliche Gedankenbewegung einfach mitzumachen« (Karl Barth, Homiletik. Wesen und Vorbereitung der Predigt, Zürich [1966], ³1986, Reihenfolge der Zitate: 74, 77, 34f.).

man wünscht, dass sie heute gesagt und geglaubt würden, für eine groteske Form der Legitimierung der Heiligen Schrift. Der Versuch, die Bibel dadurch als Autorität zu stärken, dass man ihr eine vermeintlich gerechte Sprachdiktion aufzwingt, die im Übrigen nur ganz bestimmten Diskursen gerecht zu werden sucht,[44] ist alles andere als eine Stärkung ihrer Autorität. Hier wird der freche Eigensinn biblischer Texte, seit Jahrtausenden immer wieder nur dasselbe – und unter anderem Ärgerliches, Anstößiges, Falsches und Missverständliches – zu sagen, mit der Geste des Besserwissens, Bessermachens und Besserkönnens gebrochen.

Ich komme auf die Argumente zur Legitimation des Gebrauchs biblischer Texte und zur Berufung auf ihre Autorität zurück. Was wir uns im Blick auf Wahrheit und Verbindlichkeit vergegenwärtigt haben, gilt schließlich (3.) auch für das *Argument der Verlässlichkeit* der Schrift. Der Bezug auf biblische Texte trägt dem Bedürfnis nach der Vertrauenswürdigkeit der Inhalte bzw. der Lebensdienlichkeit der Ziele des Gottesdienstes Rechnung. Dieses Bedürfnis schlägt sich z. B. in der Erwartung nieder, dass die Predigt selbst durch ihren Bezug auf den Text als bewährtes Glaubenszeugnis der Christenheit Anteil an der Solidität und Validität der Heiligen Schrift erhält. Auch dieses Begründungsmuster stützt die Autorität der Schrift aber nur so lange, wie es nicht gegen die Gedanken, die Ideen und die Imaginationskraft des Predigers ausgespielt wird.[45] Andernfalls würde man auf den Grundstoff religiöser Autorität – auf das personale Zeugnis als Original-Urkunde eines Lebens aus Glauben – verzichten.

Es bleibt natürlich verführerisch – wie die eben angeführten Argumente zeigen –, Autorität in dem Sinne »anthropologisch« zu verstehen, dass man in ihr ein notwendiges Konstrukt des tiefen Bewusstseins der eigenen Subalternität sieht – was Hans-Georg Gadamer vorzuschweben schien.[46] Die Inanspruchnahme der Schriftautorität wäre dann die notwendige Folge der Erfahrung des generellen eigenen Ungenügens, auch im Bezeugen des Evangeliums. Abgesehen von der fragwürdigen Semantik und Rezeption des Begriffs der Subalternität[47] ist

---

44 Vgl. Die Bibel in gerechter Sprache, hrsg. v. Ulrike Bail, Marlene Crüsemann u. a., Gütersloh ^{4}2011.

45 Vgl. dagegen den kerygmatischen Textfetischismus bei Hans Urner, Gottes Wort und unsere Predigt, Berlin 1961, bes. 69–74.

46 Gadamer nähert sich der Erfahrung von Autorität anthropologisch an, indem er sie gewissermaßen als menschliche Reaktion auf das Wissen um die eigenen Unzulänglichkeiten bewertet. Vgl. Hans-Georg Gadamer, Wahrheit und Methode, Tübingen [1960] ^{2}1965, 264.

47 Vgl. zur Diskussion: Gayatri Chakravirty Spivak, Can the Subaltern Speak? Postkolonialität und subalterne Artikulation. Aus dem Englischen von Alexander Joskowicz und Stefan Nowotny. Mit einer Einleitung von Hito Steyerl, Wien 2008.

wiederum zu fragen, ob ausgerechnet die menschliche Inkompetenz, Unselbständigkeit und Dummheit die Basis einer begründeten Bezugnahme auf Autorität sein kann. Eine Autorität, der ich in Fragen des Selbstverständnisses, der Lebensführung und des Glaubens folgen sollte, ohne ihre Vorgaben *zu verstehen* – also ohne dass sie sich bequemt, *mir zum Zeugnis zu werden* –, ist keine Autorität.

3.4 Zum Verhältnis zwischen der Autorität der Schrift und der Würde des Menschen

Nach dem bisher Gesagten liegt es nahe, in der Autorität der biblischen Texte grundsätzlich eine Stärkung der Würde des Menschen zu sehen: Durch die Heilige Schrift in Frage gestellt zu werden, Schritte in die Freiheit zu tun, zu lernen, aus dem Empfangen und Gewähren von Liebe zu leben und Anregungen dafür zu bekommen, sich in ein erfülltes Leben aus Glauben zu werfen, dies ist nicht nur menschlich. Dies ist de facto auch ein Ausdruck der Solidarität der biblischen Zeugen all denen gegenüber, die sich mit bzw. nach ihnen um ein Leben aus Glauben bemühen.

Umso problematischer sind all jene Versuche, mit der Autorität der Heiligen Schrift die prinzipielle Unwürdigkeit des Menschen vor Gott zu proklamieren und sich obendrein beim Beten oder Predigen solidarisch auf die Seite Gottes zu stellen (der unter dem Menschen so viel zu leiden habe), um unter Berufung auf die entsprechenden Bibeltexte Forderungen zu erheben, die über ihren Anspruch weit hinausgehen und Menschen als Menschen überfordern.[48]

Demgegenüber entspricht es der Grundfunktion jeglicher von Menschen *um ihrer selbst willen* anzuerkennenden Autorität, dass sie die menschliche Würde schützt, ja dass sie als Hüterin des Menschseins des Menschen auftritt, wodurch sie sich als legitime Autorität erweist. Mensch zu sein in Freiheit und

---

[48] Zitate aus Predigten: »Die Bibel will, dass wir jeden Menschen lieben.« »Gott will, dass wir unsere Überzeugungen nicht wichtiger nehmen als sein Wort.« »Der Text ermutigt uns, nicht unseren eigenen Interessen, sondern Gottes Willen zu folgen.« Zum Verständnis dieser scheinbar »richtigen« Forderungen vgl. WILFRIED ENGEMANN, Vom Umgang mit Menschen im Gottesdienst. Probleme der impliziten liturgischen Anthropologie, in: EvTh, 72. Jg., H. 2 (2012), 101–117. Wie viel mehr Menschlichkeit käme in die Predigten, wenn Prediger die biblischen Texte nicht zum Anlass nähmen, sich nolens volens auf die Seite Gottes zu schlagen und der Gemeinde eine unzureichende »Erfüllung« bzw. »Entsprechung« biblischer Texte vorzuhalten, statt sich im Lichte dieser Texte neu zu verstehen zu geben. Das ohne plausible Bedarfsanzeige vorgenommene Wichtigmachen biblischer Texte steht in der Gefahr, dass die in ihnen aufscheinende Lebenskunde gegen die Erfahrungen und Einsichten der Hörer ausgespielt wird. Dabei werden menschliche Erfahrungen verschüttet, statt dass Erfahrungen von heute durch überlieferte Erfahrungen des Textes bereichert werden könnten.

Liebe und in der Gelassenheit des Glaubens versteht sich bis heute nicht von selbst. Dass dies doch möglich und unsere Bestimmung ist, dazu bedarf es der Auseinandersetzung mit Geschichten, Visionen, Prinzipien, kurz – mit einer Lebenskunde von genau der Autorität, die uns in der Heiligen Schrift begegnet.

Die ideale Form der »Anerkennung« der Autorität der Schrift ist ein Leben aus Glauben in Freiheit, Liebe und Gelassenheit. Ein solches Leben ist wiederum eine ideale Form des »Bekenntnisses«, zu dem die Überlieferung des Glaubens durch die Heilige Schrift veranlasst.

Die Kirche als »Geschöpf des Evangeliums« in neutestamentlicher Zeit

Hans Weder

Hermeneutische Überlegungen zum Fundament der Kirche

Wer im Piemont reist, wird früher oder später zum Sacro Monte d'Orta[1] kommen. Dort wird er gleichsam potenzierte Bilder finden, Darstellungen biblischer Erzählungen in dreidimensionaler Gestalt mit Figuren wie in einem Wachsfigurenkabinett. Und er wird erfahren, dass diese die Anschaulichkeit eines Bildes noch übersteigende realistische Darstellung zur Bewegung der Gegenreformation gehört. Hier spielte die katholische Kirche einen ihrer Trümpfe aus: Sie stellte der reformatorischen Konzentration auf das Wort die bewegende Macht des Bildes entgegen. Hatte die Reformation, geleitet vom Grundsatz »non vi, sed verbo«, die Wahrheit des Evangeliums ganz im anredenden Wort konzentriert, das die Menschen im Herzen überzeugt, so traute die Gegenreformation dem machtvollen Bild zu, dass es den Menschen in seinen Bann schlägt und so der Wahrheit zum Durchbruch verhilft. Während die Reformation mit der Wahrheit des Glaubens so umzugehen versuchte, dass sie nicht mit Gewalt durchgesetzt wird, sondern durch das überzeugende Wort Einverständnis findet, setzte man auf dem Sacro Monte d'Orta auf die Unwiderstehlichkeit des potenzierten Bildes, das die Menschen zum alten Glauben zurückbewegen sollte.

Diese Spannung zwischen Reformation und Gegenreformation begleitet die Verkündigung des Evangeliums durch alle Zeiten: Es ist die Spannung zwischen der Unwiderstehlichkeit, die man dem zuschreiben möchte, was Wahrheit genannt zu werden verdient, und dem Wort, das einem – nicht zuletzt wieder in unseren Zeiten der Bilder – als zu schwach erscheinen will, um die gewünschte Wirkung zu haben. Mit ihrem Grundsatz »non vi, sed verbo« hatte sich die Reformation auf eine grundlegende Gegebenheit der neutestamentlichen Zeit be-

---

[1] Eine Beschreibung bei Gian Alberto Dell'Acqua (a cura di), Isola San Giulio e Sacro Monte d'Orta, Torino 1977.

sonnen. Dies soll in den folgenden Überlegungen aus unterschiedlicher Perspektive in den Blick genommen werden.

1 Ansprechendes Wort

Das Gegenüber von Macht und Wort begegnet bei Paulus auf interessante Weise dort, wo er sich mit den Pneumatikern in Korinth auseinandersetzt. Die πνευματικοί, die Pneumatiker, waren wohl in einem Brief der Gemeinde an Paulus als Frage thematisiert worden.[2] Offenbar gab es Stimmen in Korinth, welche es als Erkennungsmerkmal des wahren Geistes angesehen haben, dass die Menschen machtvoll bewegt wurden durch die πνευματικά, die Geistesgaben. Auch gegenwärtig lässt sich beobachten, dass die Intensität einer bewegenden Kraft als Ausdruck ihrer Qualität betrachtet wird. Wer mit großer Macht Massen von Menschen zu bewegen vermag, wird als Charismatiker bezeichnet, auch wenn er alles andere als die χάρις, die Gnade, austeilt.

Paulus will seine Gemeinde nicht in Unkenntnis lassen über das, was von den Geistesgaben, den πνευματικά, zu halten ist (12,1). Er beginnt seine Überlegungen damit, dass er die Korinther an eine alte Erfahrung erinnert (V. 2): »Ihr wisst ja, dass es euch, als ihr noch Heiden wart, mit unwiderstehlicher Gewalt zu den stummen Götzen zog.«[3] Philologisch nicht einfach ist der Ausdruck, der hier mit »es zog euch mit unwiderstehlicher Gewalt« übersetzt ist. Die Verbform ἤγεσθε (Indikativ Passiv des Imperfekts) heißt »ihr wurdet geführt«. Das Verb kann für die Wegführung von Gefangenen verwendet werden;[4] es trägt dann den Charakter der gewaltsamen Führung, des Fortgerissen-Werdens. Die Partikel ἄν zeigt die Wiederholung an, wenn sie mit dem Indikativ des Imperfekts verwendet wird. Dadurch wird eine wiederholte Erfahrung des Hingerissen-Werdens signalisiert. Das Partizip ἀπαγόμενοι schließlich bezeichnet den Zustand der Geführten näher: Sie sind Weggeführte, Hingerissene. Das Verb bringt zum Ausdruck, dass sie nicht mehr bei sich selbst sind (auch dieses Verb kann für die Wegführung von Gefangenen verwendet werden und macht noch deutlicher als das Simplex, dass die Abgeführten eben nicht mehr Herren über sich selbst sind). Daraus ergibt sich, dass das Hingerissen-Sein stark betont ist,[5]

---

2 Dazu Wolfgang Schrage, Der erste Brief an die Korinther. 3. Teilband 1Kor 11,17–14,40, Zürich und Düsseldorf/Neukirchen-Vluyn 1999 (EKK VII/3), 117 mit Anm. 19, der eine briefliche Anfrage nicht für sicher hält, wohl aber annimmt, dass Paulus hier eine Information aus der Gemeinde aufgreift.

3 Übersetzung nach der neuen Zürcher Bibel (2007).

4 Vgl. Bauer, Wb s. v. 2.

5 Schrage, 1Kor III (s. Anm. 2), 119 interpretiert zu Recht im Sinne der Begeisterung, Beherrschung, des Getrieben-Seins.

was man am besten durch »unwiderstehliche Kraft« wiedergibt.[6] Ohne die Zwischenbemerkung sagt der Satz also das Folgende: Ihr wisst, wie ihr mit unwiderstehlicher Gewalt hingerissen wurdet, oder eben: Es zog euch mit unwiderstehlicher Gewalt, πρὸς τὰ εἴδωλα τὰ ἄφωνα, zu den stummen Götzen.

Paulus erinnert die Korinther an diese alte Erfahrung, weil er das Erlebnis des Hingerissen-Werdens einordnen will. Offenbar sahen die Korinther die unwiderstehliche Gewalt, mit welcher der Geist Besitz von den Menschen ergreift, als Ausweis von dessen Wahrheit an. Die Begeisterung bot sich ihnen dann als besonders echt dar, wenn die Menschen ganz außer sich gerieten.

Unsere so kritische Zivilisation steht einer solchen Einschätzung näher, als sie von sich selbst anzunehmen geneigt ist. Ist nicht das ein Zeichen dafür, dass der Gottesgeist einen Menschen ganz erfasst, wenn dessen eigener Geist restlos in die Gewalt Gottes gekommen ist? Es könnte doch eine göttliche Wohltat sein, dass das Ich mit seinem Einspruch oder seinem Zweifel zum Verstummen gebracht, gefangen genommen wird. Wer hätte sich nicht schon gesehnt nach ekstatischer Existenz, nach einem wenigstens zeitweisen Abschied vom alten Ich. Vom Echten, Authentischen erwartet man Unwiderstehlichkeit. Geschehe dies durch den Bann, in den mich hinreißende oder ohrenbetäubende Musik zu schlagen vermag, geschehe es durch den Rausch, welche Massen in einem Fußballstadion zu erzeugen verstehen, einen Rausch, der sich gar auf die Spieler überträgt und sie, diese kantigen Männer, geradezu zu Zärtlichkeiten hinreißt, wenn ein Goal gelungen ist. Wer wollte sich wundern, wenn erst recht in der Gotteserfahrung der Inbegriff des Überwältigenden vermutet oder zumindest erhofft wird?

Was die Korinther als Merkmal des wahren Geistes gesehen haben, wird von Paulus ganz anders eingeordnet. Zwar leugnet er die Erfahrung des Hingerissen-Werdens nicht, aber er kennzeichnet sie als heidnische (ὅτε ἔθνη ἦτε), die mit den stummen Götzen, aber nicht mit dem Geist des Christus zu tun hat. Unwiderstehliche Macht ging aus von den εἴδωλα ἄφωνα, den stummen Götzenbildern.[7]

Im Griechischen gibt es zwei Wörter für das, was wir mit Bild wiedergeben, einerseits die εἰκών, andererseits das εἴδωλον. Die εἰκών ist das Bild unter dem Gesichtspunkt, dass es das Dargestellte gültig vergegenwärtigt (im NT etwa auch als christologischer Titel verwendet: Christus als die εἰκὼν τοῦ θεοῦ, vgl.

---

[6] Das ὡς nimmt das ὅτι am Anfang des Verses auf (dass ihr – wie ihr), was grammatikalisch nicht ganz korrekt ist; dazu auch Schrage, 1Kor III (s. Anm. 2), 120 (zur Konstruktion des Satzes).

[7] Schrage, 1Kor III (s. Anm. 2), weist darauf hin, dass Paulus »merkwürdigerweise […] zu erkennen (gibt), dass pneumatisch-ekstatische Phänomene eine höchst zweideutige Sache sind« (120).

Kol 1,15). Das εἴδωλον dagegen trägt den Akzent des Nachgebildeten. Es ist das Bild, das hinter der Wirklichkeit und Wahrheit des Abgebildeten zurückbleibt. Die Griechen hätten ihre Götter oder Gottesbilder nicht εἴδωλα genannt. Denn das εἴδωλον ist das Unwirkliche, das im Wasser schwankende Spiegelbild, das Schattenhafte im Gegensatz zum Wirklichen. Die Septuaginta bringt mit ihrer Wortwahl zum Ausdruck, wie geisterhaft das ist, was der Mensch an die Stelle des wahren Gottes gesetzt hat.

Nichtig sind die Götzenbilder genau deshalb, weil sie von Menschenhand gemacht sind. Sie sind Eigenprodukte des Menschen, handfest gebildete oder auch eingebildete Götzen. »Ihre Götzen sind Silber und Gold«, heißt es im Ps 115, »ein Machwerk von Menschenhänden« (V. 4). Sie können weder hören noch sehen, noch reden (V. 5 ff.).

Es wäre sicher unangemessen, von vornherein die Position des jüdischen Dichters zu privilegieren. Auch die sogenannten Heiden haben ja das Heilige wahrgenommen, auch sie haben vieles am Heiligen entdeckt. In dieser Auseinandersetzung geht es aber um nichts Geringeres als die menschliche Produktivität in Sachen Gottheit. Der Dichter des Psalms will den wahren Gott vor der menschlichen Produktivität retten. Problematisch an den Bildern ist nicht, dass sie das Auge und die Gefühle erfreuen im Gegensatz zur Sprache, die nur das Ohr und den Kopf anspricht. Das Problem am Götzenbild ist vielmehr, dass es Gott nicht wahrnimmt, sondern produziert. Das Bilderverbot der hebräischen Bibel ist wohl eine Warnung vor der menschlichen Produktivität in Sachen Gottheit.

Daran erinnert Paulus, wenn er von den stummen Götzen spricht.[8] Als Heiden hatten die Korinther jene Unwiderstehlichkeit erfahren, die von dem ausging, was sie jetzt als nichtig erkennen. Von den eingebildeten Göttern geht eine solche Faszination aus, dass manche auf den Gedanken kommen, hier begegne ihnen das Authentische. Könnte die Unwiderstehlichkeit nicht davon herrühren, dass sie Eigenprodukte sind? Ist der Mensch nicht oft fasziniert von seinem eigenen Produkt?

Zwar ist die Bezeichnung »stumm« für solche Götzenbilder fast ein traditioneller terminus technicus. Aber sie könnte dennoch vielsagend sein. Da kommt ein neuer Aspekt ins Spiel: Stumm sind sie, sofern sie nichts anderes sind als die Produkte eben jenes Menschen, der etwas von ihnen hören möchte. Sie können dem Menschen nichts anderes sagen als das, was er sich in den selbstproduzierten Bildern selbst sagt. Obwohl er hingerissen wird von ihnen, kommt er nicht von sich selbst los. Im Selbstgespräch wird er umso stärker an sich selbst gekettet. Unwiderstehlich sind sie, weil der Mensch sich selbst nicht widerstehen kann.

---

8 Er nimmt dabei die traditionelle jüdische Götzenkritik auf (mit CHRISTOPHE SENFT, La Première Épître de Saint-Paul aux Corinthiens, Neuchâtel 1979 [CNT 2/VII], 156).

Paulus erinnert an die alte Erfahrung, damit die Korinther fortan dem Unwiderstehlichen kräftig misstrauen. Das Kriterium des wahren Geistes nennt Paulus im schwierigen V. 3, auf dessen historische Probleme jetzt nicht eingegangen werden kann:[9] Den wahren Geist erkennt man daran, dass sich in ihm der Kyrios Jesus ausspricht. Den heiligen Geist erkennt man daran, dass er Jesus den Herrn nennt, also erkennt man die wahre Geistesgabe daran, dass sie nichts anderes als die Herrschaft Jesu zum Zuge bringt. Es geht nicht – formal – um Unwiderstehlichkeit, sondern vielmehr – inhaltlich – um das Verhältnis zum Kyrios. Die Ekstase als solche sagt noch gar nichts über Geist und Ungeist. Beurteilt wird der Ekstatiker danach, ob in seiner Rede Jesus, der irdische Jesus, der Herr, die Hauptsache, das einzig Maßgebende ist oder ob seine Rede einer Verfluchung Jesu gleichkommt. Paulus verlegt die Unterscheidung der Geister von der Form auf den Inhalt.

Paulus spielt dies am Beispiel der Zungenrede durch, welche den Korinthern als besonders bewegende Macht vorgekommen sein mag (1Kor 14). Und in diesem Zusammenhang zeigt Paulus, in welcher Weise die Kirche das Geschöpf des Wortes ist. Zwar ist für Paulus die Hauptsache, dass man der Liebe auf der Spur bleibt,[10] so wie ein Jäger seinem Tier nachjagt. Aber er hat nichts dagegen, dass man den πνευματικά nacheifert, den vielgestaltigen Geistesgaben. Freilich gibt er der Prophetie, dem προφητεύειν die höchste Priorität (μᾶλλον in 1Kor 14,1).

Die Überlegenheit der Prophetie wird begründet durch ihren Kontrast zum Zungenreden:[11] Die Zungenrede, gewiss als ekstatisches Außer-sich-Sein erlebt, spricht zwar, aber sie spricht zu Gott, nicht zu den Menschen. Zu hören gibt es nichts, denn im Geist spricht der Zungenredner μυστήρια aus, prinzipiell unergründliche Geheimnisse. Die Zungenrede, so intensiv sie sich darstellen mag, ist nicht kommunikativ.[12] Sie mag Anlass zum Staunen sein, ist aber nicht Anlass zum Hören (οὐδεὶς γὰρ ἀκούει, V. 2 Ende). In der Zungenrede zieht sich der Mensch auf sich selbst und seinen Gott zurück. Insofern ist Zungenrede eine Art gesprächige Einsiedelei. Sie redet, ohne etwas zu sagen.

Immerhin wird der Wert der Zungenrede nicht herabgemindert, sie bleibt eine Geistesgabe. Aber der Vorzug des prophetischen Redens ist es, dass es zu den Menschen spricht (statt nur eine Sache zwischen dem Zungenredner und

---

9 Eine Diskussion der Möglichkeiten findet sich bei Schrage, 1Kor III (s. Anm. 2), 115–117.

10 So die schöne Übersetzung bei Ulrich Wilckens, Das Neue Testament. Übersetzt und kommentiert, Hamburg/Zürich ^{2}1971, zu 1Kor 14,1: »Bleibt der Liebe auf der Spur«.

11 Vgl. das begründende γάρ in V. 2; mit Senft, 1Kor (s. Anm. 8), 174.

12 Das ist der springende Punkt für die Überlegenheit der Prophetie über die Zungenrede; mit Schrage, 1Kor III (s. Anm. 2), 384 (die »mangelnde Qualität« der Zungenrede »ergibt sich aus ihrer Unverständlichkeit für andere«).

Gott zu sein). In den folgenden Überlegungen führt Paulus aus, was ἀνθρώποις λαλεῖν konkret bedeutet. Das prophetische Ansprechen der Menschen wird nach V. 3 in der οἰκοδομία, in Erbauung, παράκλησις, in Ermahnung, und παραμυθία, im Zuspruch, konkret. Erbauung hat unterdessen einen erbaulichen Klang bekommen; das Phänomen selbst verstehen wir wohl besser, wenn wir an das Aufbauen eines Spielers im Sport denken. Wie dort für die beste Form gesorgt wird, wird in der Erbauung alles getan, um dem Menschen die beste Lebensform zuzuspielen. Die Erbauung steht diametral der Destruktion gegenüber: Während die Erbauung die schöpferische Macht vergegenwärtigt, die wir Gott nennen, hintergeht die Destruktion den Schöpfer, indem sie sein Werk rückgängig macht. Die beiden anderen Phänomene weisen in dieselbe Richtung: Παράκλησις hat nur wenig mit dem zu tun, was wir unter Ermahnung durch eine Autorität von oben herab verstehen. Von seiner Grundbedeutung »herbeirufen« her heißt das Wort, jemanden bei mir sein lassen, ihm zureden, ihn auf das Tragende aufmerksam machen und dann auch auf den Anspruch, den das Gegebene an ihn stellt, ihn trösten. Sehr ähnlich ist das, was durch παραμυθία ausgedrückt wird.[13]

Das prophetische Reden hat grundsätzlich die Gestalt des Zuspruchs, und es geschieht mit dem Ziel, die ἐκκλησία, die Kirche, aufzubauen, wie V. 4 präzisiert. Das Zungenreden ist gewiss nicht nichts, es baut auch auf, aber es baut nur den Redner auf, während die Prophetie eben darin ihren Vorzug hat, dass die Gemeinde aufgebaut wird. Das Wort, das in der Kirche geführt wird, baut auf, statt zu destruieren. Es baut die Gemeinde auf, indem es die Beziehung der Menschen untereinander aufbaut. In diesem Sinne ist also die Kirche ein Geschöpf des aufbauenden Wortes, anschaulich in der prophetischen Rede, welche in der kreativen Erbauung, im zuredenden Trost, im ermahnenden Zuspruch seine Gestalt gewinnt. Jetzt kommt allerdings ein wichtiger Unterschied des erbauenden Wortes zur Analogie »einen Spieler aufbauen« in den Blick: Der Sportler wird dadurch aufgebaut, dass seine Kräfte und sein Vertrauen auf sich selbst gesteigert werden. Im paulinischen Sinne aufgebaut wird ein Mensch, indem er auf das aufmerksam gemacht wird, was nicht in seinen Kräften steht und gerade deshalb sein Vertrauen verdient.

Die aus intensiver Bewegtheit entstehende Zungenrede verachtet Paulus keineswegs, wie V. 5 zeigt. Er wünscht sich, dass alle in Zungen reden. Noch mehr aber wünscht er sich, dass sie prophetisch reden. Denn besser ist der, der prophetisch redet, als der, der in Zungen redet. Dieses »Mehr«, das sei gleichsam in Klammern angefügt, ist absolut kennzeichnend für das evangelische Wort, dessen

---

13 Auch dieses Wort meint den Zuspruch im Sinne von Ermutigung und Ermahnung, den Zuspruch dessen, was gegeben ist, und den Zuspruch des Anspruchs, den das Gegebene an mich stellt, wenn ich es nicht verspielen will.

Geschöpf die Kirche ist. Das evangelische Plus ist nicht die Alternative zur Schlechtigkeit der Welt, es ist vielmehr das Bessere, welches auch das Gute in der Welt qualitativ übersteigt. Es wäre leicht zu zeigen, dass diese komparativische Hermeneutik das ganze Neue Testament an entscheidenden Stellen prägt.[14] Die Zungenrede ist durchaus geschätzt, auch von Paulus, noch mehr aber ist sie ihm wert, wenn sie übersetzt wird. Die Gabe der ἑρμηνεία[15] verwandelt die wortlose Zungenrede in ein ansprechendes Wort, in ein Wort, das die Kirche erbaut.

Auf einen weiteren Unterschied zwischen Zungenrede und Prophetie soll jetzt noch eingegangen werden. Die Zungenrede hat ihre Problematik auch darin, dass sie die Vernunft sozusagen links liegen lässt: Wenn jemand in Zungen betet, betet zwar sein Geist in ihm, seine Vernunft, sein νοῦς aber bleibt ἄκαρπος, fruchtlos (1Kor 14,14). Die ekstatische Bewegung bleibt sozusagen bei sich selbst.[16] Weil sie nicht in ein ansprechendes Wort übersetzt wird, hat die Vernunft nichts davon. Und weil die Vernunft nichts davon hat, kann ein Außenstehender nicht angesprochen werden. Er mag staunen und tief beeindruckt sein von der unwiderstehlichen Gewalt der Ekstase, aber er kann, da seine Vernunft nicht angesprochen wird, nicht »Amen« sagen zu dem, was er da vor Augen hat (1Kor 14,16). Weil ihm kein verständiges Wort begegnet, kann er weder Ja noch Nein sagen.

Die Kirche ist in dem Sinne ein Geschöpf des Wortes, als sie von einem Wort lebt, das die Vernunft der Menschen anspricht.[17] Nicht zuletzt die Vernunft der ἰδιῶται, der interessierten Gäste, der Außenseiter, denen das Evangelium zugesprochen werden will. Wenn alle in Zungen reden, mögen die interessierten Gäste sagen: Ihr seid verrückt, μαίνεσθε, sei es mit Verachtung, in welcher sie sich von der Gemeinde distanzieren, oder sei es in Anerkennung, in welcher sie sich einem Treiben anschließen, das ihre Vernunft links liegen lässt. Muss Paulus wählen zwischen der bewegenden Macht des Ekstatischen und dem verständigen Wort, das die Vernunft anspricht und so den Menschen zum Guten bewegt,

---

14 Einige weitergehende Ausführungen zu einer komparativischen Hermeneutik finden sich bei Hans Weder, Komparative und ein parataktisches καί. Eine neutestamentlich orientierte Skizze zur transzendierten Notwendigkeit, in: I. U. Dalferth/J. Fischer/H.-P. Grosshans (Hrsg.), Denkwürdiges Geheimnis. Beiträge zur Gotteslehre. Festschrift für Eberhard Jüngel zum 70. Geburtstag, Tübingen 2004, 557–581.

15 Auch sie gehört zu den Geistesgaben, die in Korinth wichtig waren, vgl. 1Kor 12,10. Paulus stellt Zungenrede und Übersetzung wohl bewusst an den Schluss der aufgezählten Geistesgaben; mit Friedrich Lang, Die Briefe an die Korinther, Göttingen/Zürich [17]1994 (NTD7), 169f.

16 Nach Schrage, 1Kor III (s. Anm. 2), 398, geht es zentral um den Gegensatz zwischen der »pneumatischen Ekstase« und der »die Urteilsfähigkeit und das Denkvermögen« ansprechenden verstehbaren Rede der Prophetie.

17 Zum Folgenden vgl. ausführlicher bei Hans Weder, Neutestamentliche Hermeneutik, Zürich 1986, [2]1989, 30–42.

ist für ihn die Wahl sonnenklar: Lieber will er in der Gemeinde fünf Worte gesprochen wissen, welche des Menschen Vernunft anreden und welche insofern andere unterrichten, als zehntausend Worte in Zungen (1Kor 14,19). In der Kirche ist ein Wort maßgebend, von dem man etwas lernen kann. Nicht staunende Bewunderung ist das, was die Kirche sucht, sondern vernünftiges Einverständnis in das schöpferische Wort des Evangeliums.

Am Außenstehenden, um den es Paulus fundamental geht, wird sichtbar, welche Eigenschaften das evangelische Wort hat, dessen Geschöpf die Kirche ist. Es geht nicht nur gleichsam formal um das Anreden des interessierten Gastes, es geht vielmehr inhaltlich um Trost und Ermutigung. Zur Erbauung gehört unlösbar, dass nicht einfach Mitreißendes ausgespielt wird. Zwar mag auch der Außenstehende sich wünschen, davon mitgerissen zu werden, er würde dabei aber nur jene alte Erfahrung machen, die er aus der Zeit der stummen Götter kennt. Und er könnte – obgleich mitgerissen – gar kein Einverständnis, kein Amen, aussprechen. Denn ein Einverständnis kommt nur dann zustande, wenn ihm ein ansprechendes Wort Raum gibt zum Nachdenken (V. 16). Während das Mitreißende zum Mitmachen zwingt, eröffnet das Wort des Evangeliums den Raum zum Einverstanden-Sein. Es eröffnet den Raum für ungezwungene Gäste. Raum bekommen diese, wenn ihre Vernunft angesprochen wird, wenn sie nicht mit unwiderstehlicher Gewalt konfrontiert, sondern angesprochen werden vom widerstehlichen Wort. Das widerstehliche Wort der prophetischen Rede schafft den Raum, wo der Außenstehende sein Einverständnis gewinnen kann (und wo er – wie wir wohl ergänzen dürfen – in Würde auch Nein sagen kann). Ein Ja, das diesen Namen verdient, kann ja nur dort gesprochen werden, wo auch das Nein seine Würde behält.

2 Das Gefäss des evangelischen Wortes[18]

Bisweilen mag man sich wünschen, dass das Evangelium mit unwiderstehlicher Macht ausgestattet ist, um alle Welt zum Guten zu bewegen. So sehr Paulus allerdings im Evangelium eine göttliche Macht sieht, so wenig denkt er diese als Übermacht. Denn zu retten vermag das Evangelium genau deshalb, weil es zwar mächtig, aber niemals übermächtig ist. An Christi Statt trägt der Apostel die Bitte[19] in alle Welt, sie möge sich versöhnen lassen mit Gott (2Kor 5,20). Und der

---

[18] Zum Folgenden vgl. Hans Weder, Der Lebensraum des Zweifels. Neutestamentlich-hermeneutische Überlegungen zur Asymmetrie des Rettenden (noch ungedruckt, erscheint im Sammelband zur Emeritierung von Ingolf U. Dalferth), Abschnitt 2 »Der Schatz in irdenen Gefäßen«. Dort finden sich auch weitere Hinweise auf Sekundärliteratur.

[19] Zur hermeneutischen Tragweite der Bitte vgl. Weder, Hermeneutik (s. Anm. 17), 325–330.

besondere Charakter dieses Wortes verlangt auch, dass es in einem besonderen Gefäß unter die Menschen gebracht wird, in einem »irdenen Gefäß« nämlich.[20]

»Wir haben diesen Schatz aber in irdenen Gefäßen, damit die Überfülle der Kraft Gott gehört und nicht aus uns stammt« (2Kor 4,17). Von θησαυροί, von Schätzen ist man gewohnt, dass sie in sicheren Behältern aufbewahrt oder tief in der Erde vergraben werden. Je wertvoller der Schatz, desto massiver der Behälter. Ein besonders wertvoller Schatz, reines Gold zum Beispiel, gehört in einen bombensicheren Keller, metertief unter der Erde, damit kein Mensch seine Hand an ihn lege. Ganz anders der Schatz, den Paulus hier im Blick hat: Er befindet sich in irdenen Gefäßen. Tonkrüge sind Einwegpackungen der Antike, im Hafen von Korinth müssen die Scherbenhaufen verbrauchter Tonkrüge meterhoch gelegen haben.

Ein Schatz von unermesslichem Wert – in einer Einwegpackung unter die Leute gebracht? Bei der Metapher ὀστράκινον σκεῦος, irdenes Gefäß, schwingen mehrere Dimensionen mit.

Sie steht einmal für die Wertlosigkeit der Wegwerfpackung. Wir haben hier das pure Gegenteil einer Mogelpackung vor uns: Die Wertlosigkeit der Verpackung bringt den Wert des Inhalts zum Glänzen, statt dass eine Hochglanzverpackung über den dürftigen Inhalt hinwegtäuscht. Auf die Situation in Korinth bezogen mag Paulus die Superapostel mit Hochglanzverpackungen verglichen haben, die darüber hinwegtäuschen, dass der Inhalt, ihre Botschaft, den Korinthern nichts bringt, weil sie auf ihre Tatmacht zurückgeworfen werden. Die Verpackung ist wertlos, damit der Wirkung des wertvollen Inhalts nichts im Wege steht.

Die Metapher steht andererseits für die Zerbrechlichkeit der Einwegpackung.[21] Darin wird die Zerbrechlichkeit und Gebrochenheit des Menschseins anschaulich, eine Zerbrechlichkeit, die Paulus am eigenen Leibe herumtrug. Ein irdenes Gefäß kann leicht zerstört werden. Ausgerechnet ein solcher in Gebrochenheit existierender, von Anfälligkeit und Verletzlichkeit gezeichneter Mensch soll der Träger des größten Schatzes, des Evangeliums, sein? Das ist ein Widerspruch in sich, so mag das Argument der Superapostel gelautet haben, waren sie doch θεῖοι ἄνδρες, göttliche Männer, ausgestattet mit Empfehlungsbriefen, Referenzen ihrer Krafttaten. Ihnen konnte so leicht niemand etwas anhaben; sie verwiesen auf ihre Krafttaten und stopften so jedes Maul. In ihrem machtvollen Auftritt sahen sie die Wahrheit des Evangeliums widergespiegelt. Paulus widerspricht dieser Logik der Stärke, und zwar gerade aus dem Grunde, weil der Wert dieses Schatzes tatsächlich unermesslich ist.

---

[20] Zum Ausdruck des ὀστράκινον σκεῦος s. Christian Maurer, Art. Σκεῦος, in: ThWNT VII, 359–368.

[21] So auch Lang, Korintherbriefe (s. Anm. 15), der die Zerbrechlichkeit der Tonkrüge mit Jes 64,7 f. und Klgl 4,2 in Zusammenhang bringt.

Das irdene Gefäß steht nicht nur für die Zerbrechlichkeit des Menschen, sondern auch für dessen Geschöpflichkeit.[22] Verletzlichkeit gehört notwendig zum Geschöpf, zu einem Wesen, das sich nicht selbst erschaffen hat und dessen große Komplexität es verletzlich macht. Genau diese Verletzlichkeit passt zur verletzlichen Wahrheit des Evangeliums, welches von einem Schöpfer kündet, der nicht die Unwiderstehlichkeit des Todes hat, sondern widerstehliches Leben austeilt und so dem Nein des Menschen den Boden nicht entzieht, damit es zu einem wahrhaftigen Ja kommen kann. Eben diese Verletzlichkeit ist unverzichtbar, weil – wie es einige Verse später heißen wird – sie sich am Apostel auswirken muss, damit das Leben sich an den Korinthern auswirken kann (2Kor 4,12: ἡ δὲ ζωὴ ἐν ὑμῖν [ἐνεργεῖται]).[23]

Eine weitere Dimension der Metapher lässt schließlich einen Blick auf die besondere Qualität dieses Schatzes tun. Das irdene und also leicht zerbrechliche Gefäß ermöglicht einen leichten Zugriff auf den Inhalt. Das wirft ein Licht auf eben diesen Inhalt: Weil der Wert dieses Schatzes unermesslich ist, muss er nicht in bombensicheren Kellern vor dem Zugriff der Menschen geschützt werden. Denn sein Charakter ist, wie Paulus sagt, die ὑπερβολή, die Überfülle, eine Fülle also, die umso mehr wird, je mehr davon genommen wird.[24] Dieser Schatz muss ausgeteilt werden, damit er seine Fülle entfalten kann. Und weil er ausgeteilt werden muss, wird er am besten in zerbrechlichen Gefäßen aufbewahrt, die dem Transport dienen und die allen leichten Zugang zum Inhalt verschaffen.

Einem ganz ähnlichen Phänomen begegnen wir bei Jesus, in der Aussendungsrede, welche in der Logienquelle aufbewahrt ist und welche in ihren Grundzügen mit großer Wahrscheinlichkeit auf Jesus selbst zurückgeht (Lk 10 par Mt 10).[25]

Der theologische und hermeneutische Horizont der Aussendungsrede liegt darin, dass Jesus hier bestimmt, in welcher Weise seine Gesandten aufzutreten

---

[22] Dies ergibt sich aus dem metaphorischen Feld des Tongeschirrs (vgl. das Töpfergleichnis in Jer 18,1–11, MAURER, a. a. O. [s. Anm. 20], 360, 14–17).

[23] Zum dominanten Gegensatz von Tod und Leben in diesem Abschnitt vgl. BERND KUSCHNERUS, Die Gemeinde als Brief Christi. Die kommunikative Funktion der Metapher bei Paulus am Beispiel von 2Kor 2–5, Göttingen 2002 (FRLANT 197), 235 f.

[24] Die Unerschöpflichkeit ist nicht nur im komparativischen Begriff der ὑπερβολή zum Ausdruck gebracht, sondern schon mit dem Begriff des Schatzes gegeben (ein Schatz ist eine Menge, die jedes Messen überflüssig macht). Zum komparativischen Moment in der Theologie des Paulus vgl. WEDER, Komparative (s. Anm. 14), 557–581. Zum Zusammenhang von Schatz und Unerschöpflichkeit vgl. KUSCHNERUS, Gemeinde (s. Anm. 23), 239 f.

[25] Zu den folgenden Überlegungen vgl. auch HANS WEDER, Die Suche nach den Söhnen und Töchtern des Friedens. Auslegung der Botenrede der Logienquelle (Mt 10 par Lk 10), Die Zeichen der Zeit 44 (1991), 54–59.

haben. Er gibt ihnen gleichsam eine Identität.[26] Wo immer Gesandte ihre Identität nicht durch den Sender haben, wird sie ihnen durch die Empfänger zugewiesen. Eine Kirche, die ihre Gestalt nicht mit Blick auf den Christus sucht, wird deshalb immer abhängig sein von den Formen, in die hinein andere sie zu pressen suchen. Eine solche Kirche wird sich vielleicht als sozialtherapeutische Institution verstehen, aber sie wird nicht mehr in der Lage sein, zu unterscheiden zwischen dem, was für die Empfänger in Wahrheit heilsam ist, und dem, was sich die Empfänger als heilsam vorstellen. Eine Kirche, die sich also nicht mehr theologisch orientiert, wird auf jeden Fall unter die Herrschaft der Empfänger fallen. Sie wird entweder mit den Wölfen heulen, die gerade am lautesten heulen, oder sie wird kontradependent zu ihnen sein. Beides müsste sie gerade um der Empfänger willen vermeiden, wären doch diese auf eine Botschaft angewiesen, die sie befreit vom Bannkreis ihrer eigenen Gedanken und Ideologien. Für eine Kirche, die sich nicht instrumentalisieren lässt, müsste eigentlich jede Gesellschaft dankbar sein.

Die Nachfolger Jesu werden gesandt; sie gehen auf die Menschen zu, sie setzen die Bewegung fort, die schon für Jesus charakteristisch gewesen war. Sie gehen hin, statt aus der Ferne zu rufen (wie dies etwa in den Erzählungen über den Täufer geschieht, vgl. Lk 3,1–9). Der Ruf aus der Ferne zwingt die Menschen, weite Wege auf sich zu nehmen; der Ruf in der Nähe lässt Gottes Reich sich in die Häuser der Menschen ausdehnen.

Sie werden gesandt wie Schafe unter die Wölfe. Als Schafe kommen sie, so können sie keinesfalls mit den Wölfen heulen. Sie kommen freilich nicht, um ihren Abstand zu den Wölfen zu demonstrieren, sie kommen zu ihnen, um deren Heulen zu überwinden. Wölfe sind Raubtiere; Schafe sind ihre Opfer.[27] Die Distanz besteht darin, dass diese Boten wehrlos sind und ohne Schutz gegenüber den Angriffen und Nachstellungen der Menschen. Hier kommen nicht die unverletzbaren, bis auf die Zähne bewaffneten Heerscharen des letzten Tages, hier kommen verletzliche und schutzlose Boten eines Gekreuzigten. Sie setzen alles auf die Ohnmacht, weil sie wissen, dass der Kreislauf der Gewalt tödlich ist. Homo homini lupus, das ist der Kreislauf der Gewalt. Und zugleich der Bannkreis dieser Weltzeit.

Doch hier kommen Boten, die einer anderen Zeit anzugehören scheinen. Sie gehen in einer Weise auf die Menschen zu, als ob schon der endzeitliche Friede

---

26 Dazu François Bovon, Das Evangelium nach Lukas. 2. Teilband Lk 9,51–14,35, Zürich u.a. 1996 (EKK III/2), 44: »Ein Text, aus dem die Kirche ihr missionarisches Feuer, ihre Kunst des Daseins für andere und ihre Vorschriften für die Evangelisation schöpft.«

27 Dies gilt jedenfalls für den gegenwärtigen Äon, für das Eschaton dagegen ist die Hoffnung begründet, dass es zu einer Versöhnung kommt; dazu Bovon, Lukas II (s. Anm. 26), 50f.

zwischen Schafen und Wölfen eingekehrt wäre. Was hoffen sie zu bewirken? Können sie hoffen, von den Wölfen nicht zerrissen zu werden? Töricht wäre, wer Solches hoffte. Ihr Zugehen auf die Menschen mag nicht realitätsgerecht gewesen sein. War es aber nicht wahrheitsgetreu? Leuchtet nicht in solchem Zugehen ein Stück des endzeitlichen Friedens in die Welt der Wölfe herein, mit Opfern erkauft, gewiss, aber von Wahrheit durchstrahlt?

Gewiss ist es möglich, die Ausrüstung dieser Boten mit ihrer Existenz als Wanderradikale zu erklären.[28] Doch eine solche Erklärung übergeht die Frage, welche Beziehung zum Inhalt der Botschaft die Ausrüstung habe. Die Anweisungen zur Ausrüstung der Boten sind charakterisiert durch die Verneinung: kein Geld, keinen Proviantsack, nicht zwei Kleider, keine Schuhe, keinen Stab. Auffällig war offenbar, was diese Boten alles nicht mit auf den Weg nahmen. Zur gewöhnlichen Ausrüstung eines Reisenden gehörten die Schuhe, der Stock, der Proviantsack, etwas Geld; es kam auch häufig vor, dass man zwei oder mehrere Untergewänder (χίτωνες) anzog. Wichtig ist, dass der Stock nicht primär als Stütze mitgenommen wurde, sondern vielmehr der primitiven Selbstverteidigung gegenüber angreifenden Tieren und Wegelagerern diente. Das war das Notwendigste für eine Reise. Jetzt wird die Negation in der Ausrüstungsregel signifikant: Diese Boten hatten nicht einmal das Allernotwendigste bei sich.[29]

Ähnlich den Zeichenhandlungen der Propheten verkünden die Boten Jesu ihre Botschaft auch durch ihre Ausrüstung. Ihr Auftreten steht in unlösbarem Zusammenhang zur Botschaft Jesu. Der Verzicht selbst auf den Stock als sonst unverzichtbare Waffe demonstriert die Wehrlosigkeit im Sinne der Bergpredigt: Dem Bösen soll nicht nur nicht widerstanden werden, sondern es soll das Unrecht auf sich genommen werden durch die Nachfolger Jesu. Die Schutzlosigkeit demonstriert die absolute Bereitschaft zur Friedfertigkeit im Sinne der Feindesliebe: Nicht nur werden vorhandene Schutzvorkehrungen nicht eingesetzt, sondern darüber hinaus sind die Boten Jesu vollkommen auf den Schutz durch andere angewiesen.

Ferner verzichten die Boten auf alles, was nach Besitz und Reichtum aussehen könnte. Ihre Armut ist ein Kommentar zur Seligpreisung der Armen. Ihre Armut ist kein bloßer Zustand der Mittellosigkeit, sondern ihr eignet eine Dynamik, die Dynamik des Angewiesenseins auf die Häuser, bei denen sie einkehren werden. Von dieser Dynamik des Angewiesenseins her erklärt sich der Ver-

---

[28] So die allgemeine Annahme (etwa auch bei Bovon, Lukasevangelium II [s. Anm. 26], 51), im Anschluss an die Arbeiten von Gerd Theissen, Soziologie der Jesusbewegung, München 1977 (mehrere Auflagen).

[29] Dazu Bovon, Lukasevangelium II (s. Anm. 26), 51f.: »Jesus geht also so weit, sogar das Minimum dessen zu verbieten, was Reisende brauchen.« Damit wird ihre »Abhängigkeit vom Herrn und von den Einwohnern des aufgesuchten Ortes« zur Darstellung gebracht.

zicht auf Geldbeutel, Proviantsack, Schuhe und Ersatzkleider. Die Boten bringen nichts mit, also sind sie ganz auf das angewiesen, was ihnen gegeben wird. Sie sind ganz angewiesen auf die Gastfreundschaft. Durch dieses unbedingte Sich-Verlassen auf die Gastfreundschaft kommt es eben dazu, dass den Häusern Gastfreundschaft entlockt wird durch die fremden Gäste. Wir sehen, dass die Ausrüstung ganz auf die Botschaft ausgerichtet ist; nichts soll dabei sein, was sie in ihrer Zielstrebigkeit behindern könnte.

Es ist meines Erachtens unverkennbar, dass diese Ausrüstung selbst Verkündigung ist: Sie spricht auf der Handlungsebene aus, was die Boten Jesu durch das Wort mitzuteilen haben. Angewiesensein auf die Gaben der Menschen, unbedingte Liebe zum Frieden, Vertrauen auf die Gastfreundschaft der Menschen. Was bedeutet dieses Wort für sein Geschöpf, die Kirche? Es gibt in der Tat eine Ausrüstung, die der Botschaft Jesu ins Gesicht schlägt: Wer materiell oder spirituell bis auf die Zähne bewaffnet antritt gegen die bösen Zeitgenossen, verleugnet damit das Gebot Jesu, Unrecht dadurch zu bekämpfen, dass man es auf sich nimmt. Wer im Kampf und in der Vergeltung allen Unrechts engagiert ist, kann kaum von einem Gott sprechen, dessen eschatologisches Wirken die Vergebung und die Neuschöpfung ist. Wer materiell und spirituell bis ins Letzte abgesichert auftritt, kann niemanden dazu bewegen, auf Gott und sein Geben angewiesen zu sein.

Sowohl das irdene Gefäß bei Paulus als auch die Ausrüstung der Boten bei Jesus zeigen, dass das Wort des Evangeliums seine kreative Macht genau dann entfaltet, wenn es ganz angewiesen bleibt auf die Aufnahme bei den Menschen. Seine Leben schaffende Macht kommt dann zur Wirkung, wenn es durch keinerlei Kraftakte begleitet wird.

3 Die Kraft der Bilder

Das Urchristentum hat ein ganz auffälliges Vertrauen in die Macht des Wortes. Dies kommt nicht zuletzt auch in den Bildern zu Wort, die seit Jesus zum Wort des Evangeliums gehören. Im Gleichnis vom vielerlei Acker (Mk 4,3-9)[30] zum Beispiel zeigt sich ein sehr interessantes Strukturmerkmal. Vierfach ist das Geschick des Gesäten, von dem hier erzählt wird. Der Sämann sät, Gesätes fällt auf den Weg, wo es die Vögel fressen; es fällt auf felsigen Boden, wo es keine Wurzeln schlagen kann; es fällt unter die Dornen, wo es erstickt wird; und schließlich fällt es auf guten Boden, wo es überreiche Frucht trägt. Dem relativ

---

[30] Zum Folgenden vgl. Hans Weder, Die Gleichnisse Jesu als Metaphern. Traditions- und redaktionsgeschichtliche Analysen und Interpretationen, Göttingen [4]1990 (FRLANT 120), 108-117.

kleinen, aber ganz breit geschilderten Misserfolg in den ersten drei Fällen steht ein überaus großer, aber ganz knapp geschilderter Erfolg im vierten Fall gegenüber. Die durchgehende Struktur ist hoch bedeutsam: In den ersten drei Fällen, wo es zum Misserfolg kommt, tritt ein Gegenspieler auf (die Vögel, die sengende Sonne, die Dornen). Demgegenüber findet sich im vierten Fall eine signifikante Leerstelle: Wo man einen Freund erwarten würde, erscheint nichts dergleichen. Der Same trägt seine Wirksamkeit in sich, wo er guten Boden findet. Vielleicht kann man der doppelten Aufforderung zum Hören im Rahmen entnehmen, dass es schon Jesus um das Wort gegangen ist. In jedem Fall hat die Gemeinde klar gemacht, dass der Sämann das Wort sät (Mk 4,14). Das Wort braucht keine flankierenden Maßnahmen, es kommt von selbst zur Wirkung, wo es aufgenommen wird.

Die Gleichnisse Jesu lassen uns einen Blick auf die spezifische Wirkungsweise des Wortes tun. Nehmen wir als Beispiel das Gleichnis vom Schatz im Acker,[31] wo eben jene Wirksamkeit konkretisiert wird: Das Wort wirkt auf den Menschen in der Weise, wie im Gleichnis ein glücklicher Fund auf ihn wirkt. Ein glücklicher Fund leistet Arbeit am menschlichen Sein und Verhalten, eine Arbeit, die der Mensch dann nicht mehr selbst zu verrichten hat. Anthropologisch gesprochen erfährt der Mensch in solchen Phänomenen eine fremde Kraft, die sein Dasein bewegt. Theologisch gesprochen kommt in dieser Arbeit, sofern es eine kreative, nicht eine destruktive Arbeit ist, ein Gott vor, dessen Wesen das ἐνεϱγεῖν ist, das Wirken oder Arbeiten.

Was hier in Gleichnissen metaphorisch geschieht, wird zum Beispiel von Paulus (er steht für den cantus firmus des gesamten Neuen Testaments) auf den Begriff gebracht:[32] θεὸς γὰϱ ἐστιν ὁ ἐνεϱγῶν ἐν ὑμῖν καὶ τὸ θέλειν καὶ τὸ ἐνεϱγεῖν ὑπὲϱ τῆς εὐδοκίας (Übersetzung: Der in euch sowohl das Wollen als auch das Wirken wirkt zugunsten des Wohlgefallens, ist Gott; Gott ist Prädikatsnomen dieses Satzes, bekannt ist also das Subjekt, nämlich das Wollen und das Vollbringen, dieses wird durch das Prädikat, das ohne Artikel ist, näher beschrieben).

Paulus macht hier sowohl eine theologische als auch eine anthropologische Aussage, welche genau das reflektiert, was sich in den Gleichnissen Jesu ab-

---

31 Mt 13,44. Dazu Weder, Gleichnisse (s. Anm. 30), 138–142; zur nomistischen Auslegung dieses Gleichnisses, welche seinen kreativen Charakter verspielt, vgl. Hans Weder, De la loi à l'évangile. Le légalisme dans la perception de l'évangile, in: Pierre Bühler/Clairette Karakash (Hrsg.), Quand interpréter c'est changer. Pragmatique et lectures de la Parole. Actes du congrès international d'herméneutique (Neuchâtel, 12–14 septembre 1994), Genève 1995 (Lieux théologiques 28), 55–76.

32 Phil 2,13. Zum Ganzen vgl. Hans Weder, Die Energie des Evangeliums. Hermeneutische Überlegungen zur Wirklichkeit des Wortes, in: Theologie als gegenwärtige Schriftauslegung, Tübingen 1995 (ZThK Beiheft 9), 94–119.

spielt. Gottes Wesen ist das Wirken, und zwar das Wirken des Guten, das schöpferische Wirken. Und deshalb erscheint hier ein Mensch, der den Ursprung des Wirkens nicht in sich selbst sieht. Ein Mensch also, der sich nicht selbst als Nullpunkt der Wirklichkeit betrachtet, als principium operum suorum. Eben dieser Mensch vertraut sich der Arbeit Gottes an, gerade auch der Arbeit Gottes an seinem Herzen, oder – wie Paulus es sagt – an seinem Willen. Dieses Sich-Anvertrauen an das Wirken Gottes heißt im Neuen Testament πίστις, Glaube.

»Würdet ihr den Gleichnissen folgen«, heißt es in einem Text von Franz Kafka, der von den Gleichnissen handelt, »dann wäret ihr selbst Gleichnisse geworden und damit schon der täglichen Mühe frei«.[33] So hatte einer gesprochen zu denen, die klagten über die unbrauchbaren Bilder der Weisen. Wer die fremde Kraft des Heiligen nicht an sich arbeiten lässt, hat kein Wort mehr, das ihn ablenkt von seiner Verkrümmung in sich selbst.

Vieles spricht dafür, dass die Energie der bewegenden Arbeit durch die Bilder gegeben ist, die Bilder nämlich, welche Erfahrungen arbeitender Phänomene anklingen lassen. Der glückliche Fund ist ein Phänomen, das am Finder arbeitet: In seiner Freude geht er hin, heißt es im Gleichnis, und tut alles, um den Schatz heben zu können. Im Bild des glücklichen Fundes wird genau diese Arbeit vergegenwärtigt. Die Gleichnisse machen auf vielerlei Weise aufmerksam darauf, dass Bilder Arbeit leisten. Das scheint nicht besonders zeitgemäß. Denn zeitgenössisch herrscht das Bild eines Menschen, der sich durch seiner Hände Arbeit Wirklichkeit selbst verschafft. Der Mensch kommt in ein Arbeitsverhältnis zu seinem eigenen Leben, zu seiner eigenen Person. Wirklichkeit gewinnen Leben und Person erst, wenn sie durch die Arbeit des Subjekts verwirklicht werden. Wie aber steht es mit der Wirklichkeit meiner selbst in dem Augenblick, da ich nicht mehr arbeiten kann, sei es, weil ich keine Arbeit habe, sei es, weil mir die Kraft dazu fehlt, sei es, weil ich zu krank und zu schwach dafür bin?

»Handlungsbedarf« ist eine der bezeichnenden Neubildungen, in welcher sich die Situation des gegenwärtigen Menschen klar ausspricht. Vom Bedarf an Handlungen ist ständig die Rede. Und dies kann die Tatsache nur schlecht verbergen, dass wir offenbar nicht in einer Zeit der Handlungsfülle leben. Vielleicht hängt dieser Mangel damit zusammen, dass das Handlungsdefizit so im Vordergrund steht. So sehr blendet uns das gleißende Licht des Handlungsdefizits, dass wir jenes andere Defizit unserer Kultur gar nicht mehr erkennen können, nämlich das Wahrnehmungsdefizit. Vielleicht hängt das unverkennbare Defizit

---

33 Zum Text und seiner Auslegung vgl. HANS WEDER, »... der täglichen Mühe frei«. Zwei Versuche für Wolfgang Harnisch zum 12. November, in: ULRICH SCHOENBORN/STEPHAN PFÜRTNER (Hrsg.), Der bezwingende Vorsprung des Guten. Exegetische und theologische Werkstattberichte (FS Wolfgang Harnisch), Münster/Hamburg 1994, 99–107.

an gutem Handeln gerade damit zusammen, dass der Mensch in den Zwang zum Wirken gebannt ist, der durch das Defizit an Wahrnehmung entsteht.

Wenn das etwas für sich hat, dann wäre es an der Zeit, sich an die Arbeit zu erinnern, die in dieser Welt nicht vom Menschen getan wird, an die Arbeit der Bilder zum Beispiel. Dann wäre es Zeit, sich an die Gleichnisse zu erinnern, die in die Freiheit von der täglichen Mühe führen können. Denn jene Arbeit ist es, die vom Zwang zum Wirken befreit. Die Arbeit des glücklichen Fundes ist es, den menschlichen Zwang zur Produktion von handgemachten Reichtümern zu durchbrechen. Die Arbeit des Schatzes von unermesslichem Wert ist es, den Menschen aus dem Bann seiner zählbaren Produkte zu befreien.

Die Arbeit der Bilder also wäre das Aussichtsreiche. Nun muss freilich davon gesprochen werden, dass man diese Arbeit auch aus jüngster Zeit nur zu gut kennt. Denken wir an die Bilder von schnurgeraden Straßen ins Weite, gesäumt von gesunden Bäumen und befahren von schiffähnlichen Wagen, und an die krankhafte Mobilität, welche solche Bilder aus sich entlassen haben. Es ist wahr: Die Wirksamkeit der Bilder steht primär als Verführung vor Augen. Das gibt allen Recht, die das Misstrauen gegenüber den Bildern für das Gebotene halten. Je größer das Misstrauen, desto wirksamer der Schutz gegen die Verführung. Je größer die Skepsis, desto geringer die Chance, der Lüge auf den Leim zu kriechen. Doch dieses Verfahren, die verführerische Macht der Bilder durch das Misstrauen, den Verdacht, die Skepsis zu überwinden, ist selbst ein verführerisches Rezept.

Ist es tatsächlich sinnvoll, der verführerischen Wirksamkeit der Bilder durch die Flucht in misstrauische Begrifflichkeit zu widerstehen? Ist es sinnvoll, der Verführung der Bilder mit dem Bildersturm zu begegnen, der eine Schneise bildloser Leerräume zurücklässt? Zu überlegen wäre, ob der allgegenwärtige Verdacht nicht einen nihilistischen Zug an sich hat. Denn wenn die verführerische Macht der Bilder ausgetauscht wird durch die absolute Ohnmacht der Begriffe und Konzepte, dann ist damit wieder der Mensch zum einzigen Urheber allen Wirkens gemacht. Denn wenn niemand für den Menschen arbeitet, bleibt ihm nichts anderes übrig, als alle Arbeit selbst zu tun.

Müsste man der verführerischen Kraft gewisser Bilder nicht eher damit begegnen, dass man nach anderen Bildern Ausschau hält, nach solchen, die in die Wahrheit, ins Gute führen? Das würde meines Erachtens zu einer Kultur der Wahrnehmung gehören. Die ernsthafte und intensive Aufmerksamkeit für Bilder, deren Arbeit der Wahrheit menschlichen Lebens zugutekommt. Die Gleichnisse Jesu sind ein Beitrag zu dieser Kultur der Wahrnehmung. In ihnen kommt man den Bildern auf die Spur, die zur Liebe bewegen. Und wo eins gefunden wird, ist es einem glücklichen Fund gleich, der dem Leben eine Wende zum Guten gibt.

Zum Schluss

Die reformatorische Konzentration auf das Wort bedeutet selbstverständlich nicht, dass das Heil bei der Wirkungslosigkeit gesucht wird. Dies macht das wortgestaltige Bild deutlich, wie es exemplarisch in den Gleichnissen auftritt. Das Wort hat eine bewegende Macht, gleich dem Gleichnis, das seine bewegende Macht aus den Bildern bezieht, die es vor den Augen der Menschen erstehen lässt. Bilder haben, so lehrt uns die tägliche Erfahrung ebenso wie der Sacro Monte d'Orta, eine bewegende Macht.

Wir kennen diese Macht vielleicht am ehesten von den Bildern des Elends. Sie prägen sich uns ein, weil sie sich selbst einen Zugang zu unserem Inneren verschaffen. Gebieterisch fordern sie von uns Bewegung, rettendes Eingreifen. Die Wirkung der Bilder erfahren wir vielleicht vor allem an den Bildern, die wir nie mehr vergessen können. Es ist gut, dass es solche Bilder gibt. Es ist gut, dass kein europäischer Mensch des zwanzigsten Jahrhunderts mehr ein Lager sehen kann, ohne an die Vernichtungslager des Dritten Reichs zu denken. Vielleicht gelingt es solchen Bildern, den Menschen wenigstens von einigen Gräueltaten abzuhalten.

Dennoch: Die Bilder der Gleichnisse haben nicht diese auf den Leib rückende Macht.[34] Sie sind gleichsam stillere Bilder, sie wirken mit der Erinnerung an wogende Kornfelder, die wir vielleicht in unserem Inneren tragen. Sie wirken mit der Erinnerung an das Wachstum, das unser Leben unhörbar begleitet. Die Bilder wirken auf gleichsam machtlose Weise, weil in ihnen Erfahrungen einer Wirklichkeit aufbewahrt sind, die auf eigentümliche Weise zu unseren Gunsten, pro nobis, wirkt: die Wirklichkeit des Wachstums, die Wirksamkeit des Sauerteigs, die Wirkung eines gefundenen Schatzes. Solche Bilder überwältigen die Menschen nicht; solche Bilder können niemanden überfallen. Sie gleichen den fünf Worten der prophetischen Rede, die Paulus den zehntausend Worten in Zungenrede vorzieht.

Wer sich die überwältigende Macht der Bilder auch für das Gottesreich wünscht, möge bedenken, dass das Evangelium vom Gottesreich eine ganz andere Wahrheit hat als die Vernichtungslager: Diese stehen für die Macht der De-

[34] Der Charakter dieser Macht wird neutestamentlich in einer Metapher reflektiert und geklärt. Das Gleichnis von den spielenden Kindern (Mt 11,16–19a Q; dazu Ulrich Luz, Das Evangelium nach Matthäus [Mt 8–17], Zürich/Neukirchen-Vluyn 1990 [EKK I/2], 182–190) macht deutlich, dass es sich bei der Macht dieser Bilder nicht um den Zwang zum Mitmachen handelt, sondern um die (attraktive) Einladung zum Mitspielen oder Mitsingen, welche den Angeredeten Möglichkeiten zuspielt, welche die Welt der Notwendigkeiten hinter sich lassen. Zur hermeneutischen Bedeutung dieser Metaphorik vgl. Hans Weder, Erschaffung von Lebensraum. Der Ort der Angeredeten in den Gleichnissen Jesu, in: Annual of the Japanese Biblical Institute XXXIV–XXXVI, Tokyo 2008–2010, Tokyo 2011, 155–157.

struktion, deren Wesen es ist, sich alles zu unterwerfen, was sich ihr entgegenstellt. Die Kornfelder dagegen stehen für die schöpferische Macht, für eine Macht, die zum Guten begleitet, eine Macht also, die per definitionem nicht überwältigen kann, für eine Macht, die ihrerseits der Destruktion ausgesetzt ist. Die schöpferische Macht ist gebunden an die stillen Bilder, die gleichsam anklopfen und warten, bis sie eingelassen werden. Denn ihre Macht wirkt in der Gestalt der Liebe, die sofort vernichtet würde, würde sie aufgezwungen.

Die gesamte Wirkung der Gleichnisse ist zu begreifen als eine Rückwirkung dessen, dass im Gleichnis ein Zusammenhang hergestellt wird zwischen dem Gottesreich und der Welt der Menschen. Erkennbar wird, inwiefern das Gottesreich in die menschliche Erfahrungswelt hereinragt, nicht bloß via negationis, sondern via analogiae (fidei), auf dem Weg der Analogie: Wer vom Gleichnis mit neuen Augen ausgestattet ist, erkennt jene evangelische Wahrheit.

Sofern in den Gleichnissen die Wahrheit wirksam erscheint, widerstehen sie der Verkehrung des Evangeliums in ein Gesetz. Das Wesen des Gesetzes besteht darin, dass es dem Menschen alles zu tun überlässt. Es beschwört die Tatkraft des Menschen. Nun aber wirken die Gleichnisse selbst an ihren Hörern, nicht zuletzt, indem sie auf die Kreativität aufmerksam machen, von der die Menschen im Alltag der Welt umgeben, getragen sind. Insofern sind die Gleichnisse nicht Gesetz, zu tun gebendes Wort, sondern Evangelium, tätiges Wort. Ihre Macht ist nicht mit der Gewalt zu verwechseln, welche die Destruktion besitzt. In den Gleichnissen werden nicht zufällig nur Phänomene kreativer Dynamik aufgegriffen. Denn nur in solcher Dynamik blitzt das Gottesreich inmitten der Welt auf. Das evangelische Wort, dessen Geschöpf die Kirche ist, hat nicht die Unwiderstehlichkeit des Todes, sondern es erinnert an eine Kreativität, deren Werke nicht gegen Zerstörung gefeit sind und die in dieser ihrer widerstehlichen Art Lebendigkeit schafft.

Die Kirche als »Geschöpf des Evangeliums« in neutestamentlicher Zeit[1]

Respons zu dem Beitrag von Hans Weder

Imre Peres

1 Kurze Zusammenfassung der Vorlesung von Professor Hans Weder – in meiner Lektüre

In meiner kurzen Respons möchte ich den Gedanken, den Professor Weder in seinem Vortrag präsentiert hat, unterstreichen, an einzelnen Stellen erweitern und einige Aspekte weiterführen.

Professor Weder geht von der im ersten Korintherbrief reflektierten Grundsituation aus, dass die Christen in Korinth in ihrem früheren heidnischen Leben mit unwiderstehlicher Gewalt »zu den stummen Götzen gezogen« wurden. Er sagt: »*Unwiderstehliche Macht ging aus von den* εἴδωλα ἄφωνα, *den stummen Götzenbildern* […] *Von den eingebildeten Göttern geht eine solche Faszination aus, dass manche auf den Gedanken kommen, hier begegne ihnen das Authentische.*« Dann fragt er: »*Könnte die Unwiderstehlichkeit nicht davon herrühren, dass sie Eigenprodukte sind? Ist der Mensch nicht oft fasziniert von seinem eigenen Produkt?*«[2] Aber die Antwort ist ernüchternd: Weil die Götter die Produkte des Menschen sind, sind sie stumm. »*Sie können dem Menschen nichts anderes sagen als das, was er sich in den selbstproduzierten Bildern selbst sagt. Obwohl er hingerissen wird von ihnen, kommt er nicht von sich selbst los. Im Selbstgespräch wird er umso stärker an sich selbst gekettet.*«[3] Professor Weder führt von hier aus die Linie weiter zur Zungenrede, in der der Mensch genauso nur mit sich selbst beschäftigt ist. Das ekstatische Zungenreden (*glossolalia*) stehen im Gegensatz zum prophetischen Wort, weil die Zungenrede nicht kommunikativ ist und nur zu einem

---

1 Beitrag zum Thema der Konferenz: Säkularität und Autorität der Schrift. Tagung der Wissenschaftlichen Gesellschaft für Theologie an der Comenius-Universität Bratislava, vom 9. bis 11. September 2013.

2 Hans Weder, Die Kirche als »Geschöpf des Evangeliums« in neutestamentlicher Zeit, s. o., 148.

3 Weder, (s. o.), 148.

ekstatischen Erleben des Individuums führt. Hingegen erbaut Prophetie die ganze Gemeinde (οἰκοδομία) und erschafft die Kirche, in der die Menschen untereinander in einer festen Beziehung leben. »*In diesem Sinne ist also die Kirche ein Geschöpf des aufbauenden Wortes, anschaulich in der prophetischen Rede, welche in der kreativen Erbauung, im zuredenden Trost, im ermahnenden Zuspruch ihre Gestalt gewinnt* [...] *Das evangelische Plus ist nicht die Alternative zur Schlechtigkeit der Welt, es ist vielmehr da Bessere, welches auch das Gute in der Welt qualitativ übersteigt.*«[4]

Die Wahrheit ist, dass dieses schöpferische Wort, das Evangelium, in einem irdenen Gefäß (nämlich durch den Menschen) vermittelt wird. Aber kann der in Gebrochenheit existierende, von Hinfälligkeit und Verletzlichkeit gezeichnete Mensch der Träger des größten Schatzes, des Evangeliums, sein? Die Antwort ist: eindeutig ja, weil im Zentrum des göttlichen Geschehens nicht nur der Mensch steht, sondern hauptsächlich das Evangelium als der Schatz des Gottesreiches, und es hilft dem Menschen, darin festzustehen, in dieser Position zu sein. In dieser Metapher des irdenen Gefäßes schwingen mehrere Dimensionen mit: Sie weist auf die Wertlosigkeit der »Wegwerfverpackung« hin, aber auch auf die Zerbrechlichkeit der »Einwegverpackung«. Daneben bringt diese Metapher auch die Geschöpflichkeit und Verletzlichkeit des Gefäß-Wesens zur Sprache, die aber umso besser einen Blick auf die besondere Qualität des darin enthaltenen Schatzes ermöglicht. Und weil dieser Schatz ausgeteilt werden muss, können die Gefäße zum »*Transport dienen und allen leichten Zugang zum Inhalt verschaffen.*«[5] Darin können die Gesandten (Apostel) Jesu eine spezielle Rolle spielen, die ihre Identität immer vom dem sie Sendenden (Jesus) empfangen und in dieser leben. Diese Boten können eine Existenz als Wanderradikale führen – ohne Geld, ohne Proviantsack, ohne Schuhe und Stab. So konnten sie das Evangelium auch mit ihrer einfachen oder ärmlichen »Ausrüstung« verkündigen, weil es authentisch in Zusammenhang zur Botschaft Jesu stand. Ihre Einfachkeit und »*Schutzlosigkeit demonstriert die absolute Bereitschaft zur Friedfertigkeit im Sinne der Feindesliebe*« und zu der Armut, wie sie in den Seligpreisungen der Bergpredigt zur Sprache kommt, die Liebe zum Frieden und die Verheißung der eschatologischen Neuschöpfung.[6]

Die Macht des Evangeliums ist eine Dynamik, die im Inneren der Menschen damals wirkte und auch in unserer Zeit weiter wirkt. Dieses Wort des Evangeliums drückt sich in mehreren Formen aus. Für Jesus typisch waren die Gleichnisse – stille Bilder der schöpferischen Macht Gottes. Die Bilder der Gleichnisse sind klarer Ausdruck der Wirkung des Geistes Gottes, der sich in der Gestalt der Liebe

---

4 A. a. O., 151.

5 A. a. O., 154.

6 A. a. O., 156.

realisiert und dessen Kind die Kirche ist. Prof. Weder wollte in seiner Vorlesung letztlich anschaulich machen, wie und in welchem Sinne das Evangelium als dynamisches Wort Gottes die Kirche erschafft. So habe ich ihn verstanden.

2 Das Evangelium erschafft die Kirche

Ich kann nur bestätigen, dass die damalige und auch die heutige Kirche auch in unserer ostmitteleuropäischen Lektüre die Frucht des Evangeliums und Glaubens ist. Nämlich:

2.1 Die Kirche ist keine beendete Wirklichkeit Gottes

Der Prozess der Verkündigung und der Nachfolge des Evangeliums als des dynamischen und lebendigen Wortes Gottes, der die Kirche erschafft, wird nach der Verkündigung der Kerygma der apostolischen Theologie wohl bis in Ewigkeit dauern – bis zum Eschaton, solange diese Welt und die Kirche bestehen. Damit ist auch gesagt, dass die Erschaffung der Kirche in der neutestamentlichen Zeit – trotz ihrer intensiven Sehnsucht nach der Parusie – noch nicht am Ende oder an ihrem Ziel war und dass die Kirche auch bis heute *keine beendete Wirklichkeit* ist. Die Entwicklung und Bewegung der Kirche hingen und hängen von der Kraft des Evangeliums ab,[7] oder anders ausgedrückt: von der aktuellen Dynamik des Wortes Gottes und vom Gehorsam der durch das Evangelium und durch Gottes Geist bewegten Menschen.

2.2 Das kräftige Evangelium

Bei der Erschaffung der Kirche und in ihrer früheren Entwicklung konnte und kann bis heute *die Kraft des verkündigten Evangeliums* eine wichtige Rolle spielen. Dazu konnten die Kirche und ihre Apostel das Feuer des lebendigen Evangeliums mit unterschiedlichen Mitteln schüren, wie Professor Weder betont hat, – auch mit der Hilfe der reichen Bilder, Gleichnisse, Weisheitssprüche, Hymnen und ausgewählten mythologischen Formulierungen, worin die Verkündiger des Evangeliums die neue göttliche Wirklichkeit, aber auch sich selbst unter dem Eindruck dieser Macht definieren konnten.[8] Man kann sich vorstel-

---

[7] Vgl. Imre Peres, Politická moc cirkvi a moc eschatologickej nádeje [= Politische Macht der Kirche und Kraft der eschatologischen Hoffnung], in: Jaroslav Maďar (Hrsg.), *Viera v moc a moc viery* [Glaube an Macht und Kraft des Glaubens], Matej-Bel-Universität, Banská Bystrica 2007, 32–48.

[8] Vgl. Siegfried Schulz, Die Anfänge urchristlicher Verkündigung, in: Ulrich Luz/Hans Weder (Hrsg.), Die Mitte des Neuen Testaments. Einheit und Vielfalt neutestamentlicher Theologie, FS Eduard Schweizer, Göttingen 1983, 254–271.

len, dass es nicht gelingen konnte, die Richtung dieser geistlichen Macht des Evangeliums unter Kontrolle zu halten. Deshalb kommt es gelegentlich oder auch häufiger und bewusst bei den Erfahrungen der Berührung des Geistes zu extremen oder schreienden Phänomenen (wie z.B. dem Zungenreden in Korinth), die nicht zum Aufbau der Gemeinde führten, sondern nur der geistlichen Ekstase und der Selbstverwirklichung einiger Mitglieder der Kirche dienten.

2.3 Geistlich-psychologische Situation in der Kirche

Heute müssen wir aber auch im Licht der Theologie und Praxis unserer extremen kirchlichen Gruppen fragen: Warum waren diese Phänomen hie und da, von Zeit zu Zeit, in der frühen Entwicklung der apostolischen Kirche so attraktiv und einnehmend?[9] Warum suchten einige Leute nicht den Bau der ganzen Gemeinde, sondern nur den persönlichen geistlichen »Genuss«? Und warum gab es gleichzeitig andere Menschen, die sich zum Evangelium negativ stellten und den Ruf Christi nicht hören und ihm nicht nachfolgen wollten? Warum waren sie Feinde des Evangeliums, warum waren und wollten sie nicht zum neuen eschatologischen Volk Christi gehören? Warum konnte sie das Evangelium nicht in die junge Kirche integrieren? Können wir sagen, dass die Macht der Götter stärker war als die Kraft des Evangeliums und dass einige oder gar viele der missionierten Heiden trotzdem den εἴδωλα ἄφωνα, den stummen Götzenbildern, verhaftet geblieben sind?

Meiner Meinung nach hat dieses Phänomen mit mehreren Aspekten[10] der Situation und des Lebens der missionierten Heiden und der ersten Christen zu tun: mit der Psychologie,[11] mit ihrer hellenistischen Kultur, mit der Gesellschaft, in der sie lebten, mit der sozialen Situation, mit der Intensität ihrer Religion und Tradition, aber auch mit ihrer Ausbildung und ihren mentalen Voraussetzungen. Wie ich sehe, treten diese oder ähnliche Phänomene nämlich auch in unserer ostmitteleuropäischen Region auf.

Wie ich sagte, kann unter anderem die psychologische Situation sehr kompliziert sein. Bei manchen steht die *Enttäuschung* über eine frühere oder neuere ungünstige Entwicklung im Hintergrund. Andere, z. B. die Traditionellen, verhalten sich *trotzig* gegen alles, was neu ist und etwas Neues verspricht. Auch der *Neid* kann hier eine Rolle spielen – gegen die Repräsentanten, die die neue Gesellschaft (und auch die Kirche) geschickter führen möchten. Manche *miss-*

---

9 Vgl. die Situation z. B. in Korinth, Thessaloniki oder Ephesus, wo der Apostel (oder der Autor der Beschreibung) so stark pneumatologisch argumentieren sollte.

10 Vgl. Gerd Theissen, Die Religion der ersten Christen. Eine Theorie des Urchristentums, Gütersloh 2000.

11 Vgl. Ders., Psychologische Aspekte paulinischer Theologie, Göttingen 1993, 101ff.

trauen allem, was für sie neu und anders wäre. Andere sehnen sich nach *Rache oder Vergeltung* gegen die Akteure, die ihr bisheriges Leben mit neuen Ideen umgestürzt oder ihre bisherige materielle Sicherheit in Unsicherheit gebracht oder gefährdet haben. Weitere Aspekte können auch die *Angst* und der *Hass* gegen Gott und seine Kirche sein, die ihren bisherigen Platz beherrschen möchte und sie in der neuen Situation ohne Position lassen würde. Es gibt bei Menschen auch die (Selbst-)Angst davor, dass sie in einer Situation ihr Selbstbewusstsein oder ihre frühere Identität verlieren könnten und noch nicht wissen, was für eine Person sie durch den neuen Glauben in Jesus werden würden. Und schließlich gibt es auch Leute, die in ihrem näheren Umfeld *keine Unruhe haben möchten* und sich zu allem passiv verhalten.

Diese und noch andere psychologische Voraussetzungen und Aspekte bremsen Menschen, zum Glauben zu kommen und sich dem Evangelium anzuvertrauen, oder sie treiben sie in den Widerstand. Solche Erfahrungen begegneten den Aposteln in Korinth, in Ephesus, in Athen und an vielen anderen Orten,[12] und so erleben wir es auch in unserer ostmitteleuropäischen Situation bis heute – in der Gesellschaft und auch in der Kirche. Den Menschen aber, die auf das lebendige Wort positiv reagierten, bringen das Evangelium und der Geist Gottes neue Beziehungen, eine neue gesellschaftliche Einordnung. Sie haben nach den neuen Grundsätzen der Basileia zu leben begonnen, mit der Orientierung auf die eschatologische Zukunft hin. Wie Johannes sagt: »*Allen aber, die ihn aufnahmen, gab er Macht, Kinder Gottes zu werden, allen, die an seinen Namen glauben*« (Joh 1,12 ff.). So erschuf und erschafft das lebendige Evangelium die Kirche und das Leben ihrer in Christus gläubigen Mitglieder.

2.4 Unterschiedliche Typen und Formen der Kirche

Wir sind Zeugen auch dafür, dass in der neutestamentlichen Zeit, also etwa bis Ende des ersten Jahrhunderts, das verkündigte Evangelium *keine universale oder uniforme Kirche* hervorgebracht hat. Wie die Verkündigung des Evangeliums nicht nach einem einzigen Schema, sondern an verschiedenen Orten in unterschiedlicher Weise erfolgt ist,[13] so sind auch mehrere *unterschiedliche Typen und Formen der apostolischen Gemeinden oder der Kirche* entstanden.[14] In diesen

---

12 Vgl. Wilhelm Pratscher, Gegner der paulinischen Mission, in: Friedrich W. Horn (Hrsg.), Paulus Handbuch, Tübingen 2013, 257–266.

13 Imre Peres, Az apostoli misszió variációi [Die Variationen der apostolischen Mission], in: Studia Caroliensia 2 (2001/1), 52–58. Ders., Az evangélium hirdetése a római birodalomban [Evangeliumverkündigung im römischen Reich], in: Studia Theologica Debrecinensis 2 (2009), 27–43, hier 40–41. Christian Strecker, Die Logistik der paulinischen Mission, in: Friedrich W. Horn (Hrsg.), Paulus Handbuch, Tübingen 2013, 266–273, hier 270–272.

14 Vgl. Jürgen Roloff, Die Kirche im Neuen Testament, NTD Erg. 10, Göttingen 1993.

Formen und der inneren Entwicklung der Kirche zeigten sich auch eine Reihe von Schwierigkeiten, wie wir dies z. B. in Korinth, in Galatien, in Rom oder eben in Jerusalem sehen können. Eine spezielle Schwierigkeit war, dass, während Christus die Kirche sich frei entwickeln lassen wollte, die Apostel aus Jerusalem sie eine Zeit lang (vor dem Jahr 70) judaistisch uniformiert sehen wollten. Man kann sagen, dass durch die Ereignisse des Jahres 70 diese urapostolischen Ambitionen zerschlagen wurden, wenngleich nicht ganz. Doch so sehr der Fall Jerusalems für die Juden eine Katastrophe war, war er für die Christen die Befreiung, das Evangelium in der heidnischen Welt freier zu verkündigen und zur tieferen Wirkung zu bringen. Dies führt zu dem Gedanken, dass das Evangelium ebenso innere wie auch äußere Barrieren überwinden musste und muss, aber dass es die Kirche nicht uniformisiert, sondern sie zu Pluralität führt. Diese Pluralität begegnet in mehreren Formen: im Verständnis des Alten Testaments und der Worte Jesu, in theologischen Akzentsetzungen, in der Liturgie, in der Organisation des inneren Lebens der Kirche, in der Katechese und Erziehung, in der Stellung zu ihrer Umwelt und auch in dem Grad der Verfolgung, die die Kirche erleidet. Wie wir sehen können, sind so ziemlich alle Elemente der damaligen kirchlichen Pluralität, natürlich jeweils in verschiedenen Weisen und unterschiedlicher Intensität, auch in der Kirche unserer Zeit und unserer Region präsent.

2.5 Der Fixpunkt der Kirche ist Jesus Christus

Das Evangelium hat – trotz dieser Pluralität – *einen Fixpunkt, und der ist Jesus Christus*, die Mitte der Zeit und der Hauptinhalt des Evangeliums.[15] In Wirklichkeit ist es eben die Person Jesu, die der menschlichen Geschichte und der Existenz der Kirche den letztendlichen Sinn gibt. Nach dem Apostel Paulus und seinem Hymnus klingt es so: »In ihm wurde alles erschaffen im Himmel und auf Erden, das Sichtbare und Unsichtbare, Throne und Herrschaften, Mächte und Gewalten – alles ist durch ihn und auf ihn hin geschaffen« (Kol 1,16). Nach dem Glauben der apostolischen Kirche ist Jesus die Mitte des Kosmos, der Zeit und unserer Zukunft. Er gibt dem Evangelium Dynamik, so dass es die Kirche weiterhin inspiriert, weiterentwickelt und in Bewegung bringt.[16] Zuerst und vor allem verkündigt die Kirche im Evangelium ihn: sein Leben und seine Lehre, seinen stellvertretenen Tod und Versöhnung, seine Auferstehung und seine Parusie – im Rahmen der Liebe Gottes. So ist Jesus der irdische, wie er real auf

---

Paul Hoffmann, Jesus von Nazaret und die Kirche. Spurensicherung im Neuen Testament, Stuttgart 2009, 146–147.

[15] Vgl. Hans Conzelmann, Die Mitte der Zeit, Studien zur Theologie des Lukas, BHTh 7, Tübingen, 1962.

[16] Klaus Berger, Theologiegeschichte des Urchristentums, Tübingen/Basel[2] 1995.

Erden lebte, und auch der himmlische, erhöhte Christus, der festeste Punkt der Hoffnung und der Eschatologie der Kirche.[17] Auf diesem Grund erschafft das Evangelium die Kirche: damals, heute und auch in der Zukunft.

3 Die Kirche bildet und tradiert das Evangelium

In diesem ganzen Prozess findet sich aber auch ein sehr interessanter Aspekt: Die durch das Evangelium geborene *Kirche erschafft in der weiteren Phase ihrer Entwicklung das Evangelium,* das sie dann weiter tradiert. Dieses Evangelium ist aber schon eine *aktualisierte Lehre*; man kann sagen: das *verbreiterte Evangelium.*[18] Die Kirche hat es unter vielen Mühen bis Ende des dritten Jahrhunderts konzipiert. In dieser Arbeit hat sie mehrere Quellen benutzt, die geistlichen, aber auch die profanen. Denn wie man weiß ist das Evangelium nicht vom Himmel gefallen.[19] Es ist durch die Kirche und ihre Apostel verfasst und trägt alle Spuren dieser Wirklichkeit: die Erfahrungen, die Erinnerungen, Visionen, Tradition, Konfrontation, Apologie usw.[20] Trotzdem hat es seine Autorität und als solche auch Normativität für das ganze Leben der Kirche. Das Evangelium erhält also seine Originalität und Zuverlässigkeit trotz vieler Einwirkungen, Streitigkeiten, Polemiken, Rezeptionen und Wechselwirkungen der Kirche. Zur Illustration möchte ich hier zwei Beispiele einführen, die uns diesen Prozess der Rezeption und Wechselwirkung auf dem Boden der Antike und auch in der heutigen Kirche erhellen können.

---

17 Vgl. IMRE PERES, Az újszövetségi eszkatológia rendszere [Struktur der neutestamentlichen Eschatologie], in: Studia Theologica Debrecinensis 1 (2008/1), 11–20, hier 19f.

18 SIEGFRIED SCHULZ, Die Anfänge urchristlicher Verkündigung. Zur Traditions- und Theologiegeschichte der ältesten Christenheit, in: Ulrich Luz/Hans Weder (Hrsg.), Die Mitte des Neuen Testaments. Einheit und Vielfalt neutestamentlicher Theologie, FS Eduard Schweizer, Göttingen 1983, 263–265. IMRE PERES, Az evangélium hirdetése a római birodalomban [Evangeliumverkündigung im römischen Reich], in: Studia Theologica Debrecinensis 2 (2009), 39–41.

19 Vgl. BART D. EHRMANS kritische Einschätzung in: Abgeschrieben, falsch zitiert und missverstanden. Wie die Bibel wurde, was sie ist, Gütersloh 2008. Die genaue Zitation klingt so: »Die Bibel ist nicht vom Himmel gefallen, sondern in einem langen Prozess nach und nach entstanden. Und die, die die Geschichten und Texte weitergegeben haben, waren nicht immer die Sorgfältigsten und die Uneigennützigsten. Da wurde mitunter geschlampt und – wenn's denn der höheren Wahrheit oder dem, was man dafür hielt, diente – auch schon mal dezent verändert«. Sein Kritiker ist ANDREAS FUCHS (Hrsg.), Studien zum Neuen Testament und seiner Umwelt = SNTU 33 (2008), 288f.

20 Dazu vgl. z. B. JÖRG FREY, Die religiöse Prägung. Weisheit, Apokalyptik, Schriftauslegung, in: Friedrich W. Horn (Hrsg.), Paulus Handbuch, Tübingen 2013, 59–66.

3.1 Ein Beispiel aus der Antike

Für die antike Welt, der das Evangelium und die Kirche entstammen, war es ganz natürlich, dass sich die Sprachen, Kulturen, Religionen, verschiedenen Wissenschaften, Sitten usw. mischten und einander beeinflussten. Das frühe Christentum gehört auch in diesen Prozess, wo es seine Wirkung deutlich gemacht und auch die heidnischen Ähnlichkeiten und Nachahmungen rezipiert hat, ohne dass wir heute genau sagen könnten, wo die exakte Grenze zwischen den rein christlichen und den rein paganen Elementen verläuft. Ein Beispiel, das für viele andere stehen kann: Eine griechische Grabinschrift aus Ägypten (Hermonthis) aus altchristlicher Zeit, die griechisch-pagane und christliche Gedanken vermischt,[21] wie es in der christlichen Antike ziemlich häufig war.[22]

Πρίν σε λέγειν· Ὦ τύμβε, τίς ἢ τίνος ἐνθάδε κεῖται;
    ἡ στήλη βοάα πᾶσι παρερχομένοις·
Σῶμα μὲν ἐνθάδε κεῖται ἀειμνήστου Μακαρίης
    ὡς ἔθος εὐσεβέων γευσάμενον θανάτου,
αὐτὴ δ’ οὐρανίην ἁγίων πόλιν ἀμφιπολεύει
    μισθὸν ἔχουσα πόνων οὐρανίους στεφάνους.[23]

Bevor du noch sagst: »O Grab, wer oder wessen Kind ruht hier?«
    ruft schon der Grabstein allen Vorübergehenden zu:
»Der Leib ruht hier der unvergesslichen Makaria,
    nachdem er den Tod, wie die Frommen es pflegen, verkostet;
sie selbst aber durchwandelt die himmlische Stadt der Heiligen,
    indem sie als Lohn ihrer Mühen himmlische Kränze besitzt.«

(Übersetzung: Carl M. Kaufmann)

Hier kommen schöne eschatologische Gedanken zum Ausdruck, wie z. B.: Der Gestorbene ist als Frommer bezeichnet, der zu den Heiligen in die himmlische Stadt emporsteigt, dort bekommt er den himmlischen Kranz als Lohn seiner

---

21 Zum Vermischungs- und Wechselwirkungsproblem siehe z. B. auch eine andere Inschrift auf dem Sarkophag aus Prusa (Bithynien), in: Friedrich K. Dörner, Bericht über eine Reise in Bithynien, Wien 1952, 22f., n° 22.

22 Dazu vgl. z. B. Jutta Dresken-Weiland, Pagane Mythen auf Sarkophagen des dritten nachchristlichen Jahrhunderts, in: Raban von Haehling (Hrsg.), Griechische Mythologie und frühes Christentum, Darmstadt 2005, 106–131.

23 Carl M. Kaufmann, Handbuch der altchristlichen Epigraphik, Freiburg 1917, 330 = Werner Peek, Griechische Vers-Inschriften: Grabinschriften, Berlin 1955, n° 1635; vgl. Greg H. R. Horsley (Hrsg.), New Documents illustrating Early Christianity III, Sydney 1985, 107; Imre Peres, Griechische Grabinschriften und neutestamentliche Eschatologie, WUNT 157, Tübingen 2003, 120f.

Mühe. Diese eschatologischen Gedanken sind hier sozusagen zweiseitig verstanden: christlich und auch pagan. Ursprünglich gehörten diese Motive teilweise zum Repertoire der griechischen Jenseitsvorstellungen, aber im kultur-religiösen Treffen mit dem Christentum sind sie sprachlich und auch eschatologisch präzisiert und damit auch »christianisiert«, ohne dass die Benutzer dieser Vorstellungen Christen gewesen wären. Und genauso haben die Christen unter der Einwirkung der griechischen Gesellschaft und Jenseitsvorstellungen ihre eschatologischen Hoffnungen griechisch-hellenistisch formuliert,[24] wo die speziellen christlichen Deutungen phraseologisch und theologisch stärker ausgeprägt und zugespitzt sind,[25] oder auch konfrontativ ergänzt und präzisiert.[26]

3.2 Ein Beispiel aus heutiger theologischer Arbeit

Wie die Umwelt, die Gesellschaft, Politik, Kultur oder eben Religion uns in der ostmitteleuropäischen Region, genauer in Ungarn, beeinflussen, kann man an einem konkreten Beispiel zeigen. Es ist allgemein ein großes Problem, dass es

---

[24] »Das Vorbild der platonischen Polis kommt in diesen Epigrammen genauso deutlich zum Ausdruck wie andere religiöse Motive (Halle des Zeus, himmlischer Kranz, Gemeinschaft mit den Frommen usw.). Die mythologisch-theologische Vorstellung von der Stadt im Himmel ist im eschatologischen Glauben der antiken Griechen philosophisch aufgenommen worden, steht aber auch eng mit der kosmogonischen Anschauung der Welt und der Stadt und mit der Urbanisierung der griechischen Gesellschaft in Zusammenhang. Diese eschatologische Zukunftsvision projizierte das ideale, utopische Polisbild auf das Jenseits«: IMRE PERES (s. Anm. 23), 121. Vgl. dazu noch CARL G. JUNG/KARL KERÉNYI, Einführung in das Wesen der Mythologie, Zürich 1951, 20.

[25] Vgl. REINHOLD MERKELBACH, Der griechische Wortschatz und die Christen, in: Zeitschrift für Papyrologie und Epigraphik 18 (1975), 101–148. Vgl. dazu noch eine Grabinschrift aus Phrygien aus der spät kaiserlichen Zeit: »*Ihn, den berühmten unter den Lebenden, den ausgezeichneten unier den Menschen, den ersten des Rats und der ganzen Stadt, der sich aus Frömmigkeit um die Armen kümmerte, den Sohn des Eustochios, den die Unsterblichen liebten, weshalb wir ihn auch mit dem Wasser der Unsterblichkeit gewaschen und zu den Inseln der seligen Unsterblichen versetzt haben, den Domnos (haben wir hier aufgestellt). Er hat 30 Jahre gelebt.*«, in: REINHOLD MERKELBACH/JOSEF STRAUB, Steinepigramme aus dem griechischen Osten 3, München/Leipzig 2001, 281, n 16/32/03. W. M. CALDER, Bulletin of the John Rylands Library Manchester 13 (1929), 261f. Zweiseitige Symbolsprache: ἀθάνατοι die Unsterblichen = die Götter – die Engel. νῆσσοι μακάρων ἀθανάτων – die Inseln der seligen Unsterblichen. πηγαῖς λούσαμεν ἀθανάτοις – waschen mit dem Wasser der Unsterblichkeit = heidnische Taufzeremonie (die Waschung der Toten?) – christliche Taufe auf dem Grab (vgl. 1Kor 15,29!).

[26] Z. B. auch in solchem Sinne: die himmlische Stadt – himmlisches Jerusalem, himmlische Kränze – Kranz/Krone des Lebens, Lohn der Mühe – Eingehen in die Ruhe des Herrn, usw. Aber auch im konfrontativen Sinn: der Leib im Grab – die Auferstehung der Toten, usw.

in der ungarischen Sprache ganz wenig Kommentare zu einzelnen Büchern der Bibel gibt. Nur drei bis vier nicht komplette Kommentar-Reihen und einzelne Ausführungen, aber nicht die Kommentare zur Apokalypse des Johannes. Es ist nicht eben zufällig, dass die ungarischen Neutestamentler, Pfarrer und Vorsitzenden mehrerer religiöser Gruppen im letzten Jahrhundert etwa 25 Kommentare zur Johannesoffenbarung geschrieben oder übersetzt haben, davon in den letzten 25 Jahren, das heißt nach der Wende im Jahr 1989, fast 17, und nur fünf bis sechs sind wirklich theologisch-wissenschaftlich begründet. Was zeigt uns das? Daraus können wir gleich mehrere Beobachtungen ableiten:

1. Die Entwicklung in der Gesellschaft hat sich politisch, nationalistisch und sozial-gesellschaftlich stark radikalisiert.
2. Das Verständnis der politischen und gesellschaftlichen Freiheit, und damit auch eine gewisse Machtsehnsucht, wird zunehmend extremer.
3. Die Menschen, die früher Mitglieder der kommunistischen Partei waren, haben Hunger nach einer neuen religiös-geistlichen Realität. Diese Offenheit für eine transzendentale Welt ist aber sehr unterschiedlich und oftmals krankhaft. Sie sehen nicht klar, was sie suchen sollen und wo die Listen oder Tricks der Manipulatoren lauern.
4. Mehrere führende Persönlichkeiten sehen aus psychologischem Grund die Möglichkeit, andere Leute zu beeinflussen, zu manipulieren und zu führen, nicht ohne die Vision von persönlichem materiellem Profit. Oft selbst ohne gründliche theologische Ausbildung, radikalisieren sie die Zeit der Gegenwart als eine eschatologische Zeit und erklären Zeichen der Himmel, wozu ihnen sehr gut eben die Symbolsprache und Geheimniswelt der Offenbarung des Johannes passt.
5. Die »offizielle« Kirche kommt nach der Wende in eine neue Situation. Sie hat viele Probleme, politische Streitigkeiten, organisatorische Schwierigkeiten und auch finanzielle Sorgen. Es wird vermutet, dass sie nicht aufmerksam genug ist, alle Möglichkeiten und Notwendigkeiten zum Dienst zu sehen, zu nutzen und geistlich-theologisch klar zu sprechen.
6. Die traditionelle christliche Kirche, wie auch unsere reformierte Kirche, probiert zu argumentieren, zu polemisieren, sich in verschiedener Art zu erneuern, und zwar allgemein dort, wo schon konkrete Probleme mit dem radikalen Apokalyptizismus bestehen. Sie sucht eine gute biblische Orientierung, aber die breitere lineare biblische interkirchliche Zusammenarbeit und Mission fehlen noch, obwohl sie nach der Wende schon zweimal die Revision der neuen ökumenischen Bibelübersetzung durchgeführt hat.
7. Themen wie z. B. Parusie, Weltende, das Jüngste Gericht, die himmlische Welt usw. werden in der Lehre der Kirche, in der Predigt und in der Praxis der Seelsorge nur am Rande behandelt. Und das geht auf Kosten der Kirche und der Theologie.

8. Die Kirche in Ungarn, wie ich sehe, braucht nun eine gründliche, breit ausgebaute komplexe biblische Arbeit, z. B. auch in dem Sinne, die nicht legitimen und nicht zuverlässigen Apokalypse-Kommentare zu »überschreiben« oder andere Kommentare und theologische Studien zu verfassen.
9. Sie braucht auch einen breiteren Dialog mit anderen Kirchen, ökumenische Zusammenarbeit, Vorsicht vor der politischen Presse und ein offenes Ohr für die einfachen Leute, die geistliche Orientierung suchen.
10. Die heutige Kirche muss all diese Komponenten ihres Lebens und des Lebens ihrer Umwelt berücksichtigen. In diesem Milieu sollte sie die Verkündigung des Evangeliums neu denken, neu formulieren, neu aktualisieren und so das Kerygma Jesu treu dolmetschen.

Diese Beispiele sollen zeigen, in welchem Klima und wie das Evangelium (auch in unserer Region) geschaffen wurde, welche Einflüsse es berührt haben, was es als Rezeption, Ähnlichkeit oder Nachahmung übernommen hat und wie es die Kirche weiter aktuell bildet und tradiert. So erschafft das Evangelium die Kirche und die Kirche bildet das Evangelium.

So weit meine kurze Replik auf die Problematik, die Herr Professor Weder in seinem Vortrag umschrieben hat. Ich danke ihm herzlich für seine Vorlesung und auch Ihnen allen für Ihre Aufmerksamkeit und Bereitschaft, auch von der Seite unserer ostmitteleuropäischen Theologie etwas zu hören und uns in unserer theologischen Orientierung so besser zu verstehen. Danke.

Autorität der Schrift in post-autoritärer Zeit und Gesellschaft[1]

Jan Roskovec

1 Verlust der Autorität?

Für gewöhnlich bezeichnet man die zeitgenössische Gesellschaft und Kultur etwa seit dem Zweiten Weltkrieg mit »post«-Komposita: Sie gilt als »post-modern«,[2] des Weiteren als »post-kolonial«, »post-konstantinisch« oder auch als »post-christlich« und »post-säkularisiert« – es gilt demnach als deren Charakteristikum, dass man keine positive Behauptung zu ihrer Bestimmung auswählt, sondern vielmehr eine Negation, welche in einer Abgrenzung vom Vorangehenden besteht. In diesem Sinne kann man auch von einer »post-autoritären« Zeit (und Gesellschaft) sprechen. »Autorität« gilt heute gewiss nicht als ein populäres, d. h. stets positiv konnotiertes Wort – anders dagegen z. B. »Freiheit« oder »Authentizität«.

Die Gründe für eine solche Aversion gegenüber Autorität sind ziemlich klar, bekannt und verständlich. Mit Blick auf den grauenvollen *Missbrauch von Autorität* in »autoritären« Regimen (nationalistischer oder kommunistischer Prägung) im letzten Jahrhundert war die Enttäuschung groß und ist immer noch in guter Erinnerung.[3]

---

1 Diese Studie entstand im Rahmen des Forschungsvorhabens »Geschichte und Interpretation der Bibel« (GA ČR P401/12/G168), gefördert von der Forschungsagentur der Tschechischen Republik (Czech Science Foundation).

2 Es geht mir hier verständlicherweise nicht um eine präzise Geschichte des Begriffes oder um eine Diskussion darüber, wo man das Ende der Moderne geschichtlich verorten soll.

3 Es war ja kein Zufall, dass gerade *Theodor Adorno*, einer der bekannten Kritiker der Moderne, der auch das Konzept der Postmoderne mitgeprägt hatte, zugleich Autor/Herausgeber eines einflussreichen Buches über Autorität wurde, das sich mit der schwierigen Frage »Wie war es möglich?« nach dem Zweiten Weltkrieg und besonders der Massenermordung der Juden zu befassen versuchte. Vgl. Theodor W. Adorno u. a., The Authoritarian Personality (Studies in Prejudice 1), New York 1950.

An diese schlechte Erfahrung eines Missbrauchs von Autorität knüpft die *Erkenntnistheorie* an, die sich schon seit der Aufklärung als nicht nur wissenschaftliche Maxime etabliert hat: nämlich die Überzeugung, dass man zur Wahrheit nicht gelangt, indem man sich einer Autorität unterordnet, sondern zu dieser gelangt man vielmehr durch ein (eigenes) kritisches Prüfverfahren.[4]

Es sind m. E. besonders diese zwei Faktoren, die den heutigen grundsätzlichen Abstand von Autorität prägen. Wir leben in einer Zeit nach dem Zerfall von vielen (obwohl nicht allen) autoritären Regimen und in einer Zeit, welche weit entfernt ist von der Periode, als Wissen und Lernen größtenteils in der Tradierung von durch die Autoritäten vorgeprägten Meinungen bestand. Wir leben in einer post-autoritären Zeit.

Diese grundsätzlichen, »großen« Entwicklungen spiegeln sich natürlich auch in den »kleinen«, konkreten, persönlichen Einstellungen zum Begriff der Autorität wider. Auf differenzierte Weise kommen diese Einstellungen z. B. in der neuerlich veröffentlichten demoskopischen Studie *Autorität in Deutschland* zum Ausdruck, die von der Herbert-Quandt-Stiftung im Rahmen ihres Studienprogramms *Worauf ist noch Verlass?* 2010 in Auftrag gegeben wurde.[5] Aus dieser Studie ergibt sich, dass die Abkehr von Autorität sich eher *via facti* vollzieht, unreflektiert, oder sogar in einer Spannung zur theoretischen Zustimmung, dass Autorität im Leben unentbehrlich sei.

Der *Begriff* Autorität wird von der Mehrheit der Deutschen (53%) als positiv wahrgenommen.[6] Das hängt wahrscheinlich damit zusammen, dass man unter dem Begriff intuitiv ziemlich genau das versteht, was er »klassisch« – also nach seiner lexikalischen Definition – bedeutet, und z. B. klar zwischen Autorität und *autoritär* unterscheidet. Man kann sich heute immer noch gut (zumindest theoretisch) eine nicht-autoritäre Autorität vorstellen, und diese als nützlich für das Leben halten.

Zugleich aber zeigt die Studie, dass »bei aller grundsätzlichen Wertschätzung von Autoritäten die Orientierung an ihnen von vielen als nicht allzu wichtig angesehen wird.«[7] Man ist nicht besonders geneigt dazu, seine Kinder zum Respekt gegenüber Autoritäten oder sogar zum Gehorsam zu erziehen, und man denkt sich auch nicht, dass mehr Achtung vor einer gewissen Autorität eine Besserung der gesellschaftlichen Beziehungen in Zukunft mit sich bringen

---

4 Vgl. z. B. CHARLES H. DODD, The Authority of the Bible (The Library of Constructive Theology 1), 2. rev. Aufl., London 1938, 18f.

5 THOMAS PETERSEN, Autorität in Deutschland. Eine Studie des Instituts für Demoskopie Allensbach (Gedanken zur Zukunft 20), Bad Homburg von der Höhe 2011.

6 Ebd., 22–32; nur 2 % assoziieren mit »Autorität«, dass sie als etwas Überholtes der Vergangenheit angehört (Tabelle 1, 23).

7 Ebd., 41.

könnte. Ein Großteil der Menschen neigt wiederum dazu, sich gegen die demokratisch gefällten Entscheidungen zu wehren, wenn diese ihnen missfallen, und bei Kindererziehung liegt ihnen viel mehr an einer Entfaltung selbständigen Denkens.[8]

Es hat sich auch gezeigt – entgegen der vorläufigen Annahme – dass *Vertrauen* und *Freiheit,* die als Begriffe zusammen mit Autorität in der thematischen Bestimmung des Studienprogramms eine logisch plausibel zusammenhängende Dreiergruppe bildeten, empirisch (also was die Einstellungen der Menschen betrifft) keine klar feststellbare Beziehung zu Autorität haben.[9] Demnach erkennt man zwar auch heute noch die Wichtigkeit der Autorität an und kann sich auch eine »gute«, nicht-autoritäre Autorität vorstellen, praktisch aber erwartet man mit Blick auf die Orientierung an Autorität(en) nicht viel.

Man spricht heute vielfach über eine *Krise* der Autorität. Auch wenn man zugibt, dass eine solche Redeweise (oder sogar Klage) vielleicht als ein Klischee *aller Zeiten* gilt, die sich als Zeiten im Wandel fühlen (und welche tun das nicht?), kann man heute über einen *Trend* sprechen: Es ist Teil unserer alltäglichen Erfahrung (auch wird dies von der oben genannten Studie grundsätzlich bestätigt), dass Autorität in unserem alltäglichen Leben eine immer kleinere Rolle spielt. Besonders bemerkbar macht sich dies in Bereichen, wo Autorität traditionell als Basis der Beziehungen gilt: im Rahmen der Familie (also der Eltern-Kind-Beziehung), Staat, Schule – und auch *Kirche.*[10]

Was die Kirche angeht, so ist es gerade ihr Autoritätsanspruch, was ihr den größten Unmut von Seiten der Gesellschaft zusichert. Mit Blick auf den Verlauf des Säkularisierungsprozesses lässt sich dabei erahnen, dass eine prinzipielle Loslösung von kirchlichen Strukturen nicht zwangsläufig mit einer Abkehr von Religion (oder gar Glauben) einhergehen muss. (Dies gilt auch für das am meisten säkularisierte Land Europas, Tschechien!) Manchmal formuliert man solche Belehrung in einem Grundsatz; das was wirklich auf Ablehnung stößt, ist die Kirche als Institution.

Genauer musste man aber sagen: die Kirche als *Institution von Autorität.* Der vielleicht populärste Vorwurf lautet ja: »Die wollen mir sagen, was ich glauben/was ich tun soll.« Bloß als Institution, die sich z. B. wohltätig mittels diakonischer Einrichtungen um die Bedürftigen kümmert oder die (analog zu folklo-

---

8 Ebd., 38, 42 (Grafiken 2 und 4), 74f.

9 Ebd., 77–92.

10 Dazu noch zwei Bemerkungen aus der demoskopischen Studie: (1) Aus diesen Bereichen heben die Leute besonders den Staat (die Politik) hervor als eine Sphäre, wo man die Entscheidungen autoritativ treffen muss, indem sie zugleich der Politik am wenigsten Vertrauen schenken. (2) Die Kirche (oder überhaupt Religion) hat den letzten Platz unter den Werten, die man als Erziehungsziele für wichtig hält (ebd., 38), und auch als ein Bereich, wo man eine »Autoritätsperson« braucht (ebd., 52).

ristischen Vereinen) alte Traditionen pflegt und ab und zu als Ornament der öffentlichen Zeremonien auftaucht – in diesem Sinne stört die institutionelle Kirche kaum jemanden.

Als nach außen gerichtete Autorität verliert die Kirche den Einfluss in der Gesellschaft schnell – oder hat ihn schon fast ganz verloren (wie es z. B. der Fall in Tschechien ist). Aber auch die Autorität innerhalb der Kirche wird heute als Problem diskutiert, indem sie kritisch hinterfragt wird.[11]

2 *Auctoritas:* Wiederentdeckung des Begriffes?

Die Vorstellung von »nicht-autoritärer Autorität« ist ja ein Neologismus. Inhaltlich aber entspricht sie ziemlich genau dem, was der antike (römische) Begriff *auctoritas* ursprünglich zum Ausdruck brachte: den nicht von außen her erzwungenen Einfluss.

Die Nuancen der Begriffsgeschichte[12] müssen uns hier nicht interessieren. Es sei nur erwähnt, dass der Begriff »klassischerweise« in einer Abgrenzung vom Begriff der *potestas* beschrieben wird, und als *locus classicus* dieser Differenzierung führt man den Art. 34 von *Res gestae divi Augusti* auf, obwohl das neuerdings etwas korrigiert wurde.[13] Im Groben kann man aber immer noch das Unterscheidungspaar *auctoritas* – *potestas* als Orientierungshilfe benutzen – in der Geschichte des Konzeptes von Autorität tauchen immer wieder diese zwei Möglichkeiten auf. Entweder fließt das Verständnis der *auctoritas* mit dem der *potestas* synonymisch zusammen – was z. B. sehr früh im christlichen Usus des Terminus der Fall wurde. Oder es wird eben *auctoritas* von *potestas* unterschieden.

Es ist die zweite Bedeutungsmöglichkeit, die uns hier interessiert. Sie benennt nämlich eine Tatsache, die grundsätzlich zu unserer Erfahrung gehört:

---

[11] Ein illustratives Beispiel kann man aus der evangelischen Ökumene schöpfen. In der Gemeinschaft evangelischer Kirchen Europas gilt in den letzten Jahren als ein Schwerpunkt die Frage nach der gegenseitigen »Verbindlichkeit«, und das heißt letztendlich gerade die Frage, wie gemeinsam und untereinander das Autoritative konkret zu suchen und zu finden ist.

[12] Vgl. z. B. FRANZ VON TESSEN-WESIERSKI, Der Autoritätsbegriff in den Hauptphasen seiner historischen Entwicklung, Paderborn: Schöningh 1907; KARL-HEINRICH LÜTCKE, »Auctoritas« bei Augustin. Mit einer Einleitung zur römischen Vorgeschichte des Begriffs, Stuttgart 1968. Gute Orientierung bietet der Artikel »Autorität«, in: TRE, dort bes. Jürgen MIETHKE, Autorität I. Alte Kirche und Mittelalter, TRE 5, Berlin/New York 1980.

[13] GREGORY ROWE, Reconsidering the Auctoritas of Augustus, Journal of Roman Studies (First View Article 2013): 1–15; http://journals.cambridge.org.ezproxy.is.cuni.cz/article_S007543581300001X.

Dass es Fälle gibt, dass man sich gegenüber einer fremden Meinung oder einem fremden Willen beugt, obwohl dazu kein äußerer Zwang besteht, man »gehorcht« durchaus freiwillig – indem man nämlich auf eine *auctoritas* trifft.

Die Kardinalfrage lautet natürlich: Worin besteht das eigentlich? Oder besser: Wie entsteht das? Man kann gewiss über verschiedene psychologische und anthropologische Erklärungen nachdenken. Letztendlich aber kann man es vielleicht wagen, dies als das *innere Gewicht der Wahrheit* zu bestimmen.[14]

Auf diese Weise verstanden, hängt *auctoritas* eng mit Glauben zusammen: Glaube als freier Gehorsam (oder Verlass: *fides fiducia)*[15] setzt so etwas wie eine innere Einladung voraus. Die Frage nach der Möglichkeit des Glaubens ist die Frage nach *auctoritas*. Oder auch umgekehrt: Ein Nachdenken über Autorität im Sinne der *auctoritas* heißt, über einen Gehorsam in der Qualität des Glaubens nachzudenken.[16]

3 Schriftgemäss: Was sollte – könnte das heute bedeuten?

Man hat natürlich verschiedene Möglichkeiten, auf die Situation des Verschwindens oder zumindest der Relativierung der Autorität zu reagieren. Häufig – auch in der Kirche – schwimmt man einfach mit dem Strom. Oder man versucht – dabei handelt es sich auch um eine grundsätzlich einfache Reaktion – die Autorität zu reinstallieren, z. B. in der Gestalt von irgendeinem (weicheren oder härteren) Fundamentalismus, der bestimmte Fragen nicht gestattet und schlichten Gehorsam verlangt.

Es gibt aber noch einen anderen, ziemlich vielversprechenden Weg, der übrigens eng mit dem Auftrag der wissenschaftlichen Theologie verknüpft ist. Ich denke nämlich, dass die »traditionelle« Autorität in der Kirche, die Autorität der Schrift, wenn diese unter Einbeziehung der Ergebnisse der historisch-kritischen Forschung neu erfasst wird, vorbildlich die Funktion von *auctoritas* erfüllen kann (und vielleicht zumindest teilweise schon erfüllt hat).

---

[14] Vgl. die Überlegungen über das Problem der Autorität in Dodd, Authority, 14–26; dort bes. 21: »Here we have authority in its primary form – the authority of the truth itself, compelling and subduing.«

[15] Paulus spricht in Röm 1,5 über ὑπακοή πίστεως.

[16] Vgl. die grundsätzliche Verbindung zwischen Autorität, Freiheit und Verlass, die in der genannten Studie postuliert – obwohl nicht empirisch bestätigt! – wird. Hängt die Tatsache, dass die Leute ihre Freiheit nicht in Verbindung mit Autorität suchen, damit zusammen, dass die Frage »Worauf ist noch Verlass?« meistens gerade nur eine peinliche *Frage* ist?

Die historische Kritik wird ja meistens als Schwächung, wenn nicht Untergrabung der Autorität der Schrift wahrgenommen – z. B. wegen der Relativierung ihrer inneren Homogenität und Originalität, der Hervorhebung der Zeitbedingtheit ihrer Aussagen, der Entschärfung der Grenzen des Kanons usw. Überspitzt kann man sogar sagen, dass es vom historisch-kritischen Standpunkt aus betrachtet wenig Sinn macht, über *die Schrift* überhaupt zu sprechen, denn aus dieser Sicht bedeutet der Kanon gar keine Begrenzung und was eigentlich vorliegt, ist nur frühchristliche oder frühjüdische Literatur.

Auf der anderen Seite kann man aber auch den Kanon an sich, die Entstehungsgeschichte dieser Sammlung, seinen Inhalt und seine charakteristischen Züge historisch-kritisch beschreiben – und auf diese Weise sagen, was für eine Autorität die Kirche in sich birgt.[17] Gerade das kann meines Erachtens attraktiv und letztendlich wirkungsvoll sein – wenngleich sicherlich nicht so einfach. Gerade wenn die Autorität nicht vorausgesetzt wird (und nicht im Voraus in Anspruch genommen wird), kann sie als *auctoritas* hervorleuchten.

In den folgenden fünf Bemerkungen möchte ich versuchen, diese Grundbehauptung etwas konkreter zu entfalten.

3.1 Ein Beispiel statt der Einführung: Jesus vor Pilatus (Joh 18,33–37)

Die erste Runde des Verhörs Jesu durch Pilatus kann man lesen als eine Begegnung von *potestas* und *auctoritas*. Es geht hier um βασιλεία – Königtum (EIN), Königreich (LUT) oder Herrschaft – oder vielleicht auch eben Autorität.

Der Vertreter der irdischen (Groß-)Macht, Pilatus, befragt Jesus über das Wesen seiner Macht: »Bist du der König der Juden [...] bist du doch ein König?« (VV. 33, 37). Jesus antwortet scheinbar ausweichend, er will die königliche Vorstellung weder eindeutig ablehnen noch kann er sie vorbehaltlos bestätigen, da ihr Inhalt eben von Pilatus bestimmt wird: »Du sagst es, ich bin ein König.«

Er kontrastiert zwei Konzepte von Herrschaft: »Wäre mein Reich von dieser Welt, meine Diener würden [...] kämpfen« (V. 36). Dies geht deutlich mit dem *potestas*-Konzept einher, welches Jesus aber ablehnt. Was er dagegen positiv über sein »Walten« sagt, lautet: »Ich bin dazu geboren und in die Welt gekommen, dass ich die Wahrheit bezeugen soll.« (V. 37)

Die Wahrheit bezeugen – das kann man deuten als Konzept von *auctoritas*. Mit dem Motiv des Zeugens beschreibt Johannes grundsätzlich die Gotteserkenntnis vermittelnde Wirkung Jesu, theologisch formuliert, die Offenbarung.[18]

---

[17] Einer der frühesten Versuche, die Autorität der Bibel so zu beschreiben, stammt (soweit ich weiß) von Dodd, Authority (1. Aufl. 1928).

[18] Dies wird schon im Prolog vorgespielt: Die Identifizierung Jesu mit dem Wort Gottes (Joh 1,1) hat eine der Inkarnation entsprechende Form dadurch, dass Jesus die Selbstexegese

Hier wird es zugleich bestimmt als das Mittel (bzw. die Weise) seines Herrschens.

Darf man analogisch auch über die Funktion des christlichen Kanons sprechen?

3.2 Die Schrift als Zeugnis

In der neueren hermeneutischen Diskussion, die sich gegenüber dem positivistischen Historismus sowie dem strukturalistischen Ahistorismus weiterentwickelt hat, wurde die Kategorie des Zeugnisses rehabilitiert, als eine gültige Vermittlung der Realität, die sonst unserer Feststellung entzogen wäre.[19] Unentbehrlich ist diese besonders im Bereich des Rechts und der Geschichtsschreibung, also dort, wo es um eine Rekonstruktion der Vergangenheit geht. Die Vergangenheit kann uns dabei als eine Metapher dessen dienen, was zweifelsohne real ist, aber uns zugleich nicht unmittelbar (also nicht mehr) zugänglich ist.

Einen bemerkenswerten Versuch, die Kategorie des Zeugnisses auf konsequente Weise hinsichtlich der Bibel geltend zu machen, hat vor einigen Jahren der amerikanische Alttestamentler *Walter Brueggemann* unternommen. Er hat diese Kategorie in ihrem forensischen Sinne benutzt, um das Ganze der alttestamentlichen Theologie am Modell eines Gerichtsverfahrens zu beschreiben.[20] Etwas vereinfachend gesagt, die verschiedenen biblischen Texte, ihre Teile und Aussagen, werden »verhört« hinsichtlich ihrer »version of what is true«.[21] Es ist aber die Aufgabe des Gerichts (des Richters), darüber, was wahr ist, zu entscheiden, d. h. aufgrund der vorliegenden Zeugnisse die Wirklichkeit zu rekonstruieren. Die Rolle des Gerichts hat hier der Leser, oder genauer, der Interpret. Auf diese Weise, erst in der Entscheidung des Lesers (Zuhörers), wird aus dem Zeugnis Offenbarung.

---

des unsichtbaren Gottes darstellt (Joh 1,14.18). In der eigentlichen Erzählung des Evangeliums wird das dann weiter entfaltet: Der der irdischen Realität eigene, konkrete Ausdruck dieser Selbstdarstellung Gottes besteht darin, dass Jesus über Gott auf seltsame Weise spricht und »seine Taten tut« (Joh 4,34; 5,36; 9,4; 10,25.32.37f.; 14,10f.; 17,4) und damit sich als Gottes Zeuge versteht und verhält.

[19] An dieser Rehabilitierung ist Paul Ricœur besonders beteiligt. Vgl. Paul Ricœur, The Hermeneutics of Testimony, in: Essays on Biblical Interpretation, Philadelphia 1980, 119ff. (ursprünglich ein Vortrag, veröffentlicht in 1972); über die späteren Entwicklungen mit Blick auf das Begriffsverständnis Ricœurs vgl. Esteban Lythgoe, Ricœur's Concept of Testimony, Analecta hermeneutica 3 (2011), 1–16; für die Diskussion über die Beziehung zwischen Zeugnis und Offenbarung vgl. Petr Pokorný, Hermeneutics as a Theory of Understanding, Grand Rapids 2011.

[20] Walter Brueggemann, Theology of the Old Testament. Testimony, Dispute, Advocacy, Minneapolis 1997. Er hält den forensischen Aspekt des Zeugnisses sogar für den eigensten: »The proper setting of testimony is a court of law …« (120).

[21] Brueggemann, Theology, 120.

Hier vielleicht eine Randbemerkung: Mit dem forensischen Aspekt des Motivs des Zeugnisses arbeitet schon der Evangelist Johannes. Das Zeugnis Jesu über Gott im Vierten Evangelium ist letztendlich ein Gerichtszeugnis. Jesus wird »niemanden richten«, weil er nicht in der Rolle des Richters, sondern des Zeugens »gekommen ist« (Joh 3,17; 8,15; 12,47) – und zugleich hat er das ganze Gericht in seinen Händen (Joh 5,22.27.30), weil sein Zeugnis das entscheidende ist (Joh 8,16.26; 12,31.48). Der Unterschied des brueggemannschen Modells besteht darin, zu klären, wer die Position des Richters innehat, ob es Gott oder der Leser ist. Wenn man aber die johanneische Vorstellung von Gericht näher bedenkt, verliert diese Differenz überraschend an Schärfe.

Dieses Interpretationsmodell – das sich leicht auch für das Neue Testament oder sogar für die gesamtbiblische Theologie verwenden lässt – hat zwei Auswirkungen auf das Konzept der Bibelautorität. Es ermöglicht erstens eine gute Bewältigung des Problems der *Pluralität,* ja der Antagonismen, denn die verschiedenen Stimmen, die in der Bibel zum Ausdruck kommen, werden dadurch ohne Zwang zu Harmonisierung oder Eklektizismus integriert, indem diese untereinander nicht übereinstimmen müssen.[22] Gleichzeitig kommt darin aber doch eine Auffassung der Einheit zum Tragen.

Zweitens (und dies ist vielleicht der wichtigste Punkt) ermöglicht es eine klare und verständliche – wenngleich nicht einfache – Auffassung davon, was »nach der Schrift« bedeutet. Mit diesem Interpretationsmodell der Schrift kommt man nicht mit einfacher, sogar mechanischer Benutzung der »Zitate« aus. Man muss zuerst ja die – verschiedenen! – Zeugen hören, dann aber selbst die Entscheidung treffen. Dies rüstet die Orientierung an der Autorität der Schrift mit viel Freiheit und zugleich Verantwortung aus.

3.3 Kanonisierte Pluralität

Das brueggemannsche Modell des Gerichtszeugnisses ist gewiss nicht das einzig mögliche,[23] wie alle Interpretationsmodelle ist es natürlich eine künstliche Konstruktion. Dennoch basiert es auf der biblischen Metapher,[24] und mit der Hervorhebung der Pluralität der Zeugnisse betont es etwas, was dem biblischen Ka-

---

22 Auf diese Weise ist das Bild von einem Gerichtsverfahren besser geeignet als die (manchmal gebrauchte) musikalische Metapher von einer Symphonie oder Polyphonie, wo verschiedene Stimmen immer die eine Komposition gestalten. Es bleibt höchstens fraglich, ob man die Einheit der biblischen Sammlung irgendwie als eine (vorgegebene) Komposition ansehen kann!

23 Man könnte z. B. ein Denkschema aus dem linguistischen Gebiet gebrauchen, wie »semiotische Kathedrale« (*G. Theißen*), oder den Fokus mehr auf eine Gesamtdarstellung der »biblischen Theologie« richten als eine Beschreibung der Sprache z. B. der ersten Christen, also eine Art Grammatik …

24 Wie wir bei Johannes gesehen haben, wie es aber auch schon bei den Propheten auf-

non zutiefst inhärent ist. Es sei bemerkt, dass die Verschiedenheit der Stimmen nicht als ein Nebeneffekt des langen und komplizierten Prozesses der Sammlung (und Auswahl) der biblischen Schriften verstanden werden soll, sondern als eine wichtige Eigenschaft des Kanons.

Am klarsten bringt dies die Vierfalt der Evangelien zum Ausdruck. Es ist bekannt, dass das Einbeziehen von allen vier Evangelien in den Kanon keine Selbstverständlichkeit darstellt, auch sind die Alternativen nicht nur theoretisch geblieben.[25] Aber nicht erst bei der Sammlung, sondern schon bei der Entstehung der Evangelien spielte die Pluralität eine Rolle. Nach der vorherrschenden Meinung besteht zwischen den Synoptikern eine literarische Abhängigkeit und auch bei Johannes wird meistens die Kenntnis von mindestens einem der Synoptiker vorausgesetzt.[26] Man muss also bei diesen erzählenden Auskünften über Jesu Bedeutung mit einem bewussten Schaffen der Verschiedenheit rechnen. Wir wissen ja nicht, ob die späteren Evangelisten ihre Vorlage(n) ersetzen oder ergänzen wollten.[27] Auch wenn man einen »Ersetzungswillen« annimmt, muss man die überraschende Freiheit bedenken, mit der sie ihre Vorlage(n) änderten. Alle Evangelisten haben bewusst nicht nur tradiert, sondern waren am Erschaffen eines neuen Porträts beteiligt. Sie wollten ihre Zeugnisse *anders* abgeben.

Dies gilt schon für die Synoptiker, aber besonders brisant kommt es bei Johannes zum Ausdruck. Hier sei nur andeutungsweise bemerkt, dass man bei Johannes ziemlich viele Stellen findet, wo er etwas von den Synoptikern Bekanntes nicht nur anders, sondern sogar umgekehrt erzählt.[28] Man kann natür-

---

taucht (im Schema des Rechtsstreits Gottes mit Menschen): vgl. Isa 3,13ff.; 5,1ff.; 41,21ff.; 50,8; Jer 2,9ff.; Oz 12,3ff.; Mich 6,1ff.

25 Hier seien nur stichwortartig erwähnt: die Auswahl des einen gegenüber der Zurückweisung der anderen, vertreten durch Markion, oder das Zusammenfügen aller in eine Harmonie hinein: Tatian.

26 Eigentlich habe ich mich von H. Thyen überzeugen lassen, dass die Interdependenz zwischen Johannes und den Synoptikern zwar nicht literarisch, nichtsdestoweniger aber als viel enger zu beschreiben ist, als man dies lange Zeit angenommen hat. Thyen beschreibt diese Verbindung mit dem Konzept der Intertextualität. Vgl. HARTWIG THYEN, Das Johannesevangelium (HNT 6), Tübingen 2005.

27 Die Tätigkeit des Ersetzens ist nicht ohne Wahrscheinlichkeit, da z. B. Mt und Lk fast den ganzen Mk einbezogen haben. Bei Johannes hängt viel davon ab, wie man sich seine Beziehung zu den Synoptikern vorstellt. Wenn man Joh als ein »intertextuelles Spiel« mit den (schon dem Autor wie seinen Lesern bekannten) Synoptikern versteht (Thyen), dann wird eine »Verdrängungshypothese« kaum an der Tagesordnung sein.

28 Einige Beispiele: Bei Johannes beginnt Jesus seine öffentliche Wirksamkeit nicht in Galiläa, sondern in Judäa, und zwar in Jerusalem, dort im Tempel zum Osterfest (Joh 2,13–22); in der Erzählung über die Fernheilung eines Buben in Kapernaum ist der um Jesu Hilfe bittende Vater nicht das Vorbild des Glaubens, sondern sein Empfänger (Joh 4,46–54);

lich fast alles mit einer »unabhängigen Tradition« erklären, da aber diese »Andersartigkeiten« ziemlich gut zur johanneischen »Tendenz« passen, ist es vielleicht berechtigt, sie eher als bewusste »Technik« anzusehen, mit der Johannes das tradierte und bei den Synoptikern schon verarbeitete Material aufs Neue aufgreift.

Man sollte demnach auch heute stets bedenken, dass gerade solcherlei Verschiedenheit kanonisiert wurde. Ich möchte dies als eine Subversion verstehen, die dem biblischen Kanon *inhärent* ist und womit sich solche »Schrift« gegen jedes zu einfache, zu eindeutige und zu unumschränkte Autoritätsverständnis wehrt.

3.4 Subversive Autorität

Ein Moment der Subversion gehört bekanntlich auch zur Wirkungsgeschichte des Kanons. Die Autorität der Schrift und die Autorität der Kirche gingen nicht immer konform. Der biblische Kanon ist zwar ein Produkt der Kirche – seine Texte wurden im Rahmen der Kirche geschrieben und auch später von der Kirche in einer autoritativen Sammlung angeordnet. Seit diesem Punkt aber ist der Kanon der kirchlichen Kontrolle entronnen – wie auch immer sie sich um solcherlei Kontrolle bemüht hat.[29]

Demnach gilt es zu betonen, dass es sich bei der Schrift um ein Buch der Kirche handelt; gleichzeitig aber muss man sich darüber klar werden, dass diese auch *gegen* die Kirche stehen kann (und dies manchmal sogar *muss*). Mit Blick auf die Geschichte der Kirche lässt sich dies auch tatsächlich an vielen Stellen nachverfolgen.

Anders gesagt: Die Schrift steht über der Kirche, aber das heißt gerade nicht, dass sie eine Autorität sei, die irgendwie von oben her spricht. Die Schrift wirkt am besten als Autorität, wenn sie »in den Händen des (Kirchen-)Volkes« ist, d. h. wenn sie von den Leuten gelesen, gehört und verstanden wird. Dabei handelt es sich bekanntlich um eine besondere Errungenschaft der Reformation, die ihrem Ursprung nach selbst in der Benutzung der Schrift gegen die Kirche zu verorten ist.

Diese Funktion der Schrift hängt damit zusammen, dass sie geschrieben ist, und deswegen – zumindest heute – von allen gelesen werden kann. Aber auch die »Schriftlichkeit« der Schrift darf nicht verabsolutiert werden …

---

der Einzug Jesu in Jerusalem wird nicht von Jesus selbst inszeniert, sondern Jesus antwortet damit auf die Aktion der Leute (Joh 12,12–19).

[29] Vgl. die Ausführungen dazu von Paul Ricœur, The Canon Between the Text and the Community, in: P. Pokorný/J. Roskovec (Hrsg.), Philosophical Hermeneutics and Biblical Exegesis (WUNT 153), Tübingen 2002, 7–26.

3.5 Der Herr und die Schrift

Das bringt uns zum letzten und vielleicht wichtigsten Punkt: Welche Struktur bzw. welches Verständnis von Autorität steht im Hintergrund des christlichen Kanons, soweit man es aus der Geschichte seines Werdens (also historisch-kritisch) abschätzen kann? Wieder kann ich diesen Punkt hier nur thesenartig beleuchten.

Die eher intuitive Auffassung, dass der christliche Kanon grundsätzlich als eine Imitation des jüdischen Kanons entstanden ist, ist meines Erachtens ungenau. Es ist zweifelsohne richtig, dass im Laufe der Zeit das Neue Testament zum »zweiten Teil« der christlichen Schrift wurde. Der Weg dorthin war aber gar nicht geradlinig. Man kann dies gut schon aus der frühchristlichen Rezeption des »ersten Teils« ersehen.

Auf der einen Seite ist das Alte Testament als »die Schrift« sowohl für Jesus als auch für seine Nachfolger zentral geblieben. Das *argumentum e scripturis* gilt dabei als zentral für die vorpaulinische Glaubensformel,[30] für Paulus selbst, wie die Häufigkeit der Schriftzitate in seinen Briefen zeigt,[31] taucht es in den Erzählungen über Jesu Disputationen auf[32] und gehört zum Redaktionsinstrument der Evangelisten (am klarsten hierzu die »Reflektionszitate« des Matthäus, aber anwesend ist dies in allen vier Evangelien).

Auf der anderen Seite spürt man einen gewissen Abstand. Bei der grundsätzlichen christlichen Übernahme des Alten Testaments muss man auch ihren eklektizistischen Charakter sehen.[33] Aber mehr noch, in mehreren Schichten des NT findet man Differenzierungen bezüglich der *Funktion* der »Schrift«. Es gibt also Stellen, die als strenge Beschränkung, wenn nicht gar Ablehnung der Schrift klingen, wie z. B. der paulinische Gegensatz von Buchstaben und »Dienst des Geistes«[34] oder die »Antithesen« der Bergpredigt.[35]

Worum es hier sachlich geht, kann man vielleicht mit Blick auf die paulinischen Überlegungen in Röm 3,21–26 verstehen. An dieser zentralen Stelle seiner Argumentation im Römerbrief spricht er zuerst über die Offenbarung der Gerechtigkeit Gottes *ohne Gesetz* (νυνὶ δὲ χωρὶς νόμου δικαιοσύνη θεοῦ πεφανέρωται), fährt aber in demselben Satz fort, dass diese Gerechtigkeit vom Gesetz und von den Propheten *bezeugt wird* (μαρτυρουμένη ὑπὸ τοῦ νόμου καὶ τῶν προφητῶν). Paulus unterscheidet hier also zwischen Offenbarung und

---

30 1Kor 15,3–5: zweimal κατὰ τὰς γραφάς.

31 Explizit z. B. Rom 4,3; 9,17; 10,11; Gal 3,8; 4,30.

32 Z. B. Mk 7,6; 9,12f.; 11,17; 12,10; Lk 10,26; Joh 7,38; 10,35.

33 Mehr zu diesem Abstand z. B. L. M. McDonald, The Biblical Canon: Its Origin, Transmission, and Authority, Peabody, MA: Hendrickson 2007, 244f.

34 2Kor 3,4–4,6.

35 Mt 5,21–48, formuliert auf stets wiederholende Weise »Ihr habt gehört, dass zu den Alten gesagt worden ist […] ich aber sage euch« (hier geht es um einen Gegensatz der *Reden*).

Bezeugung: Die eine spricht er dem Gesetz ab, die andere hingegen spricht er diesem (auf betonte Weise) zu. Offensichtlich unterscheidet er auch zwischen zwei Modi von Gesetz: Als eine Form der Kommunikation Gottes mit den Menschen (Gottes Anspruch) *vermittelt* (nach Paulus) das Gesetz die Offenbarung *nicht*, als Teil der Schrift (»Gesetz und Propheten«) *bezeugt* sie diese jedoch. Das eigentliche Mittel der Offenbarung ist nach Paulus bekanntlich das Evangelium, d. h. verkürzt das »Christusereignis«, wo Gott selbst gehandelt hat.

Hier findet man den theologischen, sachlichen Hintergrund des christozentrischen Lesens des Alten Testaments, das so charakteristisch für die frühchristlichen Texte ist (und das durch Luthers »Was Christum treibet« in der Reformation wiederbelebt wurde). Zugleich ist hier die zweifache Struktur des frühchristlichen Autoritätsbegriffs ziemlich klar vorgelegt: Es ist nicht die Schrift allein, sondern *der Herr* (also Christus) – *und die Schrift.* Wo der Herr und das Wort der Schrift zusammenklingen, dort kommt man zum (christlichen) Glauben – das wird prototypisch deutlich mit Blick auf die Eröffnungsszene des öffentlichen Wirkens Jesu im Johannesevangelium (Joh 2,22). Dort bemerkt der Evangelist: »Als er von den Toten *auferstanden* war, *erinnerten sich* seine Jünger, dass er dies gesagt hatte, und sie glaubten *der Schrift* und *dem Wort, das Jesus* gesprochen hatte.«

Nun, beide Aspekte dieser frühchristlichen Hermeneutik erscheinen aus heutiger Perspektive problematisch. Das christozentrische Lesen des Alten Testaments wurde dem heutigen Ausleger durch ihr eher degeneriertes Betreiben verleidet. Es hat größtenteils die Form von Typologisierung oder Allegorisierung der alttestamentlichen Texte angenommen, in der heutigen Predigtpraxis vielleicht unrühmlich bekannt als »christologische Endung«. Mit Blick auf die Exegese sind solche Auslegungen deswegen verdächtig, da sie die Texte beugen, indem der Theologe dabei von einer »supersessionist agenda« spricht.

Und der Herr? Wie kann man heute zu ihm Zugang haben, wenn nicht durch die Schrift? Es gibt ja auch heute verschiedene Formen von enthusiastischem Christentum, deren Vertreter davon ausgehen, mit dem erhöhten Herrn in direktem Kontakt zu sein, sodass diese ihrem Verständnis nach christliche Prophetie betreiben. Dass dieses Vorhaben als höchst problematisch zu werten ist und für gewöhnlich früher oder später in einer Blamage endet, braucht hier nicht eigens erwähnt zu werden.

Ich glaube aber, dass gerade diese frühchristliche Betonung der Autorität des Herrn, die eigentlich nicht schriftlich fixiert werden kann, sondern als ein Gegenüber der Schrift wirkt, am engsten mit der Tatsache zusammenhängt, dass gerade im Neuen Testament die Verschiedenheit der Zeugnisse eine so markante Gestalt in der Vierfalt der Evangelien angenommen hat. Gerade die nicht-harmonisierbare Verschiedenheit der vier Evangelien macht es klar, dass der Herr nicht in der Schrift enthalten ist, da man den Einklang ihrer Zeugnisse außerhalb von ihnen suchen muss. Auf diese Weise kann man dann auch das

Alte Testament christozentrisch und zugleich ohne Willkür lesen, also bei aller Verschiedenheit und jeglichen Antagonismen der Zeugnisse den in Jesus Christus geoffenbarten Gott suchen.

Für die Frage der Autorität bedeutet eine solche Lesart, dass das, was an den Texten wirklich autoritativ ist, man selbst nicht in Händen hat. Also eine nicht-autoritäre Lesart, die auf die *auctoritas* warten muss – und kann. Dabei behilft man sich aber gewiss nicht ohne Theologie, ja ohne die wissenschaftliche Theologie.

Autorität der Schrift in post-autoritärer Zeit und Gesellschaft

Respons zu dem Beitrag von Jan Roskovec

Christian Danz

Glaubt man Immanuel Kant, so darf sich eine Religion glücklich schätzen, sofern sie nur über ein heiliges Buch verfügt.[1] »Ein heiliges Buch erwirbt sich selbst bei denen (und gerade bei diesen am meisten), die es nicht lesen, wenigstens sich daraus keinen zusammenhängenden Religionsbegriff machen können, die größte Achtung, und alles Vernünfteln verschlägt nichts wider den alle *Einwürfe* niederschlagenden Machtspruch: *da steht's geschrieben.*«[2] Allein Kants eigene Interpretationsbemühungen um ein solches heiliges Buch in der Religionsschrift, und mehr noch die vernichtenden Kommentare der aufgeklärten Exegeten der Zeit über seine Schriftauslegung lassen jenen glücklichen Vorteil nicht unbedingt nur als einen solchen erscheinen.[3] Der Vorzug war am Ende des 18. Jahrhunderts durch die Etablierung der historischen Kritik bereits zu einer schwer lastenden Hypothek geworden. Die vom Heiligen Geist gestiftete auctoritas scripturae sacrae zersetzte sich geradezu im Streit der Interpretationen ihrer menschlichen Ausleger, der weder mit vernünftigen noch mit historischen Gründen zu schlichten war. Gewiss, um 1800 firmierte die Bibel noch als maßgeblicher Bezugspunkt der kulturellen Diskurse,[4] aber das Schriftverständnis unterschied sich doch ebenso deutlich von demjenigen, welches der Wittenberger Reformator in seiner Auseinandersetzung mit der Papstkirche in Anspruch nehmen zu können glaubte. In seiner *Assertio omnium articulorum* von 1520 fasste Luther die ihm vorschwebende Prinzipienfunktion der Heiligen Schrift bündig zusammen:

---

1 Vgl. Immanuel Kant, Die Religion innerhalb der Grenzen der bloßen Vernunft, A 146 = ders., Werke in zehn Bänden, Bd. 7, hrsg. v. Wilhelm Weischedel, Darmstadt 1983, 768.

2 Kant, Die Religion innerhalb der Grenzen der bloßen Vernunft (s. Anm. 1), B 152f. = Werke, Bd. 7, 767.

3 Vgl. hierzu Christian Danz, Hermeneutik zwischen Text und Kontext. Überlegungen zur theologiegeschichtlichen Einordnung der Bibelauslegung des jungen Schelling, in: Wiener Jahrbuch für Theologie 8 (2010), 85–107.

4 Vgl. hierzu Daniel Weidner, Bibel und Literatur um 1800, München 2011.

»Oportet enim scriptura iudice hic sententiam ferre, quod fieri non potest, nisi scripturae dederimus principem locum, in omnibus quae tribuuntur patribus, hoc est, ut sit ipsa per sese certissima, facillima, apertissima, sui ipsius interpres, omnium omnia probans, iudicans et illuminans«.[5] Die von Luther eingeschärfte Prinzipienfunktion der Schrift hat die *Formula Concordia* aufgenommen und die altlutherische Theologie zum Schriftprinzip ausgebaut.[6] Aufgrund seines Ursprungs in der übernatürlichen Offenbarung Gottes kommt dem in der Schrift enthaltenen verbum dei nicht nur grundlegende auctoritas, sondern auch perfectio, perspicuitas und efficacia zu. Erst aufgrund dieser Beschaffenheit, von der die Schrift selbst Zeugnis abgibt, ist sie allen menschlichen Instanzen übergeordnet, also sowohl der Vernunft als auch dem kirchlichen Lehramt.

Die Aufklärung hat bekanntlich diese Stellung der Heiligen Schrift unwiederbringlich zerstört und damit jenes Dilemma hervorgerufen, von dem eingangs bereits die Rede war. Die Durchsetzung der historischen Kritik in einem komplexen und vielschichtigen Prozess am Ende des 18. Jahrhunderts historisierte zunehmend die biblischen Schriften des Alten und Neuen Testaments und entzauberte das Schriftprinzip des alten Protestantismus. Ob die historische Theologie des späten 18. Jahrhunderts eine Konsequenz von Luthers Insistieren auf der claritas scripturae darstellt[7] oder sich anderer Bedingungen verdankt, kann im Folgenden auf sich beruhen. Wichtiger für unser Thema ist das aus der Entzauberung der Schrift resultierende Folgeproblem: Der restlose Abbau der einstmaligen göttlichen Autorität der Heiligen Schrift samt ihren Implikationen scheint den Protestantismus seiner prinzipientheoretischen Grundlage zu berauben und den von der römischen Kirche stets gehegten Argwohn nun vollends ins Recht zu setzen, er – der Protestantismus – sei bloßer Subjektivismus. Die protestantische Theologie hat denn auch seit der Aufklärung in unzähligen Anläufen versucht, die sogenannte Krise des Schriftprinzips konstruktiv zu bearbeiten.[8] Im Kern geht es in den Kontroversen über die Autorität der Schrift unter

---

5 Martin Luther, Assertio omnium articulorum Martini Lutheri per bullam Leonis X. novissimam damnatorum, WA 7, 97.

6 Vgl. BSLK, Göttingen [9]1982, 769: »sola sacra scriptura iudex, norma et regula agnoscitur, ad quam ceu ad Lydium lapidem omnia dogmata exigenda sunt et iudicanda, an pia an impia, an vera an vero falsa sint«. Vgl. auch Carl Heinz Ratschow, Lutherische Dogmatik zwischen Reformation und Aufklärung. Teil 1, Gütersloh 1964.

7 So Wolfhart Pannenberg, Die Krise des Schriftprinzips, in: Ders., Grundfragen systematischer Theologie. Gesammelte Aufsätze, Göttingen 1967, 11–21, hier 14 f.

8 Zur Debatte vgl. Falk Wagner, Zwischen Autoritätsanspruch und Krise des Schriftprinzips, in: Ders., Zur gegenwärtigen Lage des Protestantismus, Gütersloh 1995, 68–88; Rochus Leonhardt, Skeptizismus und Protestantismus. Der philosophische Ansatz Odo Marquards als Herausforderung an die evangelische Theologie, Tübingen 2003; Jörg Laus-

den Erkenntnisbedingungen der Moderne um das Verhältnis von Geschichte und Geltung, historischer Kritik und Normativität. Das moderne Geschichtsverständnis, so Ernst Troeltsch, kennt keine absoluten Größen in der Geschichte mehr, sondern eben nur relative. Wenn es aber keine Rückkehr zur Konsequenz des altprotestantischen Schriftprinzips mehr geben kann, welche begründungslogische Funktion kann dann die Bibel für Theologie und Kirche noch haben? Wird mit der historischen Entzauberung der Bibel die Schriftlehre der Dogmatik nicht funktionslos?

Damit ist der problemgeschichtliche Horizont benannt, der auch von Jan Roskovec in seinem Beitrag vorausgesetzt wird. Jener Horizont kann freilich im Folgenden weder in seinen altprotestantischen Voraussetzungen noch in seinen neuzeitlichen Konsequenzen im Detail abgeschritten werden. Stattdessen möchte ich die Überlegungen von Roskovec zu einem zeitgemäßen Autoritätsverständnis der Schrift im Spannungsfeld von Geschichte und Normativität vor dem Hintergrund neuerer Versuche, den Autoritätsverlust der Bibel unter den Bedingungen der Moderne zu bearbeiten, diskutieren. Einzusetzen ist deshalb mit einem Überblick über die gegenwärtig in der Theologie unternommenen Versuche, die Autorität der Schrift zu begründen. In einem zweiten Abschnitt wende ich mich den Überlegungen von Roskovec zu einem nicht-autoritären Autoritätsbegriff zu. Abschließen werde ich mit dem Vorschlag, die Schriftlehre der Dogmatik als Reflexionsort der geschichtlichen Einbindung des Glaubensaktes auszuarbeiten.

1 Die Begründung der Autorität der Schrift in der gegenwärtigen theologischen Debatte

(1.) Jan Roskovec weist in seinem Beitrag darauf hin, dass unter den Bedingungen des historischen Denkens der Moderne ein angemessener Begriff der Autorität der Schrift nur durch eine Einbeziehung der historisch-kritischen Theologie zu gewinnen ist. Einen solchen Vorschlag hatte im Jahre 1962 bereits Wolfhart Pannenberg in seinem Beitrag *Die Krise des Schriftprinzips* unterbreitet. Die historisch-kritische Methode – welche dem Münchner Theologen als unabdingliche Voraussetzung der modernen Theologie gilt – stehe keineswegs im Gegensatz zu Luthers Schriftverständnis. Sie sei vielmehr die »notwendig[e]« Konsequenz von dessen Lehre von der Klarheit der Schrift, da dieser zufolge »jeder theologische Satz durch historisch-kritische Schriftauslegung zu begründen sei«.[9] Freilich

ter, Prinzip und Methode. Die Transformation des protestantischen Schriftprinzips durch die historische Kritik von Schleiermacher bis zur Gegenwart, Tübingen 2004.

9 Pannenberg, Die Krise des Schriftprinzips (s. Anm. 7), 15.

müsse vor dem Hintergrund der theologischen Entwicklung des 20. Jahrhunderts die historische Theologie auf eine neue Weise mit der dogmatischen Theologie zusammengeführt werden. Andernfalls brechen nicht nur biblische Exegese und dogmatische Theologie auseinander, sondern auch Geschichte und Glaube.

Dieses ambitionierte Programm versucht Pannenberg durch zwei aufeinander aufbauende Schritte einzulösen. Zunächst: Der von der historischen Forschung herausgearbeiteten Einsicht in den geschichtlichen Entstehungsprozess der biblischen Texte und der damit verbundenen Auflösung eines einheitlichen Gesamtinhalts der Schrift muss methodisch durch einen begründungslogischen Rückgang *hinter* die Texte der Bibel Rechnung getragen werden. Der historische Jesus tritt an die Funktionsstelle des überlieferten Schriftprinzips. Das grundlegende Argument zur Begründung der Schriftautorität ist die These, dass die Auferstehung Jesu von den Toten ein historisches Ereignis ist, welches sich mit den Mitteln der historischen Forschung feststellen lässt.[10] Pannenbergs Behauptung der Auferstehung Jesu als historisches Ereignis hat die systematische Funktion, Geschichte und Deutung zusammenfallen zu lassen. Nur so kann dieses Ereignis allen weiteren Deutungen vorgängig sein.

Sodann ersetzt Pannenberg die moderne Hermeneutik durch die Idee einer Universalgeschichte. Die Möglichkeit der Letzteren fußt auf der geschichtsphilosophischen These, mit der Auferstehung Jesu von den Toten sei in der Geschichte deren Ende vorweggenommen. Mit Jesu Auferstehung ist die Spannung zwischen dem bereits vorweggenommenen Ende der Geschichte in Jesus und dem noch ausstehenden Ende für die Menschheit verbunden, so dass »diese Differenz selbst ein Moment menschheitlicher Wirkung der in Jesus erschienenen Zukunft Gottes ist«.[11]

Die Einheit der Schrift liegt für Pannenberg nicht mehr wie noch für Luther und den Altprotestantismus *in* der Schrift, sondern *hinter* ihr, nämlich in der Gestalt des einen Jesu. Die als Medium der Überlieferungsgeschichte verstandene Bibel expliziert auf vielfältige und nicht harmonisierbare Weise, was implizit in der Geschichte des Nazareners angelegt ist. Das geschieht in den neutestamentlichen Texten im Horizont der alttestamentlichen Überlieferungsgeschichte. Letztere verknüpfe nicht nur das Neue mit dem Alten Testament, sie sei auch als der »tiefere Begriff von Geschichte überhaupt anzusehen«.[12]

---

[10] Pannenberg, Die Krise des Schriftprinzips (s. Anm. 7), 16. Vgl. auch Gunther Wenz, Sola scriptura? Erwägungen zum reformatorischen Schriftprinzip, in: Vernunft des Glaubens. Wissenschaftliche Theologie und kirchliche Lehre. Festschrift zum 60. Geburtstag von Wolfhart Pannenberg, hrsg. v. Jan Rohls/Gunther Wenz, Göttingen 1988, 540–567, bes. 544–567.

[11] Pannenberg, Die Krise des Schriftprinzips (s. Anm. 7), 18.

[12] Wolfhart Pannenberg, Kerygma und Geschichte, in: Ders., Grundfragen systematischer Theologie. Gesammelte Aufsätze, Göttingen 1967, 79–90, hier 88.

Die Überwindung der Krise des Schriftprinzips erfolgt durch das Postulat der Auferstehung Jesu als ein Ereignis hinter den biblischen Texten. Mit dieser Zusammenführung von historischer und dogmatischer Theologie ist allerdings die historische Forschung sistiert. Letztere kennt weder ein solches historisches Ereignis wie die Auferstehung Jesu noch kann sie auf eine methodisch kontrollierte Weise hinter die Texte auf die eine Gestalt Jesu zurückschließen.

(2.) Eine andere Form der Begründung der Autorität der Schrift, auf die auch Roskovec Bezug nimmt, liegt in dem sogenannten *canonical approach*[13] sowie den Konzeptionen von gesamtbiblischen Theologien vor. Im Unterschied zur älteren Kanondebatte, die vor allem an dessen historischen Entstehungsbedingungen interessiert war, geht die neuere biblische Theologie methodisch von der Endgestalt des zweiteiligen biblischen Kanons aus und unterscheidet zwischen einem kanonischen Prozess und dem Akt der Kanonisierung.[14] Den in dem kanonischen Prozess überlieferten Schriften eigne selbst schon die Tendenz zur Fixierung. Letztere liegt, so Hermann Spieckermann, in dem den biblischen Texten »eigene[n] Verbindlichkeitsanspruch«.[15] Er werde allein durch den methodischen Ausgang von der Endgestalt des zweiteiligen biblischen Kanons bewahrt. Eine solche Sicht des Kanons beinhaltet eine Kritik an dem »historisch-antiquarischen Interesse«, welches an der »Vergangenheit seiner Entstehung fixiert« ist.[16] Der canonical approach steht – das wird nicht nur an dem Jesusbuch von Joseph Ratzinger deutlich – im Dienste der Begrenzung der Reichweite der historischen Kritik.[17]

---

[13] Vgl. BREVARD S. CHILDS, Introduction to the Old Testament as Scripture, Philadelphia/PA 1979; DERS., The New Testament as Canon: An Introduction, Philadelphia/London 1985.

[14] Vgl. BREVARD S. CHILDS, Biblische Theologie und christlicher Kanon, in: Jahrbuch für Biblische Theologie Bd. 3: Zum Problem des biblischen Kanons, Neukirchen-Vluyn 1988, 13–2: »Mit dem Begriff des Kanons ist im wesentlichen nicht eine späte kirchliche Festlegung des Umfangs der normativen Schriften gemeint (eigentliche Kanonisierung), sondern ein tief im Schrifttum selbst wurzelndes Bewußtsein. Es erwächst aus einer besonderen Haltung der Tradenten gegenüber der Autorität der Schrift und spiegelt sich in der Weise, in der die Texte von verschiedenen Glaubensgemeinschaften empfangen, bewahrt und überliefert wurden.«

[15] HERMANN SPIECKERMANN, Die Verbindlichkeit des Alten Testaments. Unzeitgemäße Betrachtungen zu einem ungeliebten Thema, in: Jahrbuch für biblische Theologie Bd. 12: Biblische Hermeneutik, Neukirchen-Vluyn 1997, 25–51. Vgl. auch DERS., Das neue Bild der Religionsgeschichte Israels – eine Herausforderung der Theologie?, in: ZThK 105 (2008), 259–280.

[16] SPIECKERMANN, Die Verbindlichkeit des Alten Testaments (s. Anm. 15), 26.

[17] Vgl. JOSEPH RATZINGER/BENEDIKT XVI., Jesus von Nazareth. Erster Teil. Von der Taufe im Jordan bis zur Verklärung, Freiburg/Basel/Wien 2007, 18.

Die durch die historisch-kritische Forschung herbeigeführte Krise des Schriftprinzips soll durch den methodischen Ausgang von der Endgestalt des zweiteiligen biblischen Kanons gelöst werden. Das wirft freilich auch die alte Frage nach der Einheit der Schrift wieder auf. Während sie Pannenberg mit einem komplexen methodischen Verfahren hinter dem Text der Schrift in dem in der Überlieferungsgeschichte Israels stehenden Geschick Jesu ausmachte, findet sie die biblische Theologie wieder in der Schrift.[18] Zwar wird an dem Unterschied von Altem und Neuem Testament festgehalten. Aber die Aufnahme des Alten Testaments in den christlichen Kanon stellt vor das hermeneutische Folgeproblem der inneren Einheit der Schrift. Die altlutherische Lehre vom Heiligen Geist als Autor des zweiteiligen Kanons wird perspektivisch reformuliert: In christlicher Perspektive ist Jesus Christus der einheitliche Inhalt der beiden Testamente – allerdings auf unterschiedliche Weise.[19]

Mit dieser Deutung der inneren Einheit der beiden Testamente durch die biblische Theologie ist die von Luther und dem Altprotestantismus geltend gemachte These erneuert, dass die Schrift einen einheitlichen Gesamtinhalt hat. Sie lässt sich als Interesse des Glaubens an seiner eigenen Geschichte verstehen. Insofern sind die Konzeptionen von biblischen Theologien strikt von einer historisch-kritischen Sicht des biblischen Kanons und seiner Entstehungsgeschichte zu unterscheiden. Führt man allerdings beide Perspektiven zusammen und behauptet die dogmatische Sicht des Glaubens als historisch maßgeblich, dann laufen biblische Theologien auf eine Hypostasierung des christlichen Kanons sowie eine dogmatische Sistierung der historischen Kritik hinaus.

(3.) Roskovec nimmt in seinem Beitrag auf Überlegungen Paul Ricœurs zur Hermeneutik sowie zur These von der Autonomie von Texten Bezug. Er greift damit auf die unterschiedlichen Konzeptionen von Rezeptionsästhetiken zurück, die in der zweiten Hälfte des 20. Jahrhunderts zunächst in der Rechts- und neueren Literaturwissenschaft ausgearbeitet und seit den 1990er Jahren in der Theologie intensiv rezipiert wurden.[20] Im Unterschied zu traditionellen Hermeneutiken rückt hier die konstitutive Funktion des Rezipienten von Texten in den Fokus der Aufmerksamkeit. Das Sinnverstehen von Texten wird in den individuell gebrochenen und damit notwendig plural zu verstehenden Rezeptionsakten

---

[18] Spieckermann, Die Verbindlichkeit des Alten Testaments (s. Anm. 15), 28.

[19] Vgl. Spieckermann, Die Verbindlichkeit des Alten Testaments (s. Anm. 15), 47: »Beide Testamente bezeugen Jesus Christus auf je eigene Weise. Das Alte Testament tut es dergestalt, daß es nicht direkt von Jesus Christus redet. Der Erkenntnisgrund für die eine Wahrheit der beiden Testamente liegt im Neuen Testament. [...] Das Neue Testament enthält das direkte Christuszeugnis dergestalt, daß es seine Botschaft nicht ausrichten könnte ohne Kenntnis und Gebrauch der Heiligen Schrift der Juden in Gestalt der Septuaginta.«

[20] Hans Robert Jauss, Ästhetische Erfahrung und literarische Hermeneutik, Frankfurt a. M. 1982; Wolfgang Iser, Der implizite Leser, München 1972.

aufgelöst. Der Rezeptionsbegriff soll die sinnkonstitutive Funktion des Interpreten von Texten betonen. Sinn ist lediglich in individuellen und kontextvariablen Akten der Sinngebung präsent, die in verschiebbaren Horizonten stehen. Die These von einer eindeutigen Bestimmtheit von Texten, wie sie noch Luther und der Altprotestantismus selbstverständlich voraussetzten, sowie die intentio auctoris und der sensus verborum, um die sich die historische Hermeneutik der Aufklärung bemühten, wird damit von der Rezeptionsästhetik zugunsten einer produktiven Unbestimmtheit von Texten verabschiedet.

Die Rezeptionsästhetik wurde in der protestantischen Theologie in Form von Lesetheologien weitergeführt.[21] In den Blickpunkt des Interesses rückt in den unterschiedlichen Konzeptionen der »inspirierte Leser«.[22] Ähnlich wie in den Konzeptionen von biblischen Theologien fungiert der zweiteilige Kanon als methodischer Ausgangspunkt. »Die Bibel als Doppel-Werk ist das historische Transzendental religiöser Leseerfahrung.«[23] Im Zwischenspiel zwischen fremdem Text und Leser ereignet sich im Akt des Verstehens eine Neubestimmung des homo legens. Im reflexiven Ereignis des Verstehens von Texten konstituiert sich gleichsam eine Differenz zwischen dem biblischen Text und seinen möglichen Lesarten. Darin wiederholt sich die im zweiteiligen Kanon vorgebildete Relektüre des Alten Testaments durch das Neue Testament. Der vom Heiligen Geist nach dem altlutherischen Verständnis intendierte sensus verborum wird hier aufgelöst bzw. als Varianzbändigung des Verstehensspielraums von Büchern mitgeführt. An dessen Stelle tritt der im Akt des Lesens sich dem Leser erschließende Sinn des Textes, der sich freilich notwendig pluralisiert. Der Inspirationsbegriff wird neu formuliert. Er steht jetzt für die Unableitbarkeit des Verstehens und damit unter Wegfall der Verbalinspiration für das, was die altlutherischen Theologen unter dem testimonium spiritus sancti internum verstanden haben.[24]

Auch in den rezeptionsästhetischen Lesetheologien geht es um den Glauben und seine Sicht der Geschichte und nicht um eine historische Begründung der Schriftautorität. Der Glaube wird als produktive Transformation von ihm vorgegebenen geschichtlichen Gehalten verstanden.

---

21 Edgar V. McKnight, Postmodern Use of the Bible. The Emergence of Reader-Oriented Criticism, Nashville 1988.

22 Ulrich H. J. Körtner, Der inspirierte Leser. Zentrale Aspekte biblischer Hermeneutik, Göttingen 1994.

23 Klaas Huizing, Wächserne Nase. Kleine Apologie einer Theologie des Lesens, in: NZSTh 34 (1992), 200–218, hier 217 (im Original kursiv). Vgl. auch ders., Homo legens. Vom Ursprung der Theologie im Lesen, Berlin/New York 1996; ders., Ästhetische Theologie, Bd. 1: Der erlesene Mensch, Stuttgart 2000.

24 Ulrich H. J. Körtner, Rezeption und Inspiration. Über die Schriftwerdung des Wortes und die Wortwerdung der Schrift im Akt des Lesens, in: NZSTh 51 (2009), 27–49, hier 48.

2 NICHT-AUTORITÄRE AUTORITÄT DER SCHRIFT

Die Überlegungen zur Begründung der Autorität der Schrift in einer post-autoritäten Gesellschaft von Jan Roskovec stehen in dem eben skizzierten Debattenkontext. Der traditionelle Begriff der Schriftautorität muss neu begründet werden, und zwar im Sinne einer von potestas unterschiedenen auctoritas. Unter den Erkenntnisbedingungen der Moderne kann, so seine These, die Autorität der Schrift allein unter Einbeziehung der historisch-kritischen Forschung plausibilisiert werden. Mit dieser Problemfassung, welche für die moderne protestantische Theologie alternativlos ist, ist freilich das Folgeproblem verbunden, wie sich eine geltende Autorität vor dem Hintergrund der Einsicht in die geschichtliche Relativität aller Autoritäten begründen lässt. Es ist jenes Problem, welches die protestantische Theologie seit der Aufklärung in Atem hält und welches auch in den drei vorgestellten Umgangsstrategien mit der Krise des Schriftprinzips bearbeitet wird, zunächst mit dem Anspruch, die Schriftautorität mit den Mitteln der Geschichtswissenschaft zu begründen, sodann in den zwei Versuchen, die Sicht des Glaubens auf seine eigene Geschichte und sein geschichtliches Eingebundensein zur Begründung der Geltung der Bibel auszuarbeiten. In allen drei Modellen werden historische und dogmatische Theologie sehr unterschiedlich aufeinander bezogen und schließlich irgendwie zusammengeführt: Entweder wird ein geschichtliches Faktum zum normativen Anker erklärt – und damit der Relativität der Geschichte entnommen – oder das Bild des Glaubens wird als die eigentliche Geschichte ausgegeben. Zu fragen ist also, wie Roskovec das Verhältnis von historischer Forschung und dogmatischer Beschreibung des Glaubens konzipiert.

Ein nicht-autoritärer Begriff der Autorität der Schrift kann nach der Überzeugung von Roskovec nur unter Einbeziehung der historisch-kritischen Untersuchung der Bibel gewonnen werden. Zwar habe deren Anwendung auf die Bibel das altprotestantische Schriftprinzip aufgelöst, aber an dessen Stelle die geschichtliche Herausbildung des zweiteiligen biblischen Kanons in einem äußerst komplexen Entwicklungsprozess gesetzt. Und hierin besteht für Roskovec die Funktion der historischen Forschung für eine neue Sicht der Autorität der Bibel. Die Rekonstruktion der kontingenten Herausbildung des biblischen Kanons, also die Konstruktion von Normativität durch Selektion bestimmter Texte, mache erkennbar, was die Kirche unter Autorität verstanden habe. Autorität leuchtet, wie er formuliert, hervor, indem sich Wahrheit bezeugt. Diesen Gedanken führt er in seinem Beitrag weiter aus, zunächst mit der Bestimmung der Schrift als pluralem Zeugnis. Hierbei greift er sowohl auf Motive der Rezeptionsästhetik als auch der biblischen Theologie zurück. Der in sich vielstimmige zweiteilige Kanon sei zwar von der Kirche geschaffen, aber als verschriftlichter Text auch wieder autonom. Die Autonomie des Textes – also gewissermaßen der Tod des Autors – begründet sodann die Möglichkeit der Schrift als Kriterium der Kirche.

Wie Letzteres möglich sein soll, ist mir allerdings nicht recht einsichtig geworden.

Roskovec verknüpft unterschiedliche Theoriedesigns, um einen nicht-autoritären Begriff der Schriftautorität zu begründen. Grundlegend scheint für ihn die Funktion der historischen Forschung zu sein. Deren Stellung und Begründungsfunktion ist indes in den Ausführungen von Roskovec zweideutig. Wenn zunächst eine historische These gemeint ist, dann wäre zu erläutern, wie aus geschichtlicher Faktizität, also hier der kontingenten Herausbildung eines Kanons, Geltung für uns heute folgt. Letztere lässt sich aus der Faktizität der Geschichte nicht begründen. Die Geschichtswissenschaft als solche problematisiert, aber sie löst keine Probleme, um mit Max Weber zu reden. Ihre Rekonstruktionen haben den Status von Wahrscheinlichkeitsurteilen und eben nicht den von religiöser Gewissheit. Zudem ist, wie die Geschichte der diversen Christentümer deutlich macht, der Begriff des Kanons eine konfessionsinterne Konstruktion, deren Umfang bekanntlich sehr unterschiedlich ausfallen kann. Der von Roskovec verwendete historische Kanonbegriff ist zumindest unscharf. Sodann kann man seine Behauptung, die historische Rekonstruktion der Kanonsgeschichte zeige, was die Kirche für Autorität hält, auch als historisch eingekleidete dogmatische These lesen. Sie würde dann besagen, die Kirche hat bei der Auswahl der kanonischen Schriften diejenigen herausgegriffen, die hervorleuchteten. Ganz in diesem Sinne hatte bereits Karl Barth in der *Kirchlichen Dogmatik* formuliert: »die Bibel macht sich selbst zum Kanon. Sie ist Kanon, weil sie sich als solcher der Kirche imponiert hat und immer wieder imponiert«.[25] Eine solche Lesart wird durch Roskovecs Hinweis auf das innere Gewicht der Wahrheit gestützt sowie seine Verknüpfung der Autoritätsfrage mit dem Glaubensbegriff. Die Autorität der Schrift sei die Autorität des Evangeliums. Wenn mit diesen Überlegungen das traditionelle testimonium spiritus sancti internum gemeint sein sollte, welches letztendlich von der Autorität der Schrift überzeugt, indem dem Einzelnen deren Wahrheit einleuchtet, dann wäre jedoch zu erklären gewesen, wie von dem Menschen der Heilige Geist überhaupt erkannt werden könne. Der Hinweis auf die Schrift, das dürfte deutlich sein, löst das Problem noch nicht.

Das Verhältnis von historischer und dogmatischer Geschichtssicht in den Ausführungen von Roskovec scheint mir zweideutig zu sein. Überführt er – so meine Frage – in der von ihm vorgeschlagenen nicht-autoritären Begründung der Autorität der Schrift nicht historisch-kritische Rekonstruktion in dogmatische Verbindlichkeit? Oder geht es ihm um das Bild des Glaubens von seiner eigenen Geschichte? Welche Funktion kann dann aber die historische Rekonstruktion der Kanonsgeschichte für ein nicht-autoritäres Verständnis der Schrift-

---

25 Karl Barth, Die Kirchliche Dogmatik, Bd. I/1, Zürich ^{8}1964, 110.

autorität noch haben? Das wirft die Frage nach dem Verhältnis von Glaube und Geschichte für das Schriftverständnis auf.

3 Die dogmatische Funktion der Schriftlehre

Die Schriftlehre stellt auch in der Dogmatik der Gegenwart einen zentralen Bezugspunkt dar, aber ihre Funktion hat sich – wie auch die Ausführungen von Roskovec deutlich machen – im Unterschied zur protestantischen Lehrtradition gewandelt. Wo in der gegenwärtigen protestantischen Theologie nach dem »Schriftbezug systematischer Theologie« gefragt wird, geschieht dies, wie Michael Moxter vor einigen Jahren zu Recht notiert hat, in aller Regel nicht in der Absicht, »zu der Vorstellung einer von Gott selbst schriftlich festgelegten Norm« zurückzukehren, »mit der die Theologie ihre Aussagen als wohlbegründet ausweisen und in deren grundbegrifflichen Rahmen sie sich im Prinzip halten könnte«.[26] An die Stelle des alten Schriftprinzips sind sehr unterschiedliche Begründungen getreten, die auf Bestandteile des überlieferten Lehrbegriffs zurückgreifen und diese umformulieren: der historische Jesus, der von der historischen Forschung kritisch zu rekonstruieren ist, die Faktizität des zweiteiligen biblischen Kanons, der Leser der Heiligen Schrift oder die empirische Kanonsgeschichte. Zudem hat sich vor dem Hintergrund der Auflösung des altprotestantischen Schriftprinzips durch die historische Kritik der Ort der Schriftlehre in der Dogmatik verschoben. Sie rückt – auch da, wo sie weiterhin in den Prolegomena traktiert wird – in die Pneumatologie.[27] In dieser Verschiebung zeigt sich das Interesse, den Glaubensakt selbst als ein Ereignis in der Geschichte zu verstehen. Sichtbar wird das nicht nur in der Glaubenslehre von Schleiermacher, der die Schriftlehre im Zusammenhang der Lehre von der Kirche behandelt, sondern auch in den Dogmatiken des 20. Jahrhunderts.[28]

Der pneumatologische Rahmen bietet auch die Möglichkeit, den überlieferten Inspirationsbegriff neu zu formulieren. Zur Begründung der Schriftautorität oder der Begrenzung der Vielfalt der Interpretationen ist das testimonium spiritus sancti internum allerdings nicht in der Lage. Das gelang nicht einmal der

---

[26] Michael Moxter, Schrift als Grund und Grenze von Interpretation, in: ZThK 105 (2008), 146–169, hier 146.

[27] Vgl. nur Paul Althaus, Grundriß der Dogmatik. Erster Teil, Erlangen [4]1933, 31: »Alles was über die Merkmale göttlicher Autorität gesagt werden kann, setzt die Anerkennung der Schrift schon voraus und bedeutet also ein Gehen auf der inneren Linie des Glaubens.«

[28] Vgl. Friedrich Schleiermacher, Der christliche Glaube nach den Grundsätzen der Evangelischen Kirche im Zusammenhange dargestellt (1830/31), hrsg. v. Martin Redeker, Berlin/New York 1999, Leitsatz § 128, T. 2, 284; Julius Kaftan, Dogmatik, Freiburg i. Br./Leipzig/Tübingen 1897, 44–56.

altprotestantischen Lehre von der inspirierten Schrift, die sich durch den Heiligen Geist im Menschen als göttlich inspiriert zu erkennen gibt und auf diese Weise den Menschen von der göttlichen Wahrheit des Schriftinhalts überführt. Ohne ein vorher feststehendes Kriterium, an dem der Geist erkannt werden könne, bleibt, um mit David Friedrich Strauß zu reden, eine »Kluft zwischen dem Göttlichen und dem Menschlichen«. Es helfe nichts, so Strauß weiter, »zwischen die Schrift und den menschlichen Geist den in diesem von jenem zeugenden göttlichen einzuschieben; denn wer zeugt nur von der Göttlichkeit dieses Zeugnisses? Entweder wieder nur es selbst, d. h. niemand; oder irgendetwas, sei es Gefühl oder Denken, im menschlichen Geiste –: hier ist die Achillesferse des protestantischen Systems«.[29]

Die Dogmatik im modernen Protestantismus hat im Interesse an der Geschichtlichkeit des Glaubens und der Notwendigkeit der historisch-kritischen Bibelauslegung die Lehre von der Heiligen Schrift in die Pneumatologie verschoben. Nur so kann die Bibel von einer Begründungslast befreit werden, die sie unter den Bedingungen eines historisch-kritischen Umgangs mit ihr nicht mehr zu tragen vermochte. Die Schriftlehre ist folglich als ein Bestandteil des Glaubensbegriffs zu explizieren. Erst auf dieser methodischen Grundlage lassen sich die Frage nach der dogmatischen Funktion der Schriftlehre sowie das seit der Aufklärung virulente Problem des Verhältnisses von historischer Kritik und dogmatischer Normativität angemessen in Angriff nehmen.[30]

In den komplexen theologischen Debatten des 20. Jahrhunderts wurde der Glaube als ein vollzugsgebundenes Reflexionsgeschehen im Selbstverhältnis des Menschen verstanden, welches sich weder aus anthropologischen noch aus kulturellen Voraussetzungen ableiten lässt. Das ist der Sinn der theologischen Beschreibung des religiösen Aktes als Offenbarung Gottes. Menschliches Sich-Verstehen ereignet sich unableitbar im Leben eines Menschen und als bewusstes Geschehen stellt es sich selbst dar. Sowohl das religiöse Subjekt als auch der religiöse Gehalt entstehen erst in diesem Geschehen.[31] Der Glaube bezieht sich auf sich selbst und stellt seine Selbsterschlossenheit im Gottesgedanken dar. Gott kommt im Glauben zu den Menschen, und zwar im und als das Ereignis

---

[29] David Friedrich Strauss, Die christliche Glaubenslehre in ihrer geschichtlichen Entwicklung und im Kampf mit der modernen Wissenschaft, Bd. 1, Tübingen 1841 (ND Darmstadt 2009), 136.

[30] Vgl. hierzu ausführlicher Christian Danz, Einführung in die evangelische Dogmatik, Darmstadt 2010; ders., Grundprobleme der Christologie, Tübingen 2013.

[31] Vgl. Folkart Wittekind, Zwischen Religion und Gott. Überlegungen zum Selbstverständnis und zur Begründung einer protestantischen dogmatischen Theologie, in: Herta Nagl-Docekal/Friedrich Wolfram (Hrsg.), Jenseits der Säkularisierung. Religionsphilosophische Studien, Berlin 2008, 351–384, bes. 379–381.

des Sich-Verstehens. Der Gottesgedanke repräsentiert die Unbedingtheit des Glaubensaktes und der Offenbarungsbegriff dessen Selbstreflexivität.

Die dogmatische Funktion der Schriftlehre sowie deren Notwendigkeit lassen sich im Ausgang von dem skizzierten Verständnis des Glaubens rekonstruieren. Sie ist ein notwendiger Bestandteil des Glaubensbegriffs. Das Sich-Verstehen eines Menschen ist stets ein inhaltlich geschichtlich eingebundenes. Das betrifft auch die symbolischen Formen, in denen sich das Sich-Verstehen darstellt. Glaube als personaler Vollzug ist allein in der Geschichte möglich. Deshalb sind auch die symbolischen Formen, in denen sich der Glaube darstellt, geschichtlich gewordene. Das extra nos der Schrift zielt auf die geschichtliche Bestimmtheit des Glaubens als Selbstdeutungsakt. In Letzterem werden die überlieferten Gehalte einerseits rezipiert und andererseits transformiert. Glaube als bewusster Vollzug realisiert sich stets in der Spannung von überlieferten Gehalten und deren produktiver Umformung.[32] Der Schriftbezug der Dogmatik bringt zugleich die geschichtliche Bestimmtheit des Glaubens durch inhaltliche Gehalte sowie die bleibende Notwendigkeit ihrer individuellen Aneignung und Umformung als Darstellungen des Sich-Verstehens zum Ausdruck. Der Glaubensakt ist folglich nicht nur im Hinblick auf seine Entstehung in der Geschichte unableitbar, sondern ebenso sind die inhaltlichen Formen, in denen er sich darstellt, kontingent. Sie könnten damit grundsätzlich auch anders sein. Aber auch als andere müssen sie notwendig konkret sein. Die dogmatische Funktion der Schriftlehre besteht somit darin, die Kontingenz und geschichtliche Einbindung allen menschlichen Sich-Verstehens und seiner Beschreibungsformen zum Thema zu machen. Das dürfte auch der Sinn der vielzitierten Behauptung Barths sein, derzufolge der Kanon sich selbst der Kirche imponiert habe.

Die dogmatische Funktion der Schriftlehre erschöpft sich freilich nicht in der Reflexion der geschichtlichen Bestimmtheit des personalen Glaubensvollzugs. Wenn sich dieser allein in der Spannung von Abhängigkeit von überlieferten Gehalten und deren produktiver Umformung realisiert, dann obliegt der Schriftlehre die Aufgabe, die Grenze der Transformation der religiösen Gehalte zu reflektieren. Das Kriterium dieser Grenzreflexion kann unter den Bedingungen der Moderne allerdings nicht in den inhaltlichen Bestandteilen des Glaubensbegriffs liegen, sondern allein in der Selbstdurchsichtigkeit desjenigen Aktes, in dem das Subjekt zugleich mit seinen Gehalten entsteht. Die Selbsterschlossenheit des Menschen als endlicher Freiheit bildet das Kriterium der Umformung der überlieferten religiösen Gehalte.

Damit stellt sich abschließend die Frage nach dem Verhältnis von historischer Kritik und dogmatischer Selbstbeschreibung des Glaubensaktes. In der dogmatischen Schriftlehre geht es um die geschichtliche Einbindung des Glau-

---

32 Vgl. WITTEKIND, Zwischen Religion und Gott (s. Anm. 31), 379.

bensaktes aus der Perspektive des Glaubens. Das Thema ist die Sicht des Glaubens von seiner eigenen Geschichte. Offenkundig ist, dass sich die Perspektive des Glaubens nicht auf die historisch-kritisch zu rekonstruierende Geschichte der Bibel zurückführen oder durch sie begründen lässt. Aber wird mit einer solchen Konzeption die historisch-kritische Forschung nicht vollends irrelevant für die dogmatische Beschreibung des Glaubens, wie Karl Barth einstmals behauptete und wie es von Deutungen der theologiegeschichtlichen Entwicklung des 20. Jahrhunderts als antihistoristischer Auszug der Theologie aus der Geschichte weitergeschrieben wird? Das ist nicht der Fall. Historische und dogmatische Geschichtsdeutung stehen in einem Wechselverhältnis. Das zeigt sich bereits auf der Ebene der Historie: In alle Rekonstruktionen der Entstehung des biblischen Kanons gehen immer gegenwärtige Überzeugungen, Interessen und Motive mit ein, die es bewusst zu machen gilt. Somit tritt in der historischen Untersuchung eine Überlagerung von Perspektiven auf. Die historische Kritik leistet folglich selbst schon eine Konstruktion der Vergangenheit. Gegenüber der systematischen Theologie hat die historische Forschung eine Korrektivfunktion inne. Sie schärft das Bewusstsein für die Komplexität und Pluralität der biblischen Überlieferungen. Darin erfüllt die Geschichtswissenschaft jedoch eine konstruktive Funktion: Sie korrigiert dogmatische Einheitskonstruktionen und führt zu einer Historisierung der dogmatischen Beschreibung des Glaubens. Umgekehrt klärt die Dogmatik die historische Forschung über die Zirkelstruktur ihres eigenen Verfahrens auf. Sie zeigt die geltungstheoretischen Motive auf, welche schon in der historischen Untersuchung in Anspruch genommen werden.[33] Der deskriptive Zugriff auf die Vergangenheit wird von der systematischen Theologie auf die ihn leitenden gegenwartsbezogenen Interessen und Motive hin durchsichtig gemacht. Historische Kritik und systematische Konstruktion bilden ein komplexes Wechselverhältnis, welches sich gerade nicht einseitig auflösen lässt.

Immanuel Kant hatte, wie wir eingangs gesehen haben, eine Religion, die über ein heiliges Buch verfügt, glücklich gepriesen. Wie auch immer man seinen eigenen Umgang mit der Bibel in der Religionsschrift im Einzelnen beurteilen mag, sein Hinweis auf die unhintergehbare geschichtliche Einbindung von Religionen sowie die Notwendigkeit von deren Geltungsbegründung verdient auch in den Debatten des 21. Jahrhunderts über die Autorität der Schrift Beachtung.

---

[33] Vgl. MARTIN LAUBE, Theologische Selbstklärung im Angesicht des Historismus. Überlegungen zur theologischen Funktion der Frage nach dem historischen Jesus, in: KuD 54 (2008), 114–137, bes. 133–137; GUNTHER WENZ, Christus. Jesus und die Anfänge der Christologie, Göttingen 2011, 110–113.

Autorität und Einsicht

Hermeneutik in der Moderne

Elisabeth Gräb-Schmidt

Allein die Schrift hat Autoritätsanspruch in Glaubensdingen – das war Luthers tiefe Glaubensüberzeugung, die zum besonderen Kennzeichen des Evangelischen werden sollte. Das gilt bis heute, wenn auch das, was unter dem Schriftprinzip zu verstehen ist, variiert. Meine Darlegung bietet einen Versuch, die Autorität der Schrift auch und gerade unter modernen Bedingungen ins Zentrum der Aufmerksamkeit zu rücken. Die Bibel als Grundlage des Glaubens, das vermag den Eindruck zu bestätigen, es sei eine Gemeinsamkeit von Judentum, Christentum und Islam, Buchreligionen zu sein. Gerade diese Vorstellung ist aber fragwürdig. Von Anfang an steht zwar die Schrift im Vordergrund, nicht erst für die Reformatoren und nicht erst für die Kirche selbst – das zeigt bereits Jesu Umgang mit dem Alten Testament –, aber der Autoritätsanspruch war immer einer, der problematisiert und in bestimmten Situationen herausgefordert wurde. Die Schriftautorität selbst verweist auf einen fundamentalen Zusammenhang von Offenbarungsgeschehen und verstehender Aneignung. Die Schrift muss *verstanden* werden. Erst dadurch gewinnt sie ihre Autorität und weil das möglich ist, bleibt ihr Autoritätsanspruch in Geltung. Im Christentum ist daher die Frage der Schriftautorität nicht zu trennen von der Aufgabe der Hermeneutik.

Die Aufgabe der Hermeneutik ist in der Moderne angesichts des historischen Bewusstseins und den damit verbundenen Fragen komplexer geworden. Die Frage nach der Autorität der Schrift kann nicht als altertümlich, als nicht der Neuzeit gemäß, verabschiedet werden. Sie bleibt bestehen im Sinne der theologischen Verständnis- und Selbstverständnisbemühungen des Glaubens, die die Geltungsfrage verschärfen. Gerade angesichts von Luthers Schriftprinzip werden wir die Frage nach der Autorität der Schrift nicht los. Sie ist kein vorneuzeitliches Überbleibsel, das die historisch-kritische Methode nicht ernst nimmt. Der systematische Kern des lutherischen *sola scriptura* fordert gerade zuallererst dazu auf, tatsächlich nachzudenken, zu verstehen und zu interpretieren und dieses Verstehen zu reflektieren.

Solche Verstehungsbemühungen gelten auch für das reformatorische Verständnis der Schrift. Obwohl die reformatorische Hermeneutik auf den Literalsinn ausgerichtet ist, auf das, was da steht, ist der Buchstabe nicht das primäre Ziel der Erkenntnis, sondern das verkündigte Wort, das nur als Ereignis zum Zuge kommen kann und mit diesem Ereignis zugleich eine Hermeneutik des Daseins aus sich heraussetzt. Das geschriebene Wort transportiert nicht auf direktem Weg Wahrheit, sondern die Wahrheit muss sich immer wieder zeigen. Die Hermeneutik gehört damit ursprünglich zur christlichen Religion dazu. Es geht um das Verstehen eines ursprünglichen lebendigen Worts, das in Text überführt wurde – die Botschaft Jesu –, das aber, um verstanden zu werden, wieder in lebendiges Wort zurückverwandelt werden muss. Es reicht nicht aus, den Text methodisch zu entschlüsseln, wenngleich diese methodische Entscheidung zu den Voraussetzungsbedingungen des Verstehens gehört. Denn nicht der Text, sondern das Wort ist dasjenige, das aus der Schrift erhoben werden will. Nicht der Text, sondern das verkündigte Wort beinhaltet die Botschaft. Gleichwohl gilt: Wir haben dieses Wort als Text. Insofern obliegt es der Hermeneutik, den Text ernst zu nehmen mit allen Regeln der Kunst, aber im Wissen, dass die Reichweite dieser Kunst zwar begrenzt, jedoch keineswegs überflüssig ist, sondern *conditio sine qua non* für ein Verstehen des Textes. Dem *Ereignis* auf die Spur zu kommen ist ein wesentlicher Bestandteil dieser Schrifthermeneutik, die das Christentum von einer Buchreligion unterscheidet.

Für die Hermeneutik bedeutet das: Das reformatorische Schriftverständnis mit der Konzentration auf das *sola scriptura* ersetzt insofern nicht die traditionelle Hermeneutik der mittelalterlich-scholastischen Lehre vom vierfachen Schriftsinn,[1] sondern es versteht sich als kritisches Fortschreiben dieser. Zur Interpretation der Bibel unterschied der vierfache Schriftsinn einen literalen Sinn, der die wörtliche, geschichtliche Auslegung betrifft und einen allegorischen, der Aussagen über die Glaubenswirklichkeit deutet, einen tropologischen, der moralische Handlungsanweisungen für den Glaubenden gibt, und einen anagogischen, der als Ausdruck der Hoffnung gelesen werden kann. Für uns stellt sich heute die Frage, inwiefern dieses Fortschreiben auch heute noch tragfähig sein kann bzw. ob und inwiefern in der Moderne von einer sogenannten Autorität der Schrift ausgegangen werden kann. Lässt sich an einer solchen mit der aufgeklärten mündigen Subjektivität auf der einen und dem religiösen Pluralismus auf der anderen Seite ernsthaft festhalten?

Zur Beantwortung dieser Frage gliedert sich meine Untersuchung daher in vier Abschnitte: Zunächst geht es erstens um die Exposition der Problemstellung, die die Aufgabe der Hermeneutik in der säkularisierten Moderne betrifft. Sodann wird zweitens die Frage der Schriftautorität vor dem Hintergrund der Fragestellung der Neuformulierung der Hermeneutik durch Luther und deren Fortschrei-

---

1 Vgl. hierzu Henri de Lubac, Typologie, Allegorie, geistiger Sinn. Studien zur Geschichte der christlichen Schriftauslegung, Theologia Romanica 23, Freiburg 1999.

bung als Reaktionen auf die Moderne nach der Etablierung der historisch-kritischen Methode untersucht. Dieses erfordert es dann drittens, die Geltungsfrage unter neuzeitlich-modernen hermeneutischen Bedingungen sowie viertens unter Berücksichtigung der Faktizität des Historischen zu bestimmen.

1 Exposition der Problemstellung: Schrifthermeneutik in der Säkularität

Bei der Frage der Geltungsautorität der Schrift handelt es sich um eine Frage im Zentrum des protestantischen Glaubens.[2] An der normativen Stellung der Schrift und des Kanons unter neuzeitlichen Bedingungen der historischen Kritik festzuhalten, ist eine Schwierigkeit, die jedoch bis dato noch nicht gelöst ist. Gerade diese Verhältnisbestimmung von Prinzip und Methode – darauf hat Jörg Lauster in seiner gleichnamigen Habilitationsschrift aufmerksam gemacht – bleibt ein offenes Problem in der protestantischen Rezeptionsgeschichte des reformatorischen Prinzips.[3] Dabei hält man die historisch-kritische Methode zwar weiterhin für unverzichtbar, aber ihre Ergebnisse werden systematisch-theologisch kaum bearbeitet. Vor allem Falk Wagner hat kritisch hervorgehoben, dass die Überwindungsversuche der Krise des Schriftprinzips quer zum Anspruch neuzeitlicher Autonomie stehen. In seinem Beitrag »Zwischen Autoritätsanspruch und Krise des Schriftprinzips«[4] zeigt er auf, dass man an der historisch-kritischen Methode festhält, diese aber nicht systematisch-theologisch verorten kann. Denn die Aporien des reformatorischen Schriftprinzips unter neuzeitlichen Bedingungen bleiben bestehen. Die Autorität der Schrift lässt sich nicht mit selbsttätiger Vernunft vermitteln.[5] Man steht weiterhin vor der Alternative, entweder die historische Faktizität oder die Geltung der Schrift zu bestreiten. Dabei wäre es die hermeneutische Aufgabe, zu begreifen, wie die normative Stellung der Schrift nach Verlust der altprotestantischen Lehre der Ver-

---

2 Vgl. G. Gloege, Art. Schriftprinzip, in: RGG³, Bd. 5, Tübingen 1961, 1540–1543; vgl. E. Schott/R. Schlöterer/. Vischer, Art. Kanon, in: RGG³, Bd. 3, Tübingen 1959, 1116–1122; vgl. J. A. Steiger, Art. Schriftprinzip, in: RGG⁴, Bd. 7, Tübingen 2004, 1008–1010; vgl. D. Pezzoli-Olgiati/A. Schindler/K. Huizing [u. a.], Art. Kanon, in: RGG⁴, Bd. 4, Tübingen 2001, 76–774. In RGG⁴ wird von Adolf Schindler im historischen Teil auf die Schwierigkeiten der Lösungen hingewiesen, die im Wesentlichen auf die Krise des Schriftprinzips zurückzuführen sind.

3 Jörg Lauster, Prinzip und Methode. Die Transformation des protestantischen Schriftprinzips, Tübingen 2004, 406 f.

4 Vgl. Falk Wagner, Zwischen Autoritätsanspruch und Krise des Schriftprinzips, in: Ders., Zur gegenwärtigen Lage des Protestantismus, Gütersloh 1995, 68–88.

5 Wagner, Autoritätsanspruch (s. Anm. 4), 69.

balinspiration und unter dem Angriff der historischen Kritik festgehalten werden kann.[6] So stehen historisch-kritische Methode und die Frage nach der Geltung der Schrift meist spröde nebeneinander. Das ist eine sehr enttäuschende Bestandsaufnahme.

Wagner trifft einen entscheidenden Punkt, wenn er es als zu einseitig bemängelt, die Geschichte Jesu »von dem raumzeitlichen Auftreten Jesu«[7] abhängig zu machen. Die Frage bleibt aber, ob diese Einseitigkeit dadurch aufzuheben ist, dass man dem Historischen einen prinzipienorientierten Grund entgegensetzt und insofern Autonomie gegen Heteronomie setzt. Es ist gerade die Bedeutung des Historischen, die für die Geltungsfrage selbst unbeleuchtet bleibt – zum Schaden dieser selbst. Weder dem Anliegen der historisch-kritischen Methode noch dem des Schriftprinzips kann man m. E. so gerecht werden. Denn die Frage nach der Bedeutung des Historischen mit der Entwicklung der historisch-kritischen Methode ist in Neuzeit und Aufklärung verschärft ins Bewusstsein gerückt. Die Bedeutung des Historischen ist in der Verhältnisbestimmung von Faktizität und Geltung seit ihrem Aufbrechen bei Semler[8], spätestens jedoch seit Schleiermacher[9], nicht mehr aus der Hermeneutik der Schrift wegzudenken. Vom säkularen Bewusstsein wird seither gerade auch die Geltung des Historischen eingeklagt. Durch und gerade für die Frage der Autorität der Schrift muss daher die Bedeutung des Historischen als Historisches im Blick bleiben. Unter den Bedingungen des historischen Bewusstseins gehört die historisch-kritische Methode in den Prozess der Hermeneutik unumgänglich hinzu. Das heißt, die Exegese ist nicht nur Vorarbeit, sondern als methodisches Rüstzeug wesentlicher Bestandteil der Theologie. Eine Weise des Umgangs mit der Frage der Geltungsautorität der Schrift konzentriert sich in Anlehnung an die Erforschungen zur Rezeptionsästhetik auf »Fiktionalität«.[10] So erhebt der Würzburger Theologe Klaas Huizing die Ästhetik zum Rahmenprogramm, wobei es zu einer im Leser sich vollziehenden Verschmelzung von Faktizität und Geltung kommt.[11] Dennoch besteht auch hier m.E. wiederum das Problem darin, die Geltungsfrage zwar festzuhalten, sie aber auf Kosten der Faktizitätsfrage zu beantworten. Zu Recht wird zwar die Trennung von Faktizität und Geltung in der Rezeptionsästhetik, etwa auch im Sinne des »inspirierten Leser(s)« bei dem Wiener Systematiker

---

[6] Lauster, Prinzip und Methode (s. Anm. 3), 406f.

[7] Wagner, Autoritätsanspruch (s. Anm. 4), 84.

[8] Vgl. I. S. Semler, Abhandlung von freier Untersuchung des Canon, 4 Bde., 1771–1775.

[9] Vgl. F. D. E. Schleiermacher, Vorlesungen zur Hermeneutik und Kritik, in: Ders., KGA, Abt. 2, Bd. 4, hrsg. v. Wolfgang Virmond u. Mitw. v. Hermann Patsch u. a., Gütersloh 2012.

[10] Vgl. Rainer Warning (Hrsg.), Rezeptionsästhetik. Theorie und Praxis, UTB 303, München 1994; W. Iser, Der Akt des Lesens. Theorie ästhetischer Wirkung, UTB 636, München ¹1976, ⁴1994.

[11] Vgl. Klaas Huizing, Ästhetische Theologie, 3 Bde, Stuttgart 2000–2004.

Ulrich Körtner[12], als im Ansatz selbst überwunden dargestellt, gleichwohl bleibt dies aber eine Überwindung unter Leitperspektive der Geltungsfrage auf Kosten des Historischen. Andererseits ist nun aber auch zu warnen vor fundamentalistischen Versuchen, die die Bedeutung des Historischen mit dem Faktischen gleichsetzen und damit ein vermeintlich direktes Ablesen von Geltung aus dem als Faktum Berichteten ableiten zu können. Noch weniger wird die Bedeutung des Historischen durch eine Pietät gegenüber der Vergangenheit festgehalten. Es reicht nicht aus, dass wir das Historische tradieren. Damit übersehen wir dessen Erfahrungsqualität. Wir tragen nicht einfach eine Kulturschuld ab, wenn wir uns den biblischen Texten zuwenden. Das Historische im Sinne der Geltung lässt sich nicht über eine distanzierte Wahrnehmung dokumentieren. Wird das Historische in seiner Geltung ernst genommen, dann versichern wir uns in diesem der eigenen Wurzeln. Dies geschieht nun aber wiederum nicht nur als historische Reminiszenz, sondern als Vergegenwärtigung der *Geltungsbestimmungen* unseres Daseins, zu dem eben die Wurzeln, die Tradition, dazugehören. Solche Geltungsbestimmungen des Historischen bleiben mithin rückgebunden an gemachte Erfahrungen, die im Text *repräsentiert* sind. Darum bleibt der Text als Text in seinem Literalsinn wichtig. Schrifthermeneutik hat dabei die Aufgabe, diese Erfahrungen, wie sie in der Schrift festgehalten sind, mit allen Mitteln der exegetischen Kunst zu entschlüsseln, das heißt, des sprach-, geschichts- und literaturgeschichtlichen Handwerks ebenso wie psychologischer und philosophischer Überlegungen.

Dazu gehört aber zugleich über die symbolischen Repräsentationen hinaus gerade das, was die historische Kritik einklagt, nämlich die Bewusstmachung des historischen Abstandes. Die Markierung des historischen Abstands und der Berechtigung jener alten Texte, gerade in ihrem Differenzanspruch und der aus diesem resultierenden Geltung, ist nicht zu vernachlässigen. Es ist sogar so, das hat Bultmann in seinem Entmythologisierungsprogramm festgehalten, dass gerade die Frage nach der Geltung den Bezug zur Geschichte im Sinne des Historischen impliziert.[13] Es ist die geltungsqualifizierte Ursprungsbestimmung der Tradition, die dem Historischen – und zwar gerade in seiner Differenz und der Wahrnehmung dieser – selbst das Gewicht der Geltung verleiht und damit die Differenzbestimmung von Zeitbedingtem und Gültigem in das Historische einbaut. Im Historischen begegnet uns dabei in doppelter Weise das Fremde. Hermeneutik ist dann nicht im Sinne der Romantik als ein Einverständnis im Sinne der Horizontverschmelzung mit der Intention des Autors zu verstehen,

---

12 Vgl. Ulrich H. J. Körtner, Der inspirierte Leser. Zentrale Aspekte biblischer Hermeneutik, Göttingen 1994.

13 Vgl. R. Bultmann, Neues Testament und Mythologie. Das Problem der Entmythologisierung der neutestamentlichen Verkündigung, (1941) ³1988, 54.

sondern als Zustimmung zu einem bisher Fremden, präsent in der Begegnung mit der Botschaft, die uns durch, mit und in dem Historischen des Textes erreichen kann.[14]

Faktizität und Geltung rücken damit eng zusammen. Dies gilt zwar auch für die neueren hermeneutischen Modelle der Rezeptionsästhetik, die die symbolischen Repräsentationen von Wirklichkeit geltend machen. Die Frage des historischen Abstands und der Berechtigung jener alten Texte, nicht in ihrer symbolischen Repräsentation, sondern gerade in ihrem Differenzanspruch, diese Frage bleibt gleichwohl bestehen. In der Frage nach der Schriftautorität zeigt sich mithin, dass die symbolische Repräsentation des Textes als solche nicht mit der Geltungsfrage zusammenfällt, sondern dass die Geltung vielmehr immer durch eine Differenz erzeugt werden muss, eine Differenz, die in jener genannten Spannung von Historizität und Geltung repräsentiert wird. Hinsichtlich dieser Differenz wird immer das Historische näher zu betrachten sein, das in eigentümliche Sperrigkeit mit der Aufgabe des Verstehens tritt, indem es diese Differenz als Mahnmal des noch zu Verstehenden offen halten kann. Ich möchte im Folgenden der Beschreibung dieser Aufgabe der Bestimmung des Historischen für die Schrifthermeneutik, die den christlichen Glauben nicht nur begleitet, sondern die dessen Kern ausmacht, in der Situation ihrer Profilierung in reformatorischer Sicht nachgehen.

2 Die Aufgabe der Hermeneutik in Luthers reformatorischer Sicht sowie ihre Profilierung unter Berücksichtigung der Aufgabenstellung der historischen Kritik

Die Abkehr Luthers von der mittelalterlichen Hermeneutik des vierfachen Schriftsinnes und seine Hinwendung zur alleinigen hermeneutischen Bedeutung des Literalsinnes der Schrift bedeutet – wie schon angedeutet – keinen Abschied vom Unternehmen der Hermeneutik. Im Gegenteil, Luther hat vielmehr die mittelalterliche Hermeneutik des vierfachen Schriftsinns, die von Origenes[15] und Cassian[16] ausging, systematisch konzentriert und reformiert.[17] Denn die

---

[14] So sieht es bereits Bultmann. Vgl. Rudolf Bultmann, Das Verständnis der Geschichte im Griechentum und im Christentum, in: GuV IV, [1965] ^{2}1967, 91–112, 101.

[15] Vgl. Origines, Vier Bücher von den Prinzipien, hrsg. v. V. H. Görgemann und H. Karpp, TzF24, Darmstadt 1976.

[16] Vgl. Johannes Cassianus, Collationes XXIIII, hrsg. v. Michael Petschenig, CSEL 13, Wien 2004.

[17] Vgl. hierzu Bernhard Rothen, Die Klarheit der Schrift, Teil 1: Martin Luther, Göttingen 1990.

Konzentration auf den Literalsinn ist nicht als Buchstabengläubigkeit zu verstehen. Sie führt vielmehr zu einer tieferen Stufe der Hermeneutik, weil jetzt der Text ins Zentrum der Betrachtung rückt, und zwar indem nicht nur der Text in seiner geistigen Bedeutung verstanden und ausgelegt werden muss, sondern der Text in seiner »buchstäblichen« Bedeutung, vor allen geistlichen Überformungen durch Deutungen, Bestand haben soll.

Luthers Überzeugung der *claritas scriptura*, der Klarheit der Schrift[18], die die Schrift ihren eigenen Ausleger sein lässt[19] und die dem Literalsinn seine Bedeutung verleiht, ist daher eher eine Konzentration und Zuspitzung des hermeneutischen Problems und keineswegs dessen Auflösung. Ging der vierfache Schriftsinn noch von der Möglichkeit aus, den Literalsinn durch kunstfertige Interpretation mittels der einzelnen Schritte der allegorischen, tropologischen und anagogischen Auslegung darlegen zu können, wird jetzt dieser geschriebene Text selbst zum Gegenstand der Befragung. Und dies hatte in der Folgezeit ein Doppeltes zur Konsequenz: Luthers hermeneutischer Ansatz *impliziert* erstens bereits die spätere Aufgabe der historisch-kritischen Forschung. Denn die Erforschung des Buchstabens setzt die Erforschung des historischen Kontextes des Gesagten voraus. Wenn erst einmal verstanden werden muss, was eigentlich gesagt wurde, dann muss der historische, sozialgeschichtliche Kontext ebenso wie der traditions-, form- und rezeptionsgeschichtliche Hintergrund erfasst werden. Nur so kann der Sachverhalt, der im Literalsinn verborgen ist, sich mir als solcher bezeugen und damit den Glauben wecken. Das aber führt als Konsequenz zweitens die Kritik an autoritärer Auslegung der Kirche mit sich. Denn durch das *sola scriptura* als alleinige Autorität, die nicht ihrerseits durch die Lehrautorität der Kirche legitimiert wird, sind alle, das heißt alle Gläubigen, in der gleichen Situation, dass sich das, was da steht, der Literalsinn, erschließen lassen muss. Selbst die Kirche kann sich in ihrer Autorität nicht anmaßen, über ein Sonderwissen diesbezüglich zu verfügen. Auch auf eine solche Anmaßung der Lehrautorität der Kirche bezog sich Luthers Kritik.

Luthers Kritik an der Autorität der kirchlichen Tradition ist daher ein Rütteln an äußerer Autorität, die sich nicht auf eine selbst beglaubigte Einsicht berufen kann.[20] Luthers reformatorisches Glaubensverständnis, ebenso wie dasjenige

---

[18] Vgl. Martin Luther, De servo arbitrio, WA 18, 600–787, besonders 606,2–609,14; 652,24– 661,24; 700,12–705,13.

[19] »Sacra scriptura sui ipsius interpres« (Martin Luther, Dictata super Psalterium, 1513–1516, WA 3, 397,9).

[20] Bereits in der »Leipziger Disputation« 1519 hält Luther der päpstlichen Autorität die alleinige Autorität der Schrift entgegen. (Text der Disputation: Disputatio inter Ioannem Eccium et Martinum Lutherum. 1519. Von Frans Tobias Bos, WA 59, 427–605.) Vgl. hierzu auch Bernhard Lohse, Luthers Auseinandersetzung mit Eck über die Autorität von Papst

des Paulus, konzentriert sich stattdessen im Begriff der Freiheit. Diese Freiheit ist inhaltlich bestimmt durch die Freiheit des Gewissens. Dies meint aber keine subjektivistische Freiheit. Diese Freiheit wird als Gewissheit des Glaubens erst hervorgerufen. Dies geschieht durch den Geist in der *befreienden Wirkung des Wortes* und kann dann auch eingesehen werden. Dies ist aber ein Folgeschritt. Das heißt, die Freiheit des Glaubens von der Autorität der Kirche ist eben nun nicht einfach eine selbstgesetzte Freiheit. Sie ist an das Geistgeschehen gebunden, das befreiende Wirkung hat. Genau diese bleibende Gebundenheit der subjektiven Freiheit an ihre befreiende Voraussetzung wird auf empirischer Seite markiert durch den Buchstaben der Schrift, dem die geistliche Wirkung entspringt. Die Schrift bekommt mithin bei Luther eine Funktion, die ontologisch relevant wird, nämlich uns unsere Freiheit in ihrer Unverstelltheit aufzudecken: Sie ist gebundene, bedingte Freiheit. Das macht sie aber nicht zunichte, sondern stellt sie selbst ab auf die Kommunikation mit dem vorgegebenen, fremden Wort.

Das aber heißt für Luthers Konzentration der Hermeneutik auf den Literalsinn: Das Festhalten am Buchstaben ist mithin keineswegs als antiemanzipatorisches Überbleibsel der Heteronomie zu verstehen, sondern es charakterisiert vielmehr die Art und Weise der Emanzipation und Freiheit. Die Freiheit wird konkretisiert als Angewiesenheit, Angewiesenheit auch der Subjektivität auf ein Geschehen des Geistes. Dies ist eine Erfahrung, die Freiheit gewährt, Raum eröffnet, eine Erfahrung, die wir nicht einfach selbst machen können, sondern die aus der Kommunikation mit der Schrift erwächst und uns im Geistwirken erschlossen wird.[21] Die Schrift repräsentiert dabei das *extra nos*, symbolisiert in der erratischen Gestalt des Buchstabens. Die Orientierung am Buchstaben ist jedoch vor dem Hintergrund einer solchen geistgewirkten Freiheit nicht einfach ein blindes Festhalten am Buchstaben, sondern in diesem Festhalten ein Vertrauen auf die *an diesen Buchstaben gebundene Einsicht* in eine neue Sicht der Wirklichkeit.[22] Das Festhalten am Buchstaben hebt die Freiheit nicht auf. Es eröffnet diese vielmehr, indem es sie begrenzt, so aber auch fordert.

Für die Schriftautorität in der Moderne kann im Anschluss an Luther festgehalten werden: Die Schrift bleibt objektiver Widerpart jener Begegnung, die Freiheit allererst ermöglicht, indem sie immer wieder neu unser Verstehen herausfordert und darin Freiheit aufleuchten lässt. Freiheit von Bevormundung durch äußere Autorität widerspricht daher keineswegs deren Vermitteltheit im *sensus litteralis*, sondern Freiheit findet im Festhalten am Schriftprinzip zual-

---

und Konzil (1519), in: Ders., Luthers Theologie in ihrer historischen Entwicklung und in ihrem systematischen Zusammenhang, Göttingen 1995, 134–142.

21 So vor allem in seiner Schrift »Assertio omnium articulorum Martini Lutheri per bullam Leonis X. novissimam Damnatorum« von 1520 (WA 7, 91–151).

22 Vgl. Martin Luther, Sendbrief vom Dolmetschen, WA 30 II, 627–646.

lererst ihren Bewährungsraum. Das aber hat Konsequenzen auch für die Einschätzung der Bedeutung der Tradition. Im Vergleich mit deren römisch-katholischer Wertschätzung ist festzuhalten: Die Tradition wird auch protestantischerseits nicht überflüssig, aber sie gewinnt einen völlig anderen Stellenwert. Nicht mehr sie steht für die Autorität, sondern allein die Schrift. Auch die Schrift ist uns durch Tradition vermittelt, aber diese Überlieferung ist nicht die des kirchlichen Lehramtes, sondern die des Kommunikationsgeschehens der Verkündigung, das sich selbst in die Tradition der Orientierung am *sensus litteralis* stellt. Dass diese Orientierung aber tatsächlich keineswegs Heteronomie bedeutet, setzt voraus, dass Verstehen und Vernunft nicht sistiert werden. Und das heißt eben, dass die Hermeneutik zum *Prüfstein* der Erprobung der Schrift hinsichtlich ihrer *Erschließungskraft* wird. Solche Erschließungskraft ist eine Erfahrung des Ursprungs, verstanden als αρχή. In dieser begegnen wir im Erschließungsgeschehen des Textes der Ursprünglichkeit der Freiheit. Direkt bleibt der Buchstabe stumm. Es muss zur Begegnung kommen. Er muss sich hinein vermitteln in unsere Lebenswirklichkeit. Dies geschieht ohne eine Vermittlungsinstanz des Lehramts, wohl aber durch die Vermittlungsinstanz der Kommunikation des Wortes der Schrift selbst, dessen Wahrheit sich in Kommunikationsprozessen der Tradition erschließt. Zu diesen Kommunikationsprozessen gehört auch die wissenschaftliche Methodik.

Zusammenfassend lässt sich festhalten: Luthers Orientierung am Literalsinn zeigt: Der biblische Text ist auch in seiner Historizität festzuhalten, und zwar nicht als beliebiges Ornament, sondern als zum Text und zu seiner Geltung hinzugehörig. Schon für Luther war also die Relevanz des Historischen klar im Blick – wenn auch selbstverständlich nicht in modernem Sinn formuliert – und Hermeneutik tritt bei ihm in den Dienst einer Reinszenierung der Ursprungssituation inklusive des auch dort zentralen Offenbarungshandeln Gottes. Dieses Zusammenspiel gilt es daher methodisch klar zu benennen und zu eruieren. Mit dem Kontextbezug ist die historische Dimension als zur Geltungsdimension hinzugehörig zu begreifen, nun aber nicht um das Historische wieder dem Prinzip unterzuordnen, sondern um es in Spannung zwischen Historizität und Geltung zu halten, zwecks Öffnung für die Erfahrung von Ursprünglichkeit, von Freiheit. Diese allerdings manifestiert sich nicht im Buchstaben, sondern in der nicht hintergehbaren Bedeutung von Kommunikationsprozessen, die daran festhalten, dass es nur über die Kommunikation der Tradition – inklusive der Erfassung des Historischen und seinen Entschlüsselungen – zum Verstehen kommt. Das Verstehen muss zur Schrift hinzukommen.

Luthers Erkenntnis der Vermitteltheit des Glaubensgeschehens durch die Schrift war Dreh- und Angelpunkt seiner reformatorischen Einsicht. »Vermittelt« meint jetzt aber eben nicht vermittelt durch die Hierarchie der Kirche, sondern durch die Kommunikation der Erfahrung der αρχή der Schrift selbst, wie sie unter den Glaubenden kommuniziert wurde und wird. Vermittlung entfällt also keineswegs durch die Konzentration auf die Schrift und den gleichsam offenen Zugang aller Gläubigen zu ihr, aber sie gewinnt eine völlig neue Gestalt. Vermittlung erklärt und deutet nichts, wie es in der frühen Hermeneutik des vierfachen Schriftsinnes üblich war, sondern sie repräsentiert den Ursprung, die αρχή. Sie stellt uns vor die Ursprungssituation des Zeugnisses, das sich uns selbst kontingent sozusagen »von oben her«, »wo und wann es Gott gefällt«[23] erschließen und Wahrheit eröffnen kann. Es sind diese Ursprungserfahrungen, an denen sich das Schriftprinzip gebildet hat und bildet. In ihnen ist daher die Tradition der Schrift als Tradition dieses Kommunikationszusammenhangs des Ursprungs bewahrt.

Diese Kerneinsicht Luthers, die seine Konzentration auf den Literalsinn leitet, macht für Luther die Christologie zum hermeneutischen Angelpunkt des Schriftverständnisses. Mit der Christologie hatte Luther genau das Historische, des Gottes in der Zeit, des Christus in der Geschichte, festgehalten. Das aber zeigt implizit: Nur an dem Bezug zum Historischen erweist sich für Luther der harte Kern dessen, »was Christum treibet«[24], weil nur im historischen Bezug die Gottheit Gottes in Christus erfahrbar, ja nur so Gott erkennbar ist. »Was Christum treibet« meint so – entgegen Missverständnissen des tropologischen Sinnes – nicht eine ethische Ausrichtung, sondern es repräsentiert die Wahrheit des Christusgeschehens, dass dieses nämlich unter dem Gegenteil verborgen ist, der Geist unter dem Buchstaben, Gott hinter Christus, die ewige Wahrheit hinter der Wahrheit in der historischen Zeit. Darum muss auch diese Zeit und mit ihr der Buchstabe durchforscht werden auf die in ihm verborgene Wahrheit, die als solche dann jedoch nicht von der Historie befreit wäre. Damit ändert sich nun auch der Status des Historischen. Es gehört jetzt eben nicht mehr nur in den Status der Faktizität, sondern selbst in den Status der Geltung. Erst wenn das anerkannt wird, gewinnt die Christologie ihr hermeneutisches Gesicht, indem das Historische als Historisches für den Geltungsanspruch deutlich wird.

Die Probleme der Historizität und Geltung sind mithin in der Frage nach der Schriftautorität implizit enthalten. Es ist die Hermeneutik, die jenen Spannungsbogen von Historizität und Geltung von Heteronomie und Autonomie aufnehmen muss, und zwar als bleibend die Bewegung des Verstehens evozierend, die sich nicht an ein Prinzip heften kann, sondern jedes Prinzip selbst durch Tradition und Geschichte neu zu formieren beansprucht.

---

23 »Ubi et quando visum est deo« (Confessio Augustana V, in: BSLK, 58, 7 f.).

24 WA.DB 7, 384, 27.

3 Autorität und Begegnung, Schrifthermeneutik in der Säkularität

Wenn wir Luthers inkarnationstheologisches Verständnis der Hermeneutik in seiner Konzentration darauf, »was Christum treibet«, ernst nehmen, dann wäre ein Weg gebahnt, jenen blinden Fleck zu durchbrechen, der in der Hermeneutik die historisch-kritische Methode in der Luft hängen lässt. Falk Wagner hat kritisiert, dass mit dem Schriftprinzip und der Rolle des Kanons nach dem historischen Ausgangspunkt, der historischen Nähe des Textes zum Offenbarungsereignis gefragt wird, und er befürchtete damit eine vormoderne, sozusagen fundamentalistische Reduktion des Schriftprinzips.[25] Einer solchen wollte er mit der systematischen Prinzipienfrage der Geltung entgegenwirken. Es ist aber die Frage, ob ein Prinzip jenseits des Historischen zur Grundlage von Geltung zu machen dabei helfen würde, den blinden Fleck auszuräumen, der zwischen historischem Datum und Geltungsanspruch besteht. Der »historische Anfang« der Schrift ist nicht zu ersetzen durch den »systematischen Grund«.[26] Das historische Faktum ist nicht zu vergleichgültigen. Es gehört gerade als solches zur Geltungsbestimmung des Christentums hinzu. Das heißt aber nicht, dass Geltung historisch eingeebnet wird, sondern es kennzeichnet gerade das Paradoxon, dass das zeitbedingt Historische in den Status der Geltung rücken soll. Ein solches Paradoxon ist aber mit dem Christentum selbst bezeichnet, mit dem ewigen Gott in der Zeit, dem Gott als Mensch, der Hoheit in der Niedrigkeit irdischen Lebens.

Mit dem Festhalten des Historischen gewinnt das Interpretationsschema von Alt und Neu, Gesetz und Evangelium, Geist und Buchstaben seine modernitätstheoretische Relevanz. Diese Gegenüberstellungen bilden keine sich ablösenden Alternativen. Sie bleiben in Spannung und bilden so ein Interpretationsschema, das für das Verstehen selbst als konstitutiv veranschlagt werden kann. In der Konsequenz ist das Historische unter Einschluss der historisch-kritischen Methode relevant für die Erschließung auch der Sache des Textes. Dies gilt es gegenüber Falk Wagner zu betonen. Das Historische kann als Symbolisierung des Widerparts des *extra nos* bedeutsam werden. Ursprungsdimension und historische Verifikation wachsen ineinander, ohne sich zu vermischen, wobei Ursprung gerade nicht historisch zu verstehen ist, sondern als die Ursprünglichkeit im Sinn der Kreativität. Diese zeigt sich aber im Historischen. Christologisch wird damit das Verständnis der Geschichtlichkeit Gottes, wie es im Alten Testament prominent hervortritt, noch einmal reformuliert und nicht nur in geschichtlicher Bedeutung, sozusagen in ontologischem Sinne, sondern ganz ma-

---

[25] Vgl. Wagner, Autoritätsanspruch (s. Anm. 4), 69.

[26] Vgl. ebd., 81.

terial-dinglich im existentiellen Sinne historisch identifiziert. Diese geschichtlich umfassende existentielle Bedeutung des konkret Historischen an je bestimmtem Ort und je bestimmter Zeit einzusehen, zu begreifen, ist nicht möglich, ohne dass mir genau dieser Sachverhalt in dieser seiner Bedeutung an einem je bestimmten und das heißt historischen Ort aufgeht. Das Festhalten des Historischen, das eben auch für die Bedeutung meines kurzen irdischen Daseins steht, das ewige Geltung beanspruchen darf, gelingt nicht ohne Erfahrung, ohne Begegnung mit diesem wirklichkeitserschließenden Sachverhalt. Es ist die Bedeutung der Kontingenz, die so mit und an dem Historischen auftaucht, die dieses aber nicht vergleichgültigt, sondern gerade so den Charakter der Wirklichkeit als Verschränkung von Ursprünglichkeit und Historie aufscheinen lässt, der allen Begegnungswiderfahrnissen innewohnt.

Die moderne Konsequenz hinter Luthers Konzentration der Hermeneutik auf den Literalsinn ist damit die Erfassung der Geschichtlichkeit im Sinn der Verschränkung von Historizität und Geltung, die sich in der Ursprungsdimension manifestieren kann. Luther wusste: Keine Allegorie kann uns dahin führen. Dies kann tatsächlich nur als Ereignis, als Einschlag in mein historisch-faktisches Dasein geschehen. Dabei ist nicht an Offenbarung als Geschichte im Sinne einer Beglaubigung historischer Tatsachen gedacht,[27] sondern an das Paradoxon der allgemeinen Geltung des historisch Faktischen, des Individuellen. Historizität und Entzogenheit von ihrer Bedeutung werden so als gleichursprüngliche Bestimmungen des Daseins erkannt. Die Geschichtlichkeit ist eine des Glaubens. Sie steht damit in Bezug zur Ursprünglichkeit des Daseins und wird damit in ihrer Verflechtung von Ursprünglichkeit und Historizität zum hermeneutischen Brennglas. Der blinde Fleck, der der systematischen Theologie vorgeworfen wird, dass die historisch-kritische Methode in der Luft schwebt,[28] wird damit eingekreist. Getroffen und berücksichtigt ist er immer dann, wenn die historische Kritik nicht nur akzidentell, sondern wesentlich zum hermeneutischen Verstehensprozess dazugehört. Dabei ist es Aufgabe der historischen Kritik, gerade die Geltungsdimension und die Dimension des Faktischen zu unterscheiden, um sie aufeinander zu beziehen. Das Faktische hat keine Geltung für sich allein. Die Geltungsbestimmungen können aber nicht isoliert vom Faktischen der konkreten Lebensgegenwart gewonnen werden.

Für die Fragestellung der Autorität der Schrift in der Moderne heißt das: Die Autorität der Schrift kann nicht am Literalsinn im Sinne einer Dicta-Probantia-Methode hängen, sondern der Literalsinn repräsentiert lediglich ein äußeres Gegenüber als *conditio sine qua non* für die Erfahrung des Glaubens und

---

27 Vgl. hierzu die Diskussion um das Programm von W. Pannenbergs »Offenbarung als Geschichte« (W. Pannenberg [Hrsg.], Offenbarung als Geschichte, Göttingen 1982).

28 Vgl. Lauster, Prinzip und Methode (s. Anm. 3), 403.

seine Wahrheit. Mit ihm bleibt die Ursprünglichkeit und Unverfügbarkeit der Wahrheit daher an das je konkrete Historische gebunden. Und darum zwingt uns das Verstehen-Wollen selbst, nach dem Literalsinn zu suchen, der nun allerdings tatsächlich methodisch gesucht werden muss. Insofern erfordert das Sola-Scriptura-Prinzip die Strenge der Methode, die es zugleich auf der einen Seite dem subjektiven Zugriff öffnet, als es sich diesem auf der anderen Seite auch bleibend entzieht. Verstehen geschieht nicht ohne das Subjekt, aber auch nicht ausschließlich durch das Subjekt.

Mit Luthers Weichenstellung gilt daher auch für die Moderne: Die Konzentration auf den Literalsinn ist weder Buchstabengläubigkeit noch eine Relativierung der Hermeneutik. Obwohl auf den Buchstaben konzentriert, erfordert diese Konzentration durch die Fremdheit des Buchstabens die Aufgabe der Hermeneutik. Wichtig ist daher immer wahrzunehmen, dass es keine Auflösung in eine der beiden Alternativen gibt, sei es die der bloßen Erforschung des Historischen oder die der biblisch-dogmatischen Interpretation. Die Erforschung des historischen Kontextes und dessen Aufarbeitung ersetzt nicht die Begegnung, die Erfahrung mit der Lektüre der Texte selbst. Aber die Deutung der Erfahrung gewinnt ihre erschließende Kraft durch die Deutung jener in den Texten am konkreten Ereignis dokumentierten Erschließungserfahrungen, die in den Texten symbolisch festgehalten werden. Historische Konkretion meint nicht historische Verifikation im Sinne der Geschichtsschreibung. Historische Konkretion bezieht sich auf die je kontingent erfahrenen, in konkreten Begegnungen verwurzelten Widerfahrnisse, die das Leben selbst in einem anderen Licht erscheinen lassen. Es ist damit eine Struktur angesprochen, deren Strukturalität sich der Verallgemeinerung entzieht, gerade das aber als das Universale menschlicher Erschließungserfahrung festhält.

Auf diese Zusammenhänge können kritische Forschungsmethoden, wie sie mit der historischen Kritik ihren Anfang nahmen, über Formgeschichte und Literarkritik bis zur Intertextualität, hinweisen. Denn alle diese Methoden setzen sich mit der Faktizität von Texten auseinander, die nicht ins Beliebige führen, die aber ihre Geltungsbestimmungen nicht durch sich selbst erhalten können. Gleichwohl führen sie unverbrüchliche Standards der Unbedingtheit ein, indem Geltung nicht einfach gesetzt und auch nicht postuliert werden kann, sondern sich als extern inauguriert ausweisen muss. Das heißt, Faktizität und Geltung bleiben in ihrer Verschränkung immer rückgebunden an einen historischen Ausgangspunkt.

Das aber hätte zur Konsequenz, dass man nicht einfach historische und dogmatische Methode der Auslegung trennen kann, weil diese sich hermeneutisch verschränken. Die historisch-kritische Methode stünde daher im Dienst der Entschlüsselung dieser Verschränkung und diente damit der Ursprungserfahrung, indem sie die doppelte Fremdheit, die Fremdheit des Zeitbedingten, des Historischen, von der Fremdheit der Ursprungserfahrung, die als solche die Erfahrung des Glaubens meint, absondert. Sie hilft damit das bleibend Fremde zu bestimmen, indem sie es vom historisch Fremden sondert, ohne dessen Bedeutung zu nivellieren.

Unter diesen Voraussetzungen bedeutet dann auch das Festhalten am Schriftprinzip nicht ein Festhalten an einer dogmatischen Festlegung der Inspiration der Texte, die vorkritisch hingenommen werden soll, sondern ein Festhalten an einem verheißenen Möglichkeitsraum des Neuen, das der Erfahrung gerade durch die Fremdheit des Textes signalisiert wird, die als solche die Fremdheit der Glaubenserfahrung symbolisieren kann. Dieser Fremdheitsanspruch ist in seiner Autorität im Schriftprinzip festgehalten. Ohne diesen mit der Fremdheit symbolisierten Möglichkeitsraum wären wir auf eine Hermeneutik der Texte nicht angewiesen. Der damit eröffnete Möglichkeitsraum bestimmt aber nicht nur die Hermeneutik, sondern er steht darüber hinaus auch für die Geschichtlichkeit der Theologie als Ausdrucksform des Wesens des Christentums.

4 Schrifthermeneutik in der Moderne: Autorität und Einsicht unter den Bedingungen der Faktizität des Historischen und transzendenter Geltungsbestimmung

Wir können festhalten: Wichtig ist dreierlei, erstens die Geltungskraft der Schrift aus ihrem Ursprung herauszuarbeiten und zweitens zu zeigen, dass dieser Ursprung als Ursprung nicht historisch zu fixieren ist, wohl aber kontextuell historisch gebunden ist und bleibt. Ursprung meint die αρχή, die für die Kreativität und Kreatürlichkeit des Daseins steht, das als solches in der Ursprungserfahrung vergegenwärtigt wird. Damit steht der Ursprung drittens in seiner Bindung an das Historische sowohl etwa einem Erlebnispositivismus entgegen, der sich der Rationalität vollends entzöge – und damit einen methodischen Zugang versperrte – als auch einem prinzipiellen Grund, der ahistorisch gesetzt wird. Die Rolle der historisch-kritischen Methode wird dadurch neu bestimmt. Sie kann zwar weiterhin weder die Autorität der Schrift in Frage stellen noch sie sichern. Deren Geltungsbedingungen und deren Funktion können nur beschrieben werden. Aber in der Analyse historischer Fakten erschöpft sich ihre Funktion nicht. Denn so wäre die historische Wissenschaft nur Hilfswissenschaft. Sie ist jedoch mehr, und zwar aufgrund der in der Verschränkung von Faktizität und Geltung wurzelnden Verflechtung von historischer Kritik und Geltungsverstehen.

Klar muss dabei sein, dass die historische Kritik eben nicht im Modell von Schale und Kern, sondern im Modell von zeit- und situationsgebundenen Bestimmungen von Glaubensüberzeugungen verstanden werden muss. Damit ist deutlich, dass die Spannung von Historischem und Ursprung, von Faktizität und Geltung, von Buchstabe und Geist immer mit berücksichtigt werden muss, denn diese ist unauflöslich. Gerade darum ist aber die historische Kritik unverzichtbar. Sie ist zur Entschlüsselung der Lektüre des »irdischen Gefäßes«[29] der Wahrheit des Evangeliums in seinen Zeugnissen unverzichtbar. Und dieses irdische Gefäß ist zerbrechlich, aber nicht auszublenden, sondern als Modus des Zeugnisses von Glaubenserfahrungen zu begreifen.

Evangelikale, pfingstlerische Bewegungen halten an der Inspiration und auch am mystischen Erleben der Wiedergeburt ganz in pietistischem Sinne fest. Solche möglichen mystischen Erfahrungen werden durch die hier entfaltete moderne Bibelhermeneutik, die eine Reformulierung des protestantischen Schriftprinzips anstrebt, nicht in Abrede gestellt. Vielmehr können diese selbst als wichtig für den Selbstwerdungsprozess eingestuft werden. Ein solcher gelingt nicht ohne Hineinragen des Anderen in die bisherigen Interpretationen des Selbst und zu diesen zählt der Text in seiner Fremdheit ebenso wie in seiner Bedeutungsfülle, die als inspiriert interpretiert werden kann. Inspiration behält ihre Berechtigung. Die moderne Hermeneutik versucht genau diesen Sachverhalt selbst zu plausibilisieren in der Differenz und Spannung von Geltung und Aneignung und versteht haargenau das als Zeugnis geben, mithin als Mission. Mission ist nicht ein Andemonstrieren eigener Bekehrungserfahrung, sondern ein Leben aus dieser Erfahrung der Differenz heraus und ein Interpretieren der für alle zugänglichen Welt im Lichte solcher je individueller Differenzerfahrung – nicht mehr, allerdings auch nicht weniger. Autorität und Einsicht bedingen einander. Daher ist das Evangelium auch in seinem Wahrheitsgehalt immer mit diesem Historischen verwoben, das den Wahrheitsgehalt in der Gestalt der Begegnung als individuell fokussierten festhält.[30]

Daraus folgt zusammenfassend ein Doppeltes: 1. Nicht durch historische Nähe zum Offenbarungsgeschehen haben die biblischen Schriften ihre Geltung, sondern aufgrund der im Historischen sich ereignenden und so beschriebenen Ursprungsnähe. Genau dieser Zusammenhang von Historizität und Bedeutung meint die Erfahrung der Ursprünglichkeit der Freiheit und Kreativität, die immer eine Glaubenserfahrung, ja *die* Glaubenserfahrung, ist. Sie legitimiert die besondere Geltungskraft der Schrift. Zugleich aber führt diese dennoch und gerade so 2. die Bedeutung des Historischen mit sich. Dies scheint eben ein paradoxaler Sachverhalt zu sein. Diese Paradoxalität ist jedoch im Begriff der Autorität der Schrift selbst festgehalten. Denn deren Geltung resultiert keinesfalls aus dem Historischen. Gleichwohl ist das Historische unverzichtbar, um den Geltungsanspruch festzuhalten. Denn dieser Geltungsanspruch erschließt sich nicht ohne

---

[29] Vgl. 2Kor 4,7: »Wir haben aber diesen Schatz in irdenen Gefäßen, damit die überschwängliche Kraft von Gott sei und nicht von uns.«

[30] Vgl. hierzu Eilert Herms, Die Schrift als Kanon, in: Ders., Phänomene des Glaubens, 2006, 390–407.

das Historische. Was ihn dann aber bestimmt, ist nicht selbst das Historische. Das Historische hat nicht an ihm selbst Geltung. Geltung hat vielmehr das Ursprungsgeschehen im Historischen, das sich der Faktizität des Historischen entzieht, obwohl es nur im Historischen anzutreffen ist – und es sich ohne das Historische auflöst. Genau darum muss an der Spannung zwischen Historizität und Geltung als *Spannung* festgehalten werden. Die Tradition als Tradition in ihrer Erinnerungsgestalt einer Ursprungserfahrung, die ihre Wirkmächtigkeit in dieser Bewahrung zuallererst entfaltet, wie es im Abendmahl bezeugt wird – »das tut zu meinem Gedächtnis« (1Kor 11,24) –, ist das Geheimnis dieser Auffassung. Die Bedeutung der Historie darf nicht losgelöst von der Traditionsfrage betrachtet werden, gerade wenn es um deren Geltungsanspruch geht.[31]

Dieser Vorgang der Validierung des Historischen durch die Tradition bestimmt nun auch die Tradition neu. Tradition wird nicht einfach historisch-entwicklungslogisch verstanden, sondern als Gedächtnis des Ursprungs. Es ist die geltungsqualifizierte Ursprungsbestimmung der Tradition, die dem Historischen selbst das Gewicht der Geltung verleiht. Die von Falk Wagner vorgeworfene Unterkomplexität, die er allen Erhaltungsversuchen des Schriftprinzips meinte attestieren zu müssen, könnte eben genau an diesem Punkt Lügen gestraft werden. In diesem Vorwurf wird nämlich die Tradition als Tradition *der Geltung* nicht berücksichtigt und damit auch die Leistung der historischen Kritik nur einseitig wahrgenommen. Von daher werden die Stationen um die Kontroverse der historischen Methode auch ihrer Einseitigkeit überführt werden können. Denn diese Kritik kann so begriffen werden, dass sie im Faktischen selbst nach der Geltung sucht, um damit der Tradition ihren Geltungsanspruch zurückzugeben. Die Tradition ist nicht einfach Historie, sondern sie ist Geschichte im Sinne dieser Wirkmächtigkeit der Ursprungserfahrung, die mich hineinnimmt in die Bedeutung der Tradition. Dieses Verständnis von Tradition bekräftigt: Geltung selbst ist nicht in einem Prinzip zu verorten, sondern sie ist verborgen in der fernen Geschichte, die im Ereigniswerden der Ursprungserfahrung wiederholt werden kann. Für diesen Geltungsanspruch der Tradition in der Verborgenheit ihrer Geschichte steht nun genau die Autorität der Schrift.

---

31 Vgl. Wagner, Autoritätsanspruch (s. Anm. 4), 81.

Autorenverzeichnis

Dávid Benka, PhD.
Wissenschaftlicher Assistent am Lehrstuhl für Altes Testament, Evangelisch-Theologische Fakultät der Comenius-Universität in Bratislava, Slowakei, benkad@fevth.uniba.sk

Dr. Christian Danz
Professor für Systematische Theologie A. B. an der Evangelisch-Theologischen Fakultät der Universität Wien, Österreich, christian.danz@univie.ac.at

Dr. Wilfried Engemann
Professor für Praktische Theologie am Institut für Praktische Theologie und Religionspsychologie an der Universität Wien, Österreich, wilfried.engemann@univie.ac.at

Dr. Elisabeth Gräb-Schmidt
Professorin für Systematische Theologie mit Schwerpunkt Ethik an der Universität Tübingen, Elisabeth.Graeb-Schmidt@Uni-Tuebingen.de

Dr. Friedhelm Hartenstein
Professor für Altes Testament (Theologie des Alten Testaments und Religionsgeschichte Israels in seinem altorientalischen Kontext) an der Evangelisch-Theologischen Fakultät der Ludwig-Maximilians-Universität München, f.hartenstein@lmu.de

Dr. Wolfram Kinzig
Professor für Kirchengeschichte (Schwerpunkt: Alte Kirchengeschichte) an der Evangelisch-Theologischen Fakultät der Universität Bonn, kinzig@uni-bonn.de

Dr. Johannes Klein
Privatdozent für Altes Testament an der Universität Bern, Pfarrer der Evangelischen Kirche A. B. in Rumänien, klein@theol.unibe.ch

Dr. András Korányi
Professor für Kirchengeschichte an der Evangelisch-Lutherischen Theologischen Universität Budapest, Ungarn, andras.koranyi@lutheran.hu

Dr. Michael Meyer-Blanck
Professor für Praktische Theologie und Religionspädagogik an der Evangelisch-Theologischen Fakultät der Universität Bonn, meyer-blanck@uni-bonn.de

Dr. Imre Peres
Professor für Neues Testament an der Reformierten Theologischen Universität Debrecen, Ungarn, peres.theoluni@drhe.hu

Dr. Martin Prudký
Professor für Altes Testament an der Evangelisch-Theologischen Fakultät der Karls-Universität in Prag, Tschechien, prudky@etf.cuni.cz

Dr. Jan Roskovec
Wissenschaftlicher Assistent für Neues Testament an der Karls-Universität in Prag, Tschechien, roskovec@etf.cuni.cz

Dr. Dr. h.c. Hans Weder
Professor für Neutestamentliche Wissenschaft an der Theologischen Fakultät der Universität Zürich, Schweiz, weder.hans@access.uzh.ch